Rüdiger Schaper

KARL MAY

Rüdiger Schaper

KARL MAY

Untertan, Hochstapler, Übermensch

Siedler

Verlagsgruppe Random House FSC-DEU-0100
Das für dieses Buch verwendete
FSC®-zertifizierte Papier *Munken Premium* liefert
Arctic Paper Munkedals AB, Schweden.

Erste Auflage

Umschlaggestaltung: Rothfos + Gabler, Hamburg
Lektorat und Satz: Ditta Ahmadi, Berlin
Druck und Bindung: GGP Media GmbH, Pößneck
Printed in Germany 2011
ISBN 978-3-88680-975-2

www.siedler-verlag.de

Für J. C.,
meine Heldin aus dem Westen

INHALT

Wer die Wüste liebt,
ist Gefangener der Freiheit.

IBRAHIM AL-KONI

REITER AM ABGRUND,
REITER IM LICHT

Von Karl May ist viel zu lernen, vor allem dies: die Leichtigkeit
der Anstrengung. Er hat uns die Schönheit eines Universums vor-
geführt, das ein Mensch aus sich heraus erschafft. Ein Gespräch
über Karl May eröffnet weite Echoräume. Man wird gern an ihn
erinnert, wie an eine große Liebe, und diese Erinnerung ist überraschend frisch. Karl May sprengt Grenzen. Ein Weltrekord im
Dauerlesen wurde in der Zeit vom 14. März bis zum 3. Mai 2011
im sächsischen Mittweida aufgestellt. Durch das Gesamtwerk des
Erzählers kämpften sich Schauspieler, Schriftsteller, Politiker, Stu-
denten. Satz für Satz, Seite für Seite, Band für Band. 51 Tage lang,
rund um die Uhr, im Internet live zu verfolgen, schenkten tausend junge wie alte Karl-May-Fans seinen Romanen, Erzählungen
und autobiografischen Schriften Gesicht und Stimme. Sie kämpften mit seiner Waffe, dem Wort. Schauplatz der titanischen Unter-
nehmung war ein schmaler Tisch in einer winzigen Zelle, wo der
damals noch unbekannte, mittellose junge May einmal inhaftiert
war. Twitter und Blogs begleiteten den von der Fakultät Medien
der Hochschule Mittweida organisierten Marathon unter dem
Motto »Gefangene Visionen«. Nun zeigt sich: Der Name Karl May
hat eine nur sehr dünne Patina angesetzt. Er ist nie aus dem Bewusstsein verschwunden, er schlummert und wartet unter der
Wahrnehmungsoberfläche, ein Geist in einer unverschließbaren
Flasche. Seine Idee von religiöser Toleranz, seine Offenheit für
fremde Kulturen, sein von flachen Hierarchien und einem leiden-
schaftlichen Friedensgedanken geprägtes Bild der Welt entfalten im
21. Jahrhundert aufs Neue ihren Charme, ihre Verführungskraft.

Was hätte er gesagt zu der Tragödie des 11. September 2001
und den Vergeltungskriegen in der Folge der Terrorangriffe? Wie
hätte er gelitten, als seine beiden Sphären, seine allein im Atlas
weit auseinander liegenden Jagdgründe, die er nach Belieben

durchquerte, Nordamerika und die Länder des Islam, mit unge-
bremstem Hass ineinander rasten? Die Frage ist weniger hypothe-
tisch, als es auf den ersten Blick den Anschein hat. Karl May starb
vor hundert Jahren, im März 1912, am Vorabend des Ersten Weltkriegs, und seine späten Schriften sind geprägt von der bevorste-
henden globalen Katastrophe. Ein Erfinder gefährlicher Abenteuer, eine gefährdete Persönlichkeit, ein Reiter am Abgrund im
Dienst des Pazifismus. Seine phänomenale Vielschichtigkeit entfaltet sich erst jetzt. Ein Politikersatz wie »Der Islam gehört zu
Deutschland« erscheint in einem anderen Licht, wenn man an
Kara Ben Nemsi und Hadschi Halef Omar und ihre fantasievolle
Freundschaft denkt. Denn so, wie Generationen deutscher Leser
die Wüste, die islamische Welt inhaliert haben mit Karl May, wird
eine solche Feststellung zur Selbstverständlichkeit.

Karl May gehört zu Deutschland, auch wenn seine Feinde dies
erbittert bestritten haben, und seine Geschichten fesseln wie eh
und je. In einem Beitrag für die »Süddeutsche Zeitung« vom Januar 2011 gesteht Martin Walser: »Es kommt mir selber komisch
vor, wie sehr ich diesem Autor wieder verfallen bin. Nach mehr
als 70 Jahren. Winnetou und Scharlih, die, um einander genau zu

verstehen, oft keines einzigen Wortes bedürfen, erinnern mich in ihrer vor keiner Niedertracht kapitulierenden Menschlichkeit manchmal an Goethes Iphigenie-Dialoge, die nur stattfinden, um mehr und noch mehr Verständnis zu schaffen zwischen Positionen, die durch Verständnislosigkeit entstanden sind. (…) Aber welch ein Wiedersehen auch mit den Savannen, den saftigen Tälern, den Hirschtalgkerzen, seinem fabelhaften Pferd Hatatitla, das ihn durch Schnauben warnt, durch Rennen rettet und ihn nachts an seinen Hals bettet. Da darf man doch glücklich sein.« Ein spätes Glück, ein Echo früher und frühester Leseabenteuer. Martin Walser ist überrascht, überwältigt von der Wiederentdeckung: »Wie liest sich das heute, *Winnetou II*? Es hatte sich doch so ein Klischeegefühl etabliert: Karl May, das ist halt was für Acht- bis Zwölfjährige. Ja, ich habe ihn, weil nachts nicht ewig gelesen werden durfte, unter der Bettdecke mit der Taschenlampe gelesen. Und – o Wunder – desgleichen passierte jetzt wieder. Nur dass die Beleuchtungen inzwischen so entwickelt sind, dass du lesen kannst, ohne jemanden, der schlafen will, zu stören. Das heißt: Ich konnte und konnte nicht aufhören.« Walser sagt auch, und wer wollte dem Poeten den Gang der Geschichte und

13

die Grausamkeit zivilisierter Gesellschaften vorwerfen: »Man könnte trübsinnig und traurig werden, wenn man erlebt, was Karl May alles wollte und wie wenig das in der handelnden Welt genützt hat.«

Der Marathon von Mittweida hat auf liebevolle, spielerische Weise daran erinnert: Karl May war ein Großer. Diese Größe steht ihm im Weg. Das Lebenswerk eines Schriftstellers in Zahlen auszudrücken, klingt nach Barbarei. Doch es kann auch eine Verbeugung sein und ein Versuch, den Erfolg eines Büchermenschen zu beschreiben, seine Wirkung, seine Stellung in der literarischen Welt. Im Fall von Karl May strahlt das Wirken weit über diese Welt aus. Die Zahl von 200 Millionen ist astronomisch. So viele Bücher, die seinen Namen tragen, wurden bis heute weltweit in Umlauf gebracht, in 40 Sprachen. 200 Millionen Exemplare, eine erschlagende Vorstellung. Selbst wenn bei dieser Zahl von einer großzügigen Schätzung auszugehen ist, handelt es sich um ein kaum fassbares Massenphänomen. Nur Agatha Christie und Joanne K. Rowling, die Mutter Harry Potters, haben alles in allem – mit mehr oder weniger Titeln – mehr Bücher verkauft, und was sonst über die magische Grenze der 200 Millionen hinausgeht, in die Milliardenregionen, ist Gottes Wort oder Massenmörderlyrik. Unter den Sterblichen gilt Mao als unerreichter und unerreichbarer Auflagentyrann. Bibel und Koran können, wenn Schriftstellerranglisten erstellt werden, wohl nicht berücksichtigt werden. Oder doch: Wenn die Gesamtauflage eines einzelnen Autors oder einer einzelnen Autorin in solche Sphären vordringt, dann umweht diese Menschenseele auch schon etwas Heiligmäßiges. Auflagenzahlen in derartigen Dimensionen symbolisieren das Maximum an Verehrung, Faszination und Treue, die Leser aufzubringen in der Lage sind. Es ist einsam da oben im Olymp, wo Karl May gelandet ist. Der übermenschliche Erfolg, oder das Unmenschliche des Erfolgs, zeichnete sich bereits zu seinen Lebzeiten ab.

Karl May zeigt auch: Quantität und Qualität schließen sich nicht aus, sie bedingen einander, es bereitet unwahrscheinliches Vergnügen, seinen labyrinthischen Fährten zu folgen. Und so ungenau diese Hitlisten auch sein mögen, sie illustrieren akkurat ein

Dilemma. Unter den meistverbreiteten Titeln aller messbaren Zeiten überwiegen so genannte Kinder- und Jugendbücher. Vielleicht ist das auch ein Grund, dass die gigantischen Zahlen nicht gleichgesetzt werden mit literarischem Erfolg, dass der Paria Karl May es nach wie vor schwer hat, als vollgültiger Literat anerkannt zu werden. Kindersachen, Jugendstreiche und Jugendträumereien, frühe Leseerfahrung, lautet das Verdikt. Karl May wird häufig als Steigbügelhalter beschrieben, der jungen Lesen aufhilft ins Reich der Literatur, wo er selbst nichts verloren haben soll. Mark Twain, Jonathan Swift, Lewis Carroll haben ähnlich abwertende Einordnungen erfahren, nicht zuletzt durch verantwortungslose Bearbeitungen und verstümmelte Editionen »für die Jugend«. Es ist Zeit, Karl May von diesem niederen Ross herunterzuholen und als Künstler zu begreifen. Er ist weit vorausgaloppiert, und er muss erst einmal eingeholt werden. Eine Renaissance des Visionärs aus Radebeul kündigt sich an. Neue biografische und wissenschaftliche Werke sind annonciert, bei den Ludwigsburger Schlossfestspielen zeigte der Regisseur Thomas Schadt im Juni 2011 das Stück »Ich erfand Karl May«.

Im August 2011 überrascht die Münchner Constantin mit einer sensationellen Nachricht: Winnetou wird neu verfilmt. Die Dreharbeiten sollen 2012 beginnen – in den USA! Das Drehbuch schreibt der Roman- und Filmautor Michael Blake (»Der mit dem Wolf tanzt«). Es ist das Vermächtnis des im Januar 2011 gestorbenen großen Produzenten Bernd Eichinger, der so viel Karl-May-Energie in sich hatte.

Karl May wird wiederentdeckt, nein: Karl May wird entdeckt. Zum ersten Mal soll er den exponierten Platz in der Kultur- und Literaturgeschichte der Deutschen bekommen, der ihm zusteht.

Ohne schmerzliche Erkenntnisse wird es nicht abgehen. Eine Biografie ist nur zu haben, wenn man dahin vordringt, wo es weh tut; da unterscheidet den Künstler nichts vom Rest der Menschheit. Der Punkt muss gefunden werden, wo Klischees zerfallen – oder überhaupt erst ihre Begründung finden. Etwas anderes als das brüchige, schillernde Bild einer herausragenden künstlerischen Persönlichkeit, im Positiven wie im Negativen, kann das Ziel nicht sein. Der Reiter wurde ja immer gesehen und verehrt und verfolgt, doch man gewahrte kaum den Abgrund, an dem er sich bewegte, wie Martin Walser weiß: »Mag man sich noch so erhaben dünken über den ›Volksschriftsteller‹ Karl May, dass wir unser Schicksal so verdorben haben, liegt nicht an ihm, sondern an uns, plus Wilhelm II, plus Adolf Hitler. Howgh. Und zu gestehen ist, dass ich bei nächster Gelegenheit *Winnetou III* wieder lesen will, obwohl mir heute schon davor graut, dass der durch alle drei Bände mordende Erzschurke Santer Winnetou töten wird. Am liebsten wäre es einem doch für immer so: ›Eine ebene kurzgrasige Prärie, über die unsere Pferde mit großer Leichtigkeit dahingaloppierten.‹«

Der Kaiser, der »Führer« und der Erfinder Winnetous, da kommt eine erstaunliche Gesellschaft zusammen. Wüsste man nichts über ihn, hätte man nur entfernt von ihm gehört, würde man doch sagen: Dieser Karl May muss eine gewisse Rolle gespielt haben in der Geschichte der Deutschen.

Harmonie war sein Bestreben, und das gilt als unkünstlerisch. Happy Endings sind im Kanon der bedeutenden Ton- und Taktangeber nicht vorgesehen. Karl May hat die eherne Regel herausgefordert, die verlangt, dass breiter Erfolg zu verachten sei. Kurzum, er war zu gut, und er war zu populär, um zu den Besten zu gehören.

Was mit *Volk* beginnt, klingt läppisch. Volksfest, Volkstheater, und so ist es oft auch: billig. Volksmusik. Noch so ein herabsetzender Titel: Volksschriftsteller. Für einen Autor die Höchststrafe. Dabei trifft die Missachtung den Schriftsteller ebenso wie das Volk. Leicht setzt sich das Populäre durch, aber es hat auf längere Sicht einen schweren Stand. Über eine lange Zeit haben Künstler das Mythologische zerpflückt, darin liegt ein Charakteristikum der Moderne. Karl May aber hat Mythen geschaffen, er hat die mythische Vorstellungskraft der Deutschen geprägt wie kein anderer. Wenn manches auch als *Schund* gilt, an *Seele* fehlt es nie.

Ihm selbst war bewusst, dass er die Wirkung seiner Bücher nicht steuern konnte. Doch er hat es immer wieder versucht, die Leser in seine Richtung zu navigieren: »Die Wogen und Wellen dieser scheinbaren ›Reiseerzählungen‹ werden von einer geheimnisvollen Kraft bewegt, der man mit liebendem Fleiß nachzugehen hat. Sie sind einem noch unerforschten Waldfrieden entstiegen und streben einer bisher noch welt- und erdenfremden Mündung zu. Der nicht oberflächliche, sondern ernste Leser, welcher in die Tiefe dringt, wird einen goldhaltigen und an Perlen reichen Grund gewahren.« So schreibt er 1902 in einer Streitschrift mit dem Titel »Karl May als Erzieher« in eigener Sache. Wie viel Furcht und Sorge um die eigene Größe steckt in diesem Wahn. Auf dem Beipackzettel für seine Bestseller steht auch die kategorische Empfehlung: »May muss ganz gelesen werden, vom ersten bis zum letzten Bande.« Viele seiner Werke haben beschwerliche Reisen hinter sich, durch Sammelbände und mehr oder weniger sorgfältige Editionen. Sie wurden zu Vagabunden der Verlagsgeschichte, zu vogelfreien Texten, in denen lexikalisches Wissen, Länderkunde und Reiseberichte anderer Autoren unterwegs sind. Wer Karl May liest, kommt in der Welt herum, springt über Kontinente, vom Rio de la Plata über den Sudan, das Land des Mahdi, bis in den Fernen Osten, von Arizona nach Damaskus und schließlich in Welten, die nicht auf dem Planeten Erde liegen.

WINNETOU IN OUAGADOUGOU

Ein Anflug in der Nacht, endloses Absinken ins Nichts. Die Zeit dehnt sich wie eine zweite Haut. Vielleicht fühlt sich der Tod einmal so an oder ein neues Leben. *Wir haben unsere Reisehöhe von 33 000 Fuß verlassen und bitten Sie jetzt …* Dass es ein Leben geben soll nach dem Tod, gehört zu den absurdesten Erfindungen der Menschheit. Blackout, und nachher treffen sich alle beim Einchecken wieder? Für die Möglichkeit einer Auferstehung spricht wiederum die Tatsache, dass Flugzeuge *fliegen*, wie die Gedanken, und die Schwerkraft nicht unbesiegbar ist. Für ein Danach sprechen auch Sorgfalt und Ideenreichtum der Religionen, was den Umgang mit den Gestorbenen angeht. Das führt an den Ursprung der Kultur. Die Inka begruben ihre Toten im Sitzen, den Schädel vornübergebeugt, in eben jener Position, die auf den Notfallhinweisen der Luftfahrtgesellschaften beschrieben ist, sollte der »unwahrscheinliche Fall« eintreten. Auch katholische Orden praktizierten im Mittelalter diese Form der Bestattung, weil im Diesseits wie im Jenseits den Nonnen das Liegen verboten war …

Das Licht ist gelöscht, die Flugmaschine dringt ein in Wolkenschichten, was sich durch sanftes Ruckeln bemerkbar macht. So mag ein Kind empfinden, wenn es gewiegt wird; das Gefühl der Geborgenheit im kontrollierten Fall. Die Passagiere sind eingedöst, sie stellen sich schlafend in den langgezogenen Minuten vor der Landung. Einige lesen noch. In ihrer Haltung über dem Buch liegt eine Magie, eine feierliche Stille, die jetzt auch diejenigen umfasst, die zur Kaste der *frequent flyers* gehören. Der Kopf schwebt in einer Blase, betäubt vom atmosphärischen Druck.

Anflug in der Nacht auf Ouagadougou. Noch einmal lässt sich die Erwartung steigern, ist man allein mit den überplastischen Vorstellungen, die sich in den Tagen, Wochen, Jahren zuvor angesammelt haben. Die nachhaltigste Form des Reisens ist die Antizipation. Sie beschleicht alle Sinne, sie ist die Musik des inneren Ohres, die Stille vor der Berührung mit dem Boden. Timbuktu, Ouagadougou, heilige Stätten der Fantasie. Man kann sie nur in Träumen wirklich erleben. Ihre Namen klingen wie Abenteuerromane, wie ein Jungbrunnen. Diese aufdringlichen Bücher, die nur zum Verschenken, nicht zum Lesen sind, haben im Grunde Recht: »1000 Places to See Before You Die«. Man ist auf seltsame Weise unsterblich, so lange man nicht in Baalbek gewesen ist, in Sansibar, in Xanadu.

Das Flughafengebäude ist eine staubig heiße Baustelle. Neonlicht verstrahlt höllisches Grün. Die Zeremonie soll am Morgen beginnen, deswegen sind wir hier, eine kleine Gruppe von Freunden, Mitarbeitern, Journalisten. Weil ein Künstler aus Deutschland eine Wahnsinnsidee hat und die Energie, die Geduld, die Aura, seine Vision in die Realität einzupflanzen, in Ouagadougou, Burkina Faso, Westafrika. Anfang Februar 2010 legt Christoph Schlingensief hier den Grundstein für sein afrikanisches Operndorf Remdoogo. Die Regierung hat ihm Land gegeben, ein Plateau von roter Erde, umstanden von hohen Bäumen, von Felsen eingerahmt. Die Anspannung ist groß. Jemand macht einen Witz, spricht vom Stadion Rote Erde in Dortmund, dem alten Kampfplatz der Borussia. Christoph Schlingensief stammt aus dem Ruhrgebiet. In jeder Reisegruppe gibt es immer einen, der einen Witz macht, in die Schönheit eines ungewissen, herausgehobenen Moments hinein. Das Gefühl des Fluges, der sanften Erdung lässt nicht nach in diesen halluzinatorischen Tagen.

Wir pirschen uns von hinten an, durch hohes Gras, nicht von der Zufahrtsstraße her. Wir bewegen uns wie in wildgefährlichen Spielen der Kinder, die aufwuchsen ohne elektronische Medien. Dort oben lagert der Feind, und er hält unsere Leute gefangen, wir müssen sie befreien! Schlingensief ist Regisseur, er will, dass wir die Landschaft erleben, dass wir eintauchen in die Reinheit und Spiritualität, die er hier gefunden hat. Sein Partner ist der Architekt Francis Kéré aus Burkina Faso, Sohn eines Häuptlings aus dem Süden. Auf dem Platz, wo einmal das Dorf stehen soll mit dem spiralförmigen Bühnenhaus, der Schule, der Krankenstation und den Quartieren für die Gäste, ist das Modell des »Grünen Hügels von Ouagadougou« aufgebaut. Schlingensief ist ein todkranker Mann, ein sterbendes Kind von 49 Jahren. Er hat in Bayreuth den »Parsifal« inszeniert. Dort, so glaubt er, hat er sich seinen Lungenkrebs geholt, der Nichtraucher. Was für ein Richard-Wagner-Märchen-Gemenge, vergiftete Äpfel, ein Speer, der sich gegen den Werfer wendet. Afrika soll ihm heraushelfen aus der Enge der Brust, die deutsche Wunde heilen, die Verletzung durch Kultur. Er glüht an diesem afrikanischen Morgen, strahlt Freude aus.

Unter Baldachinen sitzen die örtlichen Häuptlinge neben dem deutschen Botschafter. Ein Schamane hat mit seinem Zauberstab das Areal umrundet und genickt. Ja, es ist gut hier, die Fremden können kommen und bauen. Schlingensief hält eine lange Rede. Der Übersetzer stolpert über ein Goethe-Zitat. Wenn Welten aufeinander stoßen, wird es ruhig. Die Luft vibriert. Bewohner der umliegenden Dörfer verfolgen das Ritual aus sicherem Abstand, sie bleiben nicht bis zum Ende. Sie verstehen nichts. Der Deutsche trägt Landestracht, einen gestreiften Umhang und einen hohen Strohhut. Die Kapsel, die er endlich in das vorbereitete Loch einlässt, enthält Zeitungen vom Tage und Schnipsel eines Super-8-Films, den Vater Schlingensief Anfang der Siebziger vom kleinen Christoph im Ruhrgebiet gedreht hat. Die Szenerie ist erschütternd, kitschig, visionär und ganz und gar unglaublich. Ein fremder und sehr weißer Schatten liegt über Ouagadougou. Aber Schlingensief hat nicht den langen Weg gemacht, um zu kämpfen. In Ouagadougou, sagt Schlingensief, findet er seine Ruhe, hier kommt er zu sich. Er sagt auch: »Vielleicht bin ich hier, um herauszufinden, warum ich hier bin.«

Wenn Gott ruht am siebten Tag, vollendet der Mensch sein Gesamtkunstwerk. Christoph, wie ihn alle nannten, und sein riesengroßes Ich: Ein Welterfinder, ein christlich-schamanistischer Prediger und Philanthrop, der mit Erlösungsfantasien spielt und ringt. Erst war er der Prügelknabe, dann das Herzjesukind des deutschen Kulturbetriebs. Viel Wagnerisches steckt in ihm, und manches von Joseph Beuys.

In Ouagadougou, wo sie für ihn trommeln und tanzen, wo er wie ein Häuptling behandelt wird, schält sich seine wahre Abstammung heraus. Sein geistiger Urgroßvater heißt Karl May. Der Glaube an die spirituelle Schönheit der Afrikaner, die missionarische Aura, der ständige Kindheitsbezug in der künstlerischen Arbeit, das erinnert an Karl May. Die gewinnende Naivität, der nicht zu zähmende Redefluss, das starke Gerechtigkeitsempfinden, die Verletzlichkeit, der Öffentlichkeitsdrang und der Öffentlichkeitsfluch, das offenbart über Epochen hinweg die Verwandtschaft mit Karl May. Wie er Menschen begeistert, wie er die eigene Geschichte transzendiert und sie mitschleppt bis ans Ende der Welt, die Überhebung und die Warmherzigkeit, das selbst geschaffene Paradies und das Unbedingte seiner Vision, all das macht den Karl-May-Menschen aus, damals wie heute.

Und es setzt sich in der Landschaft fort. Das Operndorf-Plateau gleicht einem Karl-May-Territorium in Reinkultur: ein erhobener, wenn nicht erhabener Versammlungsplatz, wie auf dem Präsentierteller. Hier werden sich Menschen aus verschiedenen Kulturen und Kontinenten treffen und reden, um des Friedens willen. Das ist die Idee. Karl May hätte es nicht schöner einrichten können. Häufiger findet sich aber in seinen Büchern das heimtückische Gegenmodell von Natur, durch die der Mensch hindurch muss: Schlucht, Engpass, Kessel, Höhle. Dass bei der Landvergabe an die Freunde der afrikanischen Oper handfeste Claninteressen eine Rolle gespielt haben und hier in der Nähe einmal der neue Flughafen für die Hauptstadt Burkina Fasos entstehen soll, macht den Ort nicht weniger anziehend. Kämpfen nicht auch Winnetou und Old Shatterhand um Land und Boden und für die Rechte der Ureinwohner?

Der Karl-May-Mensch tötet nicht, er macht Gefangene. Er schafft sich seine eigenen Voraussetzungen, zieht sich am eigenen Mythos aus dem Sumpf. Er arbeitet viel und schnell und macht großen Lärm, um nicht wieder zurückzusinken. Seine Kunst ist ein schrilles Pfeifen im Walde. Er provoziert, er spaltet. Er hat glühende Anhänger und fanatische Feinde. Er ist vor allem eines: Autodidakt. Er ist unerschöpflich, aber auch erschöpfend. Von wem hier die Rede ist? Von Christoph Schlingensief in Afrika, von Karl May auf allen Kontinenten, die den heimlichen Namen Kindheit tragen, und in allen Verstecken der Erinnerung, in allen Fasern der gelebten und ungelebten Adoleszenz.

Waren wir wirklich da? Wie Ouagadougou in drei Tagen vom Traum zur Wirklichkeit und wieder zum Fantasma wurde, ist dieser Karl-May-Mensch des 21. Jahrhunderts aufgetaucht, mit seiner flammenden Rede von Gastfreundschaft und von Afrikas Kraft, mit seiner Verkleidung und seinem Zepter, das er nach der Zeremonie als Geschenk bekam. Wie leidenschaftlich gern hat sich Karl May in Trapperkluft oder arabische Gewänder geworfen, sich mit fremden Federn geschmückt! Wie schwärmte er von den edlen Indianern, den besseren Menschen, dem vollendeten Gentleman Winnetou. Es klingt schön, es kommt aus demselben tiefen Brunnen, in dem sich Kindheit und frühe Jugend spiegeln: Winnetou in Ouagadougou. Rot und Schwarz. Wieviel Rassismus schlummert in der Überhöhung des Fremden?

Die Stimme kommt aus der Tiefe der Zeiten, von denen die Alten später gesagt haben, ihr hattet doch eine schöne Kindheit. Zeiten, die zum Weglaufen waren, zum Wegträumen. Der Ausreißer in den Traum kann nicht so leicht wieder eingefangen werden, ihm droht weder Hausarrest noch andere Strafe. Es ist die Stimme Karl Mays, die heute etwas weiter entfernt scheint und seltsam erwachsen klingt:

»Afrika! – Sei mir gegrüßt, du Land der Geheimnisse! Ich soll auf edlem Rosse deine kahlen, leeren Steppen, auf flüchtigem Dromedare deine gluterfüllte Hammada durchreiten, soll unter deinen Palmen wandeln, deine Spiegelung schauen und auf grünender Oase an deine Vergangenheit denken, deine Gegenwart betrauern und von deiner Zukunft träumen.«

Mit Paukenschlägen eröffnet er seine *Reiseerzählung* »Die Gum«, enthalten in dem Band »Orangen und Datteln«. Das erste Kapitel ist überschrieben mit »Djezzar-Bei, der Menschenwürger«, und so bezwingend geht es weiter in diesem frühen Werk anno 1878/79, das in der Sahara angesiedelt ist und ganz und gar in der Vorstellungskraft des aufstrebenden Autors spielt, der in Sachsen festsitzt: »Assad-Bei, der Herdenwürger«, »Hedjahn-Bei, der Kara-wanenwürger«, »Behluwan-Bei, der Räuberwürger.« Wenn die Na-zis die abscheuliche Spezies des Schreibtischtäters hervorgebracht haben, dann war Karl May ein Retter am Schreibtisch. Der Retter der Indianer und der guten Muslime. Wenn sie sich schon nicht zum Christentum bekehren lassen, hören sie doch zu, was seine Botschaft ist und wie sehr die Weltreligionen einander ähneln.

»Sei mir gegrüßt, du Land des Sonnenbrandes, des tropischen Pulses und des physischen Gigantentums«, so rhapsodiert Karl May von Afrika. »Ich habe im eisigen Norden deine Wärme ge-fühlt, dem wunderbaren Klange deiner Märchen gelauscht und das ferne Rauschen der Psalmen vernommen, die deine überwältigende Natur zum Himmel braust.« Niemand wird so schreiben, der zu Hause glücklich ist. »Mein Fuß war gefesselt, aber meine Seele eilte zu dir. Da donnerte die Büchse des Boeren; da erklangen die Speere der Hottentotten und der Kaffern; schwarze Gestalten wanden sich im athletischen Ringen; Ketten rasselten; Sklaven heulten, und schwer beladen zog die Karawane nach Osten, das Schiff aber dem Westen zu. Im einsamen Duar erscholl der schmetternde Chor der Hariri; vom hohen Minarett rief der Mueddin zum Gebet; am Tore der Wüste knirschte der Sand zum Teyemüm, und am fernen Bir beugten die Kamele ihre Knie; die Söhne der Wüste wandten ihre Augen gen Aufgang, und der Dschellab sang sein frommes ›Lubbekka Allah hümeh, hier bin ich, o mein Gott!‹ Sei mir ge-grüßt, du Land meiner Sehnsucht!«

Hier schwallt es und tönt es, die Sprache macht eine fremde Musik und ist doch vertraut, wie eine häufiger benutzte erotische Fantasie, die ausgebaut wird und variiert, ad libitum. Das Land der Freiheit mit Worten suchend:

»Jetzt endlich sehe ich deine Küste winken, atme die Flut dei-ner reinen Atmosphäre und trinke den süßen Hauch deiner Düfte. Deine Zungen sind mir nicht fremd, doch will kein Angesicht mir entgegenlächeln und keine Hand die meinige erfassen, aber vom grünen Strande her neigen sich die Palmenwedel, und die Höhen erstrahlen im freundlichen Glanze mir zu ihr ›Habakek, sei uns willkommen, o Fremdling!‹«

Später verschlägt es seine Imagination auf Dauer nach Arabien und Amerika, bis an den Stillen Ozean und an den Rio de la Plata, aber diese junge, beinahe jungfräuliche afrikanische Erzählung und Aufzählung zeigt schon den ganzen Teufelskerl. Er berauscht sich an angelesenen Wörtern und Begriffen. Er ist bestimmt und ungenau zugleich. Waffengeklirr, religiöser Gesang, das Summen und Brummen einer Landschaft, die er nicht aus eigener Anschauung kennt: Da schreibt einer Beschwörungsformeln hin und nennt es Reisebericht. Er reist in Gedanken und Sphärenklängen. So wird er berühmt und unendlich erfolgreich, der kleine Mann, der 1842 am Rand des Erzgebirges geboren wurde. Etwas tief Gründelndes und steil Auffahrendes liegt im deutschen Osten, scheibt Otto Forst-Battaglia in seiner Karl-May-Biografie »Traum eines Lebens, Leben eines Träumers«, die zuerst 1931 und 1966 noch einmal in überarbeiteter Form erschien. Der Künstler Karl May wird da in eine Reihe gestellt mit »Jakob Böhme, Angelus Silesius, Schleiermacher, Eichendorff, Richard Wagner, Friedrich Nietzsche«. Karl May starb 1912. In der glitzernden Kette der sächsischen Welterfinder und Weltumwerter ist er das letzte Glied und in jedem Fall der Produktivste und Umtriebigste.

Ein großes Ego ist unangenehm und kleiner als ein großes Ich. Karl May wird zum größten Ich-Sager der deutschsprachigen Literatur. »Ich«: der Titel seiner autobiografischen Schriften aus dem Nachlass, Band 34 der Gesammelten Werke im Karl-May-Verlag. Dieses Über-Aber-Ich ist der Ausweis der Modernität von Karl May. Die Ich-Maske (man denkt dabei an Arthur Rimbaud), das Großwildjäger-Ich eines Ernest Hemingway, das Erinnerungs-Ich eines Marcel Proust – »Orangen und Datteln« und Bisonfleisch sind die Madeleines des Karl May, und alles aus eigener Produktion. »Ich hatte in Australien den Emu und das Känguruh, in Bengalen den Tiger und in den Prairien der Vereinigten Staaten den Grizzly und den Bison gejagt«, prahlt Karl May, während Richard Wagner aus dem Kruppstahl germanischer Mythologie den »Ring des Nibelungen« schmiedet. Reine Traumreiche erschufen beide, der Radebeuler und der Bayreuther. Die Reiche des Karl May sind handliche, man trägt sie bei sich. Seine Stimme braucht

kein Festspielhaus und ist doch auch durchkomponiert, bis zum letzten Wort und Schuss:

»Afrika galt uns, wie ja auch einem jeden andern, als das Land großer, noch ungelöster Rätsel, welche uns genug des Interessanten und wohl auch Gefährlichen bieten würden.« Afrika ist auch bei Karl May der unheimlichste, exotischste Kontinent, nicht zu vergleichen mit Amerika, wo man sich ohne Weiteres auskennt, als Deutscher. Mays Held in der »kleinen Reiseerzählung« von der »Gum«, den Karawanenräubern, stellt sich in Algier als »amerikanischer Westmann« vor, nichts kann ihn schrecken, immer nur locken. »Wer unter den Indianerstämmen des wilden Westens jahrelang und in jedem Augenblick in Todesgefahr schwebte, hat sich an Scharfsinnigkeiten gewöhnt, welche ihm wohl auch in der Sahara von Nutzen sein können.«

Gefahr, immerzu. Der kreative Prozess gleicht einem Abenteuer und umgekehrt. Beides sind Hilfsbegriffe, die annähernd beschreiben, was beim Heraustreten aus dem programmierten Denken geschieht. Man sieht sich im Leben immer zweimal, heißt es. Das ist meist als Drohung gemeint. Es gibt aber kaum etwas Erfüllteres, als Kunstwerken und Büchern noch einmal zu begeg-

*Kostümfest im Hause
May, um 1900. Rechts
der Schriftsteller*

nen und zu sehen, wie gut oder schlecht sie gealtert sind, was Rückschlüsse auf das eigene Leben zulässt. Aus den vielen Details und Eigenheiten, die bei der ersten Karl-May-Lektüre keine Rolle spielten, sticht jetzt die Merkwürdigkeit heraus, dass seine Helden niemals oder nur sehr kurz schlafen. Zwei, drei Stunden bis Sonnenaufgang, bis zum Morgengebet, mehr Schlaf ist nicht drin, denn weder die wilden Tiere noch die Feinde halten Nachtruhe. Jedenfalls muss man auf der Hut sein. Schlafphasen stellen natürlich auch ein erzählerisches Problem dar, ebenso wie die langen Überfahrten auf dem Atlantik oder dem Mittelmeer, die ein Karl May sich nonchalant schenkt. Da gebe es eben nichts zu berichten. Immer gleich in die Gefahr hinein und volle Kraft voraus! Schlaf erscheint wie Zeitverschwendung, ein nutzloses Risiko obendrein. Schlafes Blutsbruder ist weder Winnetou noch Old Shatterhand, auch im Beritt des Hadschi Halef Omar und Kara Ben Nemsi werden die Nächte lieber durchwacht. Die Pferde aber brauchen Ruhe. Im dritten Band des Orientzyklus aus den 1880er Jahren, »Von Bagdad nach Stambul«, heißt es wieder einmal hart und herzlich: »Die Pferde grasten in der Nähe. Sie waren in der letzten Zeit ungewöhnlich angestrengt worden, und es wäre ihnen eine mehr-

27

tätige Rast zu gönnen gewesen, was sich aber leider nicht ermöglichen ließ. Wir selbst befanden uns wohl.« Die Nacht ist auf dieser Reise so sternenklar, dass man »selbst bei kleiner Schrift« lesen konnte.

Ja, die Nacht ist zum Lesen da. Generationen von Karl-May-Verschlingern haben die grünen Bände mit der Goldprägung gelesen, unter der Bettdecke, unter der Schulbank, gefesselt (hier ist das wörtlich zu nehmen) von den »grellen, knalligen Werken« und einem »Typus von Dichtung, der unentbehrlich und ewig ist«, wie Hermann Hesse fand. Das Viel-Lesen und Heimlich-Lesen kennzeichnet den Karl-May-Konsum, und bei »Harry Potter« ist es nicht anders, wenn die Fans eine Nacht lang ausharren, um am nächsten Morgen endlich den neuen Band von Joanne K. Rowling nach Hause zu tragen. Schlafentzug, Schlafdosierung wirkt als Droge. Wer nicht schläft, wird von einer fremdartigen Energie erfasst, die von innen kommt. Der Blick auf die Welt wird schärfer, plastischer, es kommt zu Halluzinationen. Ohne Schlaf ist man gleichzeitig bei sich und außer sich. In diesem Moment begegnen sich die May'schen Helden und die Leser, zwischen Traum und Tag. Schlaflosigkeit und Schreiben: ein Drogenkomplex. Karl May hat seine Hymnen an die Nacht redlich geteilt mit Millionen von Fans. Er war ein fantastischer und ebenso zuverlässiger Dealer.

Anflug auf das Leben, Anflug auf den Tod. In seinen Bühnenarbeiten entwickelte Christoph Schlingensief eine filmische Technik, die Menschen und Prozessionen, Naturbilder, Sprache und Musik überblendet, der Zuschauer wird fortgerissen in ein Zwischenreich, ohnmächtig dem Geschehen ausgesetzt – wie am Marterpfahl, wenn die Flammen züngeln, der Tanz der Kriegsbemalten schon begonnen hat, die Kreise immer enger werden und die Wahrscheinlichkeit der Rettung gegen null tendiert. Aus dem Himalaya brachte er Filmaufnahmen von einem Leichnam mit, den die Flammen verzehrten. Es sah aber so aus, als ob der in Tücher gewickelte Körper unverbrennbar sei und das Feuer nährte, ohne seine Form zu verändern. Als ob das Verbrennen den Kern nicht berührte und die menschliche Materie konservierte. So, konnte man denken, hat der auch gelebt, der die Szene mit seiner Kamera festgehalten hat.

Am 21. August 2010, ein halbes Jahr nach der Reise nach Burkina Faso, ist Christoph Schlingensief gestorben. Bald darauf standen die ersten Häuser auf dem Plateau. Remdoogo wird gebaut.

DAS ERSTE MAL IM KINO

Karl May gehört zur Familie wie ein rätselhafter entfernter Verwandter; jemand, der etwas Großes und Kostbares vererbt. Ein reicher Onkel aus Amerika, nur war er lange Zeit nicht sehr reich, jedenfalls nicht im materiellen Sinn, und auch nicht wirklich aus Amerika. In den Sechzigern und Siebzigern haben wir Karl May gelesen, aber das große Geschenk, das er uns gemacht hat, auf dem sein Name stand, waren nicht so sehr die Bücher, sondern das Kino, auch wenn die Filme mit Lex Barker und Pierre Brice mit Karl May wenig zu tun hatten. Sie waren eine Verheißung. In dem Abstand, der zwischen einem Jungen liegt, der ein Mann sein will, und einem Mann, in dem der Junge wieder erwacht, wird erkennbar, dass die breite Wahrnehmung von Karl May in den zurückliegenden Jahrzehnten durch das Kino geprägt war.

Vielen Generationen ist es so ergangen. Auf der Eintrittskarte für die Ferne und die Weite stand Karl May. Bis heute gehören die Karl-May-Filme aus den sechziger Jahren zum Feiertagsrepertoire des Fernsehens und erleben rituelle Wiederholungen.

Großes Ich, kleines Wir. Kleine Stadt, große Träume. In Wahrheit war die Stadt der Kindheit doch gar nicht so klein, und die großen Träume und Fluchten kamen später. Das Kino brachte Licht in das Dunkel. Es machte ein moralisches Angebot: Die Welt ist groß, und die Guten gewinnen. Die Bösen werden zur Rechenschaft gezogen und bestraft. Aber auch eine brave Kindheit und Jugend ist eine Strafe und umso unwiederbringlicher dahin, und das Böse hat bei Karl May allein eine rhetorische Chance. Es streckt in jedem Fall die Waffen, und sei es beim Jüngsten Gericht, das der späte Karl May häufig bemüht. Bösen Menschen geht bei ihm etwas ab, vielleicht das Entscheidende: Sie besitzen keine Verführungskraft, sind als Charakter uninteressant, sind einfach nur schlecht und verkommen. Es gibt Ausnahmen, und dann kann mit

Gottes und Kara Ben Nemsis Hilfe ein Saulus zum Paulus werden. Hätten wir geahnt, dass in Karl May praktiziertes Christentum steckt, dann hätten wir wohl einen großen Bogen um seine Bücher gemacht. Es gab Wichtigeres, und dafür gab es das Kino. Der Weg zu den Büchern führt über das Kino. Am Anfang war nicht das Wort, sondern der Vorspann des Constantin-Verleihs.

Kostbar wie echte Gemälde erschienen die Winnetou-Plakate, sie überstrahlten die grünen Bände aus dem Karl May Verlag mit den Titelillustrationen, die oft Szenen aus biblischem Gelände darstellten, Kamele, Wüste, harte, steinerne Landschaft, Hitze und Trockenheit ausstrahlend. Die Geschichte einer Kindheit und Jugend hängt letztlich ab vom Schwierigkeitsgrad bei der Überwindung erzieherischer Vorschriften: Lesen war schon eher erlaubt, ja prinzipiell erwünscht, Kinobesuche waren zu erbetteln oder heimlich zu bewerkstelligen.

Ahnungslosigkeit befördert Mythen und verstärkt den Zauber. Wer, beim großen Manitou, hätte einem Zehn- oder Zwölfjährigen erklären sollen, wann und wie Karl May *gelebt* hat und dass er selbst der Held seiner Bücher ist. Ein deutscher Reiseschriftsteller, der sich in Amerika Old Shatterhand, im Orient Kara Ben Nemsi nennt, wen hätte das damals interessiert? Ein Reiseschriftsteller, der sich allerdings nicht vom Fleck rührt. Ein Mann mit wechselnden Identitäten, ein schwieriger Fall. Kein gutes Vorbild, mit dem Vorstrafenregister. Davon wird noch zu reden sein. Karl Shatterhand Kara Ben May – ein und dieselbe Person und Dreieinigkeit. Welcher Lehrer hätte das vermittelt in einem Schulsystem, das die Antike zur Gegenwart machte und es bis zum Ende der 13. Klasse nicht bis in die Nazizeit schaffte im Geschichtsunterricht.

»Gallia est omnis divisa in partes tres quarum unam incolunt Belgae«. Der Anfang von Cäsars »De Bello Gallico« schallt aus der Schulzeit herüber, so sinnlos und klar wie eine unumstößliche mathematische Formel. Der römische Häuptling Gaius Julius Cäsar spricht übrigens in seinem Kriegsbericht von sich selbst in der dritten Person, das hat er mit Winnetou gemeinsam. Auch die Indianer sagen nicht »ich« bei Karl May. Woher dieser Autor kam, hätte damals wohl niemand sagen können. Es war lediglich bekannt, dass schon die Vätergeneration ihre Karl-May-Erfahrungen gemacht hatte, er musste also etwas älter sein. Andererseits ist Kino immer reine Gegenwart, in dem Moment, wenn es den Zuschauer packt. Für zwei Stunden ist man gefangen im Kino, es ist wie ein kollektives Lesen unter der Bettdecke in der Dunkelheit des Saals. Dass einen nach der Nachmittagsvorstellung draußen der helle Tag empfing, gehört zu den wunderbaren Mysterien des Kinorituals.

Winnetou schmeckte nach Eiskonfekt, das vor der Vorstellung in Körben in den Saal gebracht wurde von hübschen Mädchen, und es waren Winnetou-Filme, nicht Karl-May-Filme. Es war das erste Kinoerlebnis im Leben – »Winnetou 3«. Der große Häuptling der Apatschen stirbt durch die Kugel eines Schurken, weil er sich schützend vor seinen Blutsbruder Old Shatterhand wirft. Winnetou war der Eintritt in die Kinowelt, die Initiation. Winnetou *war* das Kino. Die Siegfried-Filme mit dem Schwerathleten Uwe Beyer, die zur gleichen Zeit liefen, wühlten die noch kindliche Seele nicht auf, sie blieben nicht hängen, sie waren viel zu schulmäßig. Ein früher, uneinholbarer Punktgewinn für Karl May und die Pop-Kultur – gegen Richard Wagner und den todessüchtigen Nibelungentross. Aber waren nicht auch bei Winnetou die Sterbeszenen die stärksten Momente? Im Kino haben wir zum ersten Mal körperlich den Tod erfahren und bitterlich geweint. Das Kino befand sich in einem Kellergeschoss, der Weg hinunter über die wenigen Treppen glich einem Weg in die Freiheit. Die Tränen in der Dunkelheit des »Roxi«, wenn der Häuptling dahinsinkt, ins Herz getroffen, brannten heißer als der erste Kuss.

Der Schriftsteller und Georg-Büchner-Preisträger Josef Winkler erinnert sich in »Roppongi – Requiem für einen Vater« an die kindliche »Winnetou III«-Lektüre auf dem Hof der Familie. Der Vater liest in der Zeitung, im »Kärntner Bauern«, der Junge hält Karl May in der Hand. »Als Winnetou in Vorahnung seines Todes die Glocken von Santa Fé hörte, da hatte es mir längst das Herz zusammengeschnürt. (…) Und als es schließlich zum tödlichen Schuß und zum Sterben kam, weinte ich vor meinem ein paar Meter entfernt von mir auf dem kupfernen Wasserkessel des Sparherdes sitzenden, sich in die Bauernzeitung vertiefenden und nichtsahnenden Vater so bitterlich, dass sich auf dem Fußboden der Küche eine kleine Lache mit schmutzverschmierten Tränen bildete.« Kärnten, in den sechziger Jahren. Väter waren unerreichbar, sie konnten und wollten nichts ahnen – oder sie ahnten und wollten nichts wissen. Hatten ihren Karl May vergessen, im Krieg gelassen. Verschanzten sich vor ihren Söhnen hinter der Zeitung. Betrachteten Buchstaben, um nicht sprechen zu müssen. Ertrugen es nicht, wenn der Sohn dann auf einmal zu viel las und anderes als Karl May.

Was Josef Winkler beschreibt, ist eine Urszene von Vätern und Söhnen. Einander räumlich so nah zu sein und einander nicht zu verstehen. Kein Interesse aneinander haben zu können, weshalb auch immer. Fremd zu sein in einem Haus, im eigenen Heim. Karl May, ob Buch oder Kino, hätte eine Verbindung sein können, ein familiäres Freundschaftsband, dessen Nichtvorhandensein Josef Winkler so bitter und klar ins Bewusstsein hebt. Karl May ist deutsche Tradition, und dann reißt sie ab, pflanzt sich heimlich fort. Blutsbrüderschaft hat ewigen Wert; ein leichtes Einritzen am Unterarm mit einem Küchenmesser, ein paar rote Tropfen auf der Haut, Rothaut.

Die Winnetou-Filme spielen ja nicht im Wilden Westen. Sie führen in ein Land, das es nicht mehr gibt und niemals gab. Das Land heißt Kindheit, und die Winnetou-Filme waren der Ersatz dafür.

Der Erfinder dieser Kindheit hieß Horst Wendlandt. Der Berliner Produzent war nicht der Erste, der es mit Karl May im Kino versuchte, aber der Erfolgreichste. Mit der Edgar-Wallace-Serie, die es bis in die frühen siebziger Jahre auf über dreißig Folgen bringen sollte, hat er Geld verdient. Wendlandt war ein Pionier mit einer Vision. 3,5 Millionen DM Produktionskosten werden 1962 für den ersten Film nach Karl May, den »Schatz im Silbersee«, aufgebracht, eine unvorstellbar große Summe zu der Zeit. Und die Karl-May-Welle kommt ins Rollen, sie wird zum Brecher. Die irdischen Jagdgründe werden, schon aus Kostengründen, in den

Die Bergwelt ruft: Pierre Brice als Winnetou
und Lex Barker als Old Shatterhand,
die deutschen Kinohelden der Sechziger

nahen Südosten verlegt, nach Jugoslawien. Ein paar Jahre später finden die Italiener im südlichen Spanien den idealen Schauplatz, um den Western zu revolutionieren. Europa entdeckt Amerika noch einmal – auf dem eigenen Kontinent. Karl May, der große Vordenker, lieferte den Studiobossen eine künstlerisch wie ökonomisch bis heute gültige Grundregel, ohne die es Kino nicht gäbe: Originalschauplätze müssen nicht aufgesucht werden, man kann sie erfinden und nachbauen.

Mit dem Namen Karl May verbindet sich ein Versprechen. Es ist das Grundthema auch so vieler Kinoschöpfungen von Steven Spielberg: Dass es jederzeit ein Zurück in die Kindheit und Jugend gibt und auf dem Weg in das von Gesetzen und Handlungsanweisungen zugestellte Leben der Erwachsenen Kehrtwenden möglich sind. Nach einer wahnsinnigen Klettertour, man weiß gar nicht, ob es aufwärts oder abwärts geht, entspinnt sich »Im Reich des silbernen Löwen IV« folgender Dialog, Hans Wollschläger zitiert ihn in einem Beitrag für das Jahrbuch der Karl-May-Gesellschaft (1970): »Siehst du etwas, Effendi?, fragte Kara unter mir. – Ja, antwortete ich, noch immer staunend. – Was? – Etwas wie aus dem Paradiese!«

Und wir Kinder saßen da im Dunkeln und sahen sie aus der Erde wachsen, die Männer auf ihren Pferden. Sie erkennen einander schon von sehr weit. Sie reiten zu. Dann der noble Gruß, mit dem ausgestreckten Arm, und die ernsten Blicke ins Leere, als könnte Winnetou das Schicksal voraussehen (die Gabe besitzt er tatsächlich), und Old Shatterhand schaut leicht ungläubig hinterher. Sie reden kein überflüssiges Wort, dafür ist ihr Auftrag zu wichtig. Sie haben ein unglaubliches Timing im Absolvieren ihrer Freundschaftsrituale, so ordentlich und diszipliniert treten sie auf, so aufgeräumt und makellos wirkt ihr Erscheinungsbild, dass ihre Beziehung im Grunde ausschließlich ritueller Natur ist. Ihr Mitteilungsstil ist zugleich knapp und hochtönend, und immer kommen sie sogleich mit dem Entscheidenden und Nötigsten heraus, das die Handlung antreibt wie in einem Opernlibretto. Martin Böttchers Filmmusik hat viel zum legendären Erfolg der Karl-May-Verfilmungen beigetragen. Eine Westernmelodie, elegisch ausgestrichen im Flußbett der Smetana'schen »Moldau«, folkloristisch-feierlich. Ein breites Dahinströmen von Emotion und Schicksalsklang. Wasserfälle, Seen, Schluchten – vom Wasser geschaffene Landschaften prägen die Ausritte mit Winnetou im westdeutschen Kino. Schluchten und Schluchzen. Ein Charakteristikum des Westerns schlechthin: die Natur als Kulisse. In den großen Filmen wird sie zur Hauptsache, im frühen »Duell in der Sonne«, im späten Western »Heaven's Gate«. Die Winnetou-

Farben – das Blau des Himmels, das Grau der Felsen – erinnern obendrein an Urlaubsdias aus jener Zeit, als Familien mit dem Wagen in den Süden fuhren.

So erklärt sich der phänomenale und über lange Jahre anhaltende Erfolg der Kinoabenteuerreihe mit Old Shatterhand und Winnetou: Es sind deutsche Heimatfilme, in fernen Gegenden angesiedelt, ausgewanderte Bergfilme gleichsam. Nicht in der Story, nicht in der Rollenauswahl und schon gar nicht in der philosophisch-religiösen Tiefe ahmten die Produzenten Karl May nach, aber in der äußeren Machart, im Umgang mit Geografie und Topografie. Da stehen sie in seiner Schuld und Tradition. War Luis Trenker im tiefsten Herzen nicht auch ein Westernheld? Was für fantastische Hybride: deutsche Gipfelstürmer im Südwesten der Vereinigten Staaten, die an die Plitwitzer Seen im damaligen Jugoslawien verlegt wurden. John Ford ritt mit seinen Western die Felsformationen des Monument Valley im Südwesten der USA zu Tode; eine zweite Landnahme mit Kamera und Platzpatronen – und Statistenjobs für die Indianer. Die balkanischen Berglandschaften haben die kurze Anwesenheit der deutschen Filmteams wieder abgeschüttelt.

Wir saßen im Dunkeln und hörten die Stimme. Die Stimme aus dem Off intoniert den »Schatz im Silbersee« und all die nachfolgenden Werke »nach Karl May«, wie es im Vorspann der Wendlandt-Produktionen heißt, mit einer Inbrunst und Akribie, mit einer Unbeholfenheit und einem Pathos, die Karl May zu parodieren scheinen und ihn doch im Kern treffen. Wenn man das heute hört, läuft es einem heiss den Rücken herunter, vor Scham, aber auch vor Sehnsucht und Wehmut:

»Nun sehen wir endlich von Angesicht zu Angesicht die schon fast legendären Blutsbrüder Old Shatterhand und Winnetou! Den weißen Mann, der über das große Wasser kam, um im Wilden Westen eine neue Heimat zu finden und Heldentaten zu verrichten, die ihm unsterblichen Ruhm einbringen sollten. Und den letzten Häuptling der Apatschen, der bedingungslos sein Leben einsetzt, wenn es gilt, dem Recht zum Siege zu verhelfen, den aber bereits die Tragik seiner sich im Todeskampf noch einmal aufbäumenden Rasse überschattet. Mit ihnen durchqueren wir Höhen und Tiefen des gewaltigen Felsengebirges. Mit ihnen reiten wir über die endlosen Weiten der amerikanischen Prärien. Mit ihnen erleben wir das große Abenteuer eines gnadenlosen Kampfes um den Besitz märchenhafter Reichtümer.« Howgh!

Pierre Brice. Lex Barker. Die Pferde. Der Fransenwams. Die Gewehre. Die Geschmeidigkeit Winnetous, die trockene Härte Old Shatterhands im Kampf. Sie waren doch nur Schauspieler, und eher noch aus der zweiten Reihe. Und das Traumpaar hat ein Vorleben. Pierre Brice, Jahrgang 1929, kommt immerhin mit einem Adelstitel daher, Baron Pierre Louis le Bris. Er kämpft als Fallschirmjäger in Indochina und Algerien bei den Rückzugsgefechten der französischen Kolonialmacht, bekommt in einem Actionfilm mit Eddie Constantine eine kleine Rolle, taucht bei Claude Chabrol, Marcel Carné und Damiano Damiani auf und soll auf der Berlinale für die Winnetou-Rolle entdeckt worden sein. Lex Barker, drei Jahre älter als sein späterer Blutsbruder, stammt von der amerikanischen Ostküste, er landet mit den US-Streitkräften in Nordafrika und Sizilien. Viermal spielt er Tarzan, das schweigsame Urwaldmonster. Als Old Shatterhand darf er vor Siedlern und der US-Kavallerie bedeutende Reden halten. Zuvor aber taucht er in einem US-Western als Apatschenhäuptling auf und dreht in Italien Abenteuerfilme, vor allem Piratensachen. In Federico Fellinis »La Dolce Vita« ist Barker leicht vertrottelt als hünenhafter Freund von Anita Ekberg zu sehen, ehe sie mit Marcello Mastroianni durchbrennt und in der Fontana di Trevi badet. Ein ganz schönes Gepäck, um ein neues Leben im Westen zu beginnen, zudem als »Deutscher«. Auch Harald Reinl, der »Silbersee«-Regisseur, hat einiges hinter sich. Leni Riefenstahl bringt ihn 1930 als Skifahrer in die »Stürme über dem Montblanc«, er wird ihr langjähriger Regieassistent. Nach dem Zweiten Weltkrieg dreht er Heimatfilme und die ersten Edgar-Wallace-Teile.

Eine Goldgrube, der »Silbersee«. Mit über drei Millionen Zuschauern der erfolgreichste bundesdeutsche Film im ersten Jahr und in der Folge in sechzig Länder exportiert. Martin Böttchers Filmkomposition verkauft sich einige hunderttausend Mal, und die Verkäufe der Karl-May-Bände steigen. Fünfzig Jahre nach dem Tod des Autors ist das Urheberrecht abgelaufen, es erschienen damals preiswerte Ausgaben.

Karl May war mit dem Erfolg der Winnetou-Filme wieder da, wenn er denn je gänzlich verschwunden wäre aus dem Unterbewusstsein der Deutschen. Seit ihrer Gründung 1952 – in einer von den Nationalsozialisten erbauten Thing-Stätte – hatten die Karl-May-Festspiele Bad Segeberg in Schleswig-Holstein ein Millionenpublikum angezogen. Pierre Brice, Baron Winnetou, ist dort noch bis ins hohe Alter vorgeprescht. Ende der achtziger Jahre lief in Bad Segeberg ein Stück, das Brice selbst geschrieben hat: »Winnetou, der Apache«. So wie der Franzose den größten aller deutschen Indianer übernommen hat mit Haut und Haar, so hat ihn der Apatsche auch nie wieder losgelassen. Die beiden wurden eins. Lex Barker stirbt 1973 an Herzversagen auf der Straße in Manhattan (*mana hatta*, ein indianisches Wort), fünf Jahre nach dem letzten Auftritt der Blutsbrüder in »Winnetou und Old Shatterhand im Tal der Toten«.

Sechs Jahre dauert die goldene Zeit des Karl-May-Kinos, und wie zu seinen Lebzeiten die Verleger um den »original Karl May« kämpften, liefern sich die Produzenten Horst Wendlandt und Arthur Brauner in den Sechzigern ein heißes Duell um die Vorherrschaft im Wilden Winnetou-Westen und bald auch im Morgenland. Sie machen einander Hauptdarsteller und komplette Filmteams abspenstig, gedreht wird wie am Fließband. Mal produziert der eine einen Western, mal der andere eine Kara-Ben-Nemsi-Geschichte, ebenfalls mit Lex Barker. Und einer war immer dabei, sorgte zuverlässig für den *comic relief*: Ralf Wolter als Sam Hawkens und als Hadschi Halef Omar. Siebzehn Filme werden von 1962 bis 1968 durchgeprügelt, im Namen Karl Mays.

Die in der DDR zusammengeschlossenen deutschen Stämme, darunter Karl Mays Sachsen, sind herausgefordert. Von 1966 an baut sich die Defa eine eigene Indianerwelt. Karl May kommt darin nicht vor, aber sein Geist schwebt auch über diesen Feuerwassern. Der Serbe Gojko Mitić reitet für Ost-Berlin, er kennt sich aus in Ost-West-Geschichten. In einer Reihe von westdeutschen Winnetou-Filmen ist er als Nebendarsteller aufgetreten. Als Defa-Rothaut wird er in »Die Söhne der großen Bärin« und »Spur des Falken« zum Star. Nach der Vereinigung kämpft er auch in Bad Segeberg. Acht Millionen Kinobesucher sehen den Streifen »Die Söhne der großen Bärin«, der vom Überlebenskampf des jungen Häuptlings Tokei-ihto erzählt. Es herrschte eine unglaubliche Indianerbegeisterung in der DDR, die selbst ein Reservat war, mit siebzehn Millionen Einwohnern. Ideologische Umsiedlung gab es nicht nur in der Landwirtschaft der DDR, sondern auch bei den Indianerfilmen ostdeutscher Bauart. In der Geografie war die Defa so frei wie Karl May. »Spur des Falken« wurde 1968, wie der Ausstattungsleiter betonte, »an Originalschauplätzen« gedreht. Natürlich nicht in den USA, sondern in Jugoslawien, dort, wo der Klassenfeind aus der BRD Wildwest spielte.

Das Kino nach Karl May funktionierte als Schauspielschule der Nation. Klaus Kinski und Mario Adorf haben sich in den Bergen Jugoslawiens als Schurken profiliert, Götz George zeigte im »Silbersee« schon früh sein Actionpotenzial. Zu den Plattfußnoten der »Winnetou«-Filmgeschichten zählt auch die Karriere des Mario Girotti. In »Winnetou II« spannt er dem Apatschenhäuptling die große Liebe aus, die Häuptlingstochter Ribanna (Karin Dor). Später haben er – nun unter dem Namen Terence Hill – und Bud Spencer (auch der ist Italiener) durchschlagenden Erfolg als notorisch ulkiges Westerngespann.

In der Zeitschrift »New Yorker« erschien vor ein paar Jahren – im Kino lief damals der schwule Western »Brokeback Mountain« – ein entwaffnend komischer Cartoon. Zwei uralte Cowboys sitzen vor einer halb verfallenen Blockhütte im Schaukelstuhl und fragen sich: »Were we gay?« Waren *wir* schwul? Die Frage erlaubt verschiedenartige Interpretationen. Macht man so was? Oder: Früher gab es so was nicht? Oder auch: Muss man das so herausposaunen! Die Frage nach der sexuellen Orientierung ist immer wieder in Richtung Winnetou und Old Shatterhand gegangen – und auch an Karl May selbst. Kara und Hadschi, so ewig allein unterwegs in der Wüste. Winnetou und der gar nicht so alte Shatterhand, das Traumpaar schlechthin! Nur dass Shatterhand/Ben Nemsi, nach der May'schen Logik und Logistik, einmal Winnetou, ein andermal Hadschi betrügen müsste. Die Filme wirken noch aseptischer als die Bücher, darin liegt auch ein Erfolgsgrund. Sie sind jugendfrei, lassen der erotischen Fantasie einen Spalt offen.

Wir Kinder vom »Roxi« verstanden nicht, dass sie sich wieder aufs Pferd schwangen, das war gegen die Regel, gegen Herz und Verstand, wie viele wunderhübsche junge Mädchen und Frauen die beiden goldenen Reiter *nicht* mitgenommen haben. Marie Versini, Karin Dor, Uschi Glas, Daliah Lavi, Elke Sommer – all die Prinzessinnen mit den zauberischen Namen Nscho-tschi, Apanatschi, Ribanna, für die der Richtige ausblieb oder weitermusste, zu neuen Abenteuern. Es gibt keinen Sex im »Winnetou«-Kino. Aber es gibt ein Versprechen und eine Aussicht: Die dekorativen Schönen würden nicht altern, der Tod würde Nscho-tschi, die den Banditen zum Opfer fällt, unsterblich machen. Die Indianerprinzessinnen würden immer da sein, mit ihrem langen schwarzen Haar und den verträumten Augen, und die Kinokinder würden ihnen entgegenwachsen, draußen, auf freier Wildbahn. Zur Sache, Apanatschi. Das letzte Wort war nicht gesprochen.

SCHUHGRÖSSEN: VON HANS JÜRGEN SYBERBERG ZU BULLY HERBIG

Die Kinobilder müssen zu ihrem Ursprung zurückverfolgt werden, wenn es weitergehen soll auf der Reise zu Karl May. Wenn es sich öffnen soll, das spätere Werk, das schon früh angelegt ist, wenn er sich zeigen soll, der verkannte, unbekannte, angefeindete, verdrängte Literat. Wer sich an Karl May erinnert, hat meist Kinogeschichten vor Augen. Denn diese Kino-Oberflächen sind Kinderbilder, sie sitzen tief. Old Shatterhand ist seit einem halben Jahrhundert ein Amerikaner, der einen Deutschen spielt, und Winnetou war zum Franzosen geworden. Die alliierten Lichtgestalten des westdeutschen Kinos treten als anständige, ordnungsliebende Bürger von Neu-Karlmayland auf, mit Kinderpass. Es ist offenbar ein Pass fürs Leben, er läuft nie ab. Im Karl-May-Haus in Hohenstein-Ernstthal in Sachsen ist ein liebenswürdiger Spielbudenzauber zu bewundern, Modellbauten für den Puppentrickfilm »Die Spur führt zum Silbersee«; die DDR-Produktion wurde erst 1990 in der Wendezeit fertig. Henry Hübchen leiht Winnetou hier seine Stimme.

Sich klein machen, um Großes zu vollbringen. Sich anschleichen und den Feind mit einem Schlag erledigen oder ihn mit einem endlosen Wortschwall niederringen. Karl May lehrt Gewaltfreiheit. Da liegt ein Problem des Karl-May-Kinos, das bereits in den 1920er Jahren beginnt, vielleicht das Hauptproblem: Action oder Ethnologie, Abenteuer oder philosophisch-theologisches Kolloqium?

Pierre Brice und Lex Barker, das Winnetou-Old-Shatterhand-Traumpaar, waren noch nicht geboren, als die ersten Karl-May-Filme in den märkischen Sand gesetzt wurden, acht Jahre nach dem Tod des Schriftstellers. Drei Stummfilme entstehen 1920/21 in der Nähe von Berlin: »Auf den Trümmern des Paradieses«, »Die Todeskarawane«, »Bei den Teufelsanbetern«. Es gibt eine persönliche Verbindung zum Zauberkönig von Radebeul. Marie Luise Droop, die die Drehbücher für die Kara-Ben-Nemsi-Trilogie schrieb, hat Karl May noch gekannt. Mit fünfzehn, damals hieß sie noch Marie Luise oder Marlu Fritsch, gründet sie einen Karl-May-Fanclub (»Karl-May-Bund«), korrespondiert mit ihrem Idol und besucht die Villa Shatterhand. »Mays schöne Spionin« wird sie genannt, weil sie sich im großen Kulturkampf um Karl May, der seine letzten Jahre zerreißt, vehement und listenreich für den alten Mann einsetzt. Mit ihrem Ehemann Adolf Droop gründet die Filmjournalistin, Autorin und Dramaturgin die »Ustad-Film Dr. Droop & Co.«. Karl May ist die Marke, mit der die beiden auf dem neuen Kinomarkt reüssieren wollen. Die drei Ustad-Stummfilme müssen als verschollen gelten, doch den durchaus freundlichen Kritiken ist zu entnehmen, dass sie geprägt waren von großer Leidenschaft für den Schriftsteller und sein Werk, von hoher künstlerischer Ambition und dem Versuch, Karl Mays Philosophie der Völkerverständigung gerecht zu werden. Der Erfolg bleibt aus. Karl-May-Leser, die sich auch erst einmal an das neue Medium Film zu gewöhnen haben, finden zu wenig Karl May auf der Leinwand. Zu den »Trümmern des Paradieses« kommt der Ruin der Ustad-Filmproduktion. Ein bereits entworfenes »Old-Shatterhand«-Drama – es wäre sein Kino-Debüt gewesen – wandert in die ewigen Jagdgründe. Marie Luise Droop stirbt 1959, der Lebenstraum der Autorin, eine Karl-May-Biografie, bleibt unerfüllt. Vom Verbleib ihrer Filme ist nichts bekannt, keine Spur vom Schatz im Silbernitratsee.

Karl-May-Verfilmungen sind stets Mesalliancen – umso erfolgreicher, je weiter sie sich von ihrer steilen Vorlage entfernen. Und noch etwas fällt auf bei der Betrachtung der Filmografie von 1920 bis in die heutige Zeit: Karl May, der Webersohn aus dem Erzgebirge, ist ein schwerer Brocken, der feine und bizarre Verästelungen der Filmgeschichte einschließt. Carl de Vogt, der erste Kino-Kara-Ben-Nemsi, hatte vorher bei Fritz Lang Hauptrollen gespielt. Meinhart Maur, der brandenburgische Hadschi Halef Omar, geht nach 1933 ins britische Exil, wo er mit Charles Laughton dreht. Weiter hinten steht Bela Lugosi, der spätere Dracula-Darsteller der Universal-Studios in den USA, auf der Besetzungsliste der May-Marlu-Stummfilme. Der Ungar mimt einen schurkischen Morgenländer. Es geht die Legende, dass Christopher Lee, auch er war Graf Dracula, in den frühen Sechzigern als Winnetou-Darsteller im Gespräch war – bevor die Wahl auf Pierre Brice fiel. Kino ist Vampirskunst. Es saugt die Stoffe aus und bläst sie auf, genau wie Karl May.

Der älteste erhaltene Film nach Karl May entstand 1935: »Durch die Wüste«. Er liegt seit 2010 in einer restaurierten Fassung vor. Regie führte Johannes Alexander Hübler-Kahla, ein in diversen Genres erfahrener Routinier, das Drehbuch schrieb Carl Junghans. Die Produktion gab sich große Mühe, dem berühmten Schriftsteller gerecht zu werden. Dafür waren ironischerweise orientalische Schauplätze nötig, wenn auch nicht die originalen Orte des Romans. Aber die Richtung stimmte. Die Außenaufnahmen entstanden in Ägypten, zwischen Port Said und Assuan. Der Film fällt durch seine dramatischen Landschaftsbilder auf, insbesondere die Verfolgungsjagden bei Nacht. Die Welt der Beduinen wird in einem romantisierenden, semidokumentarischen Stil vorgestellt. Atmosphärisch fühlt man sich an Josef von Sternbergs Melodram »Morocco« erinnert. Bemerkenswert die Ähnlichkeit des Hauptdarstellers Fred Raupach mit Karl May: Sein Kara Ben Nemsi ist ein nachdenklicher Draufgänger. Raupach kam vom Theater. »Durch die Wüste« blieb sein einziger Film. Er fiel 1942. Seinen Widersacher, den Wüstenbanditen Abu Seif, spielte Erich Haußmann, der Großvater des Filmregisseurs Leander Haußmann. Das nationalsozialistische Kino ließ sich danach auf keine Abenteuer mehr ein mit Karl May. Der Liebhaber des Orients war nicht kriegstauglich. Hitler-Deutschland schickte seine Armeen gegen die Engländer nach Nordafrika, in die Wüste.

1958/59 beginnt die Karl-May-Filmerei aufs Neue, nach über zwanzig Jahren Pause, jetzt in Farbe. Doch nach der »Sklavenkarawane« und dem »Löwen von Babylon«, deutsch-spanischen Koproduktionen mit Viktor Staal als Kara Ben Nemsi und Georg Thomalla als Halef, gilt Karl May in der ohnehin kriselnden deutschen Kinobranche als unverfilmbar. Aber wann war der (west-)

deutsche Film nicht in der Krise? Dann kam Horst Wendlandt und durchschlug mit dem »Schatz im Silbersee« den sächsischen Knoten. Bis zum »Schuh des Manitu«, dem wohl erfolgreichsten deutschen Film nach dem Zweiten Weltkrieg, vergehen noch reichlich vierzig Jahre.

Mit Hans Jürgen Syberberg erlebt die Karl-May-Rezeption eine harte und notwendige Zäsur. Syberberg, geboren 1935, ist ein Autorenfilmer und konservativer Intellektueller, eine isolierte, elitäre Ausnahmeerscheinung im bundesrepublikanischen Kulturbetrieb. Er stürzt sich in die Erforschung deutscher Mythen. Mit »Ludwig – Requiem für einen jungfräulichen König« beginnt 1972 der große Reigen. »Hitler, ein Film aus Deutschland«, beschließt 1977 die Trilogie der Wiedererweckung. Karl May und Ludwig II. bekommen in der Hitler-Saga ihren Auftritt – als Puppen mit Fetischcharakter. Das Mittelstück des großdeutschen Altars bildet »Karl May« (1974). In der dreistündigen Hommage zeigt Syberberg, wie ein sanfter Riese unter bösartige Zwerge fiel. Er adelt ihn als Großgenie. Der filmische Essay dreht sich um Karl Mays letztes Jahrzehnt, das Martyrium der Prozesse und Verleumdungen, um quälende Rochaden der Verleger, ätzende Kampagnen in der Presse. Das Werk, in dessen Gravitationszentrum der Karl-May-Darsteller Helmut Käutner wie ein Hiob steht, der Schicksalsschlag um Schicksalsschlag hinnimmt, pflegt eine hyperdokumentarische Exzentrik. Tonnenweise Akten, Gerichtsprotokolle, Tagebücher, Zeitungsartikel werden zitiert, rezitiert, zelebriert von widerlich sächselnden Justizbeamten und diabolisch grinsenden Nutznießern des May'schen Elends. Gefangen in der Menagerie selbstsüchtiger Frauen, belästigt von Neidern, herabgesetzt von Charakterschweinen, die sich an seinem Fantasiereichtum schadlos halten wollen, sitzt der alte Schriftsteller im Zentrum ausgesuchter Foltern. Was den »Winnetou«-Filmen der Sechziger an Psychologie, historischer Begründung und überhaupt an Kunst und Verstand fehlt, hier wird es in einem lethargischen Bombardement nachgeliefert. »Erst im völligen Zusammenbruch sprießt eine neue Welt«, sagt der Richter im Film nach dem Paragrafengemetzel mit Blick auf Karl May und was von ihm noch übrig ist, und es ist ein rabenschwarzes Fazit zu hören: »Er wollte immer reisen, aber er endete immer nur in den Gerichtspalästen des Deutschen Reiches.«

Wie einen toten Indianerhäuptling bahrt Syberberg am Ende seinen Kaiser auf, neben einem Tipi. Schnee fällt auf das edle Haupt. Trauermusik durchzieht die Tonspur, Mahlers »Vierte«, Klavierstücke von Liszt und Chopin, gespielt auf einem pneumatischen Walzenklavier anno 1905. Zu Beginn setzt er Käutner in eine orientalische Kulisse, Kairo soll es sein, wo May eines Tages seine leibhaftige Orientreise beginnt. Zart angedeutete Homoerotik weht über der Szenerie. Der Film entsteht komplett im Studio, in Nachbildung des May'schen Schreibtischimperiums, der Weltreisende in seiner Villa bewacht von einem ausgestopften Löwen. »Wir träumen alle von Reisen durch das Weltall in unser Inneres. Nach innen geht der geheimnisvolle Weg. Die Außenwelt ist nur Schattenwelt und die Seele ist ein weites Land, in das wir fliehen«, raunt der Schriftsteller und Filmemacher Syberberg in seiner schmerzenreichen Anverwandlung.

Millionen Leser der Karl-May-Bücher haben es anders gesehen. Sie waren süchtig nach dieser Außenwelt, liebten die Schattenspiele, die allemal mehr Abenteuer und Geheimnis verheißen als die innere Einkehr. Es hat Millionen Leser auch nicht sonderlich interessiert, was Künstler und Intellektuelle in Karl May hineinlegen oder aus ihm herausholen: »Ich halte Karl May für einen großen Dichter, einen der letzten deutschen Großmystiker, die wir noch haben in der Zeit der untergehenden Märchen, den Schöpfer der einzig wahren Heldenlieder des wilhelminischen Zeitalters«, sagt Syberberg. May selbst wird mit dem Satz vernommen: »Ich spreche zu meinen Lesern von Kind zu Kind. Das ist mein Erfolg.«

Noch in Karl Mays Lebenszeit fällt die Geburt der Filmkunst, von Anfang an ein Schaustellermedium, eine Sensationsmaschine. Syberberg blendet in sein Kaleidoskop des Fin de siècle früheste Filmfantastereien ein, von Méliès und Lumière. »La fee Carabosse« und »Le voyage à travers l'impossible«. Die Titel weisen in die Richtung, die May schon lange vorgibt: unmögliche, fantastische Reisen. Bis »Metropolis« sind es dann kaum noch dreißig

Große Elegie: Hans Jürgen Syberbergs Film-Hommage »Karl May« mit Helmut Käutner als gefesselter Riese von Radebeul und Lil Dagover als Bertha von Suttner

Jahre, und es soll sich zeigen, wie sehr Karl May ein Vorbereiter des großen Abenteuer- und Actionkinos war, so wie Richard Wagner im Grunde die erste Filmmusik avant la lettre komponiert hat, mit seiner szenisch-zyklischen Vorstellungsgewalt.

Syberbergs Karl-May-Séance ist ein trotzig-drückendes Dokument der Wiedergutmachung, des Nachholens. Es demonstriert das ewige Dilemma. Entweder wird der Dichter, der sich Old Shatterhand nannte, zu leicht genommen, oder er wird zum Dämon. Dieses Trivial-oder-Titanisch zieht sich durch die gesamte Wirkungsgeschichte. Es ist Karl Mays schönstes und schwierigstes Vermächtnis. Er setzt die Unterscheidung von »E« und »U«, von Hochkultur und Unterhaltung, früh schon außer Kraft. Es existieren überhaupt keine solchen Ausgrenzungen in seiner Vorstellungswelt. Wenn es nach May gegangen wäre, dann wären diese verklemmten Schubladen nie benutzt worden. Ein Schriftsteller kann als Kolportageautor beginnen und zum visionären Dichter werden, *per aspera ad astra*. Aber er tut es nicht ungestraft.

Die Antwort der Komödianten lässt dreißig Jahre auf sich warten. Sie fällt heftig aus. 2001 stürmt Bully Herbig mit »Der Schuh des Manitu« ins Kino. Zwölf Millionen Zuschauer sehen die Wildwest-Comedy-Show, die später auch als Musical Erfolge feiert. Herbig rettet die Bilanz der deutschen Filmindustrie wie einst Wendtlands »Schatz im Silbersee«, und wieder mit Karl May im Hintergrund. Falsche Indianer schießen die Krise ab, nun aber

nicht mehr mit Edelmenschentum, sondern mit tuntigen Kalauern (»Schau, schau, Schoschonen!) und heißen Schaumbädern auf der »Puderrosa«-Ranch. »Bonanza«, die im Grunde auch schon weit entrückte amerikanische Kultserie der Sechziger und frühen Siebziger, wird gleich mit an den Marterpfahl gestellt und durchgekitzelt. Die Helden haben sich aus dem Staub gemacht, die Schurken sind lieb wie Pfadfinder. Herbig lässt die Spinner paradieren, die seltsamen Vögel, die ja auch bei Karl May schon reichlich vorhanden sind. Aus Winnetou wird *Winnetouch*, aus dem bedrohten Indianervolk ein lustig-aufgedrehter Schwulenverein im Westernfummel. »Der Schuh des Manitu«, ein bisschen Oktoberfest, ein bisschen rheinischer Karneval, hüpft und juchzt, lebt von Klischees über Homosexuelle und wackelt damit fröhlich über die Prärie. Das hat befreiende Wirkung. Die Indianer sind dämlich, die Bleichgesichter sind doof. Herbig packt Mythen in gelbe Tüten, sie werden entsorgt und recycelt. Man kratzt sich am Skalp, denn zu Beginn des 21. Jahrhunderts kann »Der Schuh des Manitu« eigentlich nicht mehr allein als Parodie auf die »Winnetou«-Filme der Sechziger funktionieren; das liegt zu lange zurück. Doch Herbig weiß: Wir sind alle Indianer. Karl Mays visionärer Satz »Ich spreche zu meinen Lesern von Kind zu Kind« passt eben auch in den »Schuh des Manitu«. Herbigs Travestie erinnert an den uralten und oft verfilmten Komödienklassiker »Charleys Tante«.

Karl May kommt immer wieder, wie Adolf Hitler. Hitler *sells*, ebenso Charley May. Indianerkostüm oder braune Uniform. Sie sind die Antipoden des deutschen 20. Jahrhunderts – das Monster der Reichskanzlei (inzwischen auch häufig im Kino zu sehen, von Bruno Ganz bis Helge Schneider) und der gute Mensch von Radebeul. Klaus Mann hasste Karl May als »Hitlers literarischen Mentor«, das »Dritte Reich«, so Mann, sei Karl Mays »äußerster Triumph, die schaurige Verwirklichung seiner Träume«. Karl Mays »kindliche und kriminelle Fantasie«, klagt er 1940 in einer amerikanischen Zeitschrift, »hat tatsächlich – wenn auch versteckt – den Gang der Weltgeschichte beeinflußt«. Der Dramatiker Heiner Müller meinte 1995, kurz vor seinem Tod: »Ich war zwar antifaschistisch erzogen, aber Deutscher sein, hieß auch Indianer sein. (…) Ja, die Nazis haben das genial benutzt; das antizivilisatorische Moment, die Sehnsucht nach Wildheit in diesen Geschichten.«

Karl May verführt, ob gezielt oder unbewusst, zum Missverständnis. Er lässt sich lesen als Kindheitsfindung, als Kindheitsflucht aus autoritären Verhältnissen. Darin liegt der universelle Charakter seiner Bücher. Sie sind extrem auslegbar, laden ein zur Auslese, zur Ausschweifung oder Askese, zum Pazifismus wie zur Gewalt, darin der Bibel oder dem Koran nicht unähnlich. Fundamentalisten finden immer eine Begründung, eine Quelle und Tradition. Schrift ist biegsam. Syberbergs »Karl May« erzählt eine Heiligenlegende mit schwerem Cineastenblut, »Der Schuh des Manitu« wäre demnach Blasphemie. Was Monty Pythons »Das Leben des Brian« für Jesus Christus ist, das ist der »Schuh des Manitu« für Karl May. Paradoxerweise lässt die Parodie ihren Gegenstand größer erscheinen als die Hagiografie.

Es gibt offenbar nur diese Extreme: Karl May als illegitimer Richard-Wagner-Zwilling, wie bei Syberberg, oder als Schießbudenfigur bei Bully Herbig. Der setzt die Indianer mit lustigen Schwulen gleich, so wie Karl May im ersten »Winnetou«-Band zu Anfang erklärt: »Immer fällt mir, wenn ich an den Indianer denke, der Türke ein. (…) Man spricht von dem Türken kaum anders als von dem ›kranken Mann‹ (am Bosporus, d. Verf.), während jeder, der die Verhältnisse kennt, den Indianer als den ›sterbenden

Mann‹ bezeichnen muss.« »Der Schuh des Manitu« funktioniert als Minderheitenwitz. Die brüllende Komik befreit vom Druck der Konformität. Bully Herbigs Indianerwortspiele erinnern schließlich an den jüdischen Humor, den sich dieses Land selbst ausgetrieben hat.

Natürlich, und das ist der größte Witz, ist von alldem unmittelbar nichts zu spüren in Bully Herbigs Blockbuster. Alter Indianertrick. Hinlegen und totstellen. Große Komödiantenkunst: dummstellen und draufhauen. Herbig und seine Leute riskieren die große Klappe. Dass viel dahinter ist, muss nicht jeder gleich merken.

Karl May aber parodiert sich selbst am besten. Es gibt da Passagen, die einem die Mokassins ausziehen. In »Krüger Bei«, Band 21 der Gesammelten Werke, besucht Winnetou seinen alten »Scharlieh« (Karl Shatterhand) in Dresden. Es geht um ernste Geschäfte, es warten neue Abenteuer in Nordafrika auf den nordamerikanischen Häuptling, die Zeit drängt, Freunde sind in großer Not, aber der Autor macht seinen indianischen Freund – in Europa trägt er Sakko, Gehstock und Zylinder – mit seinen Sangesbrüdern bekannt. Die Szene spielt im Vereinszimmer und enthält ein Stück Autobiografie. Schon 1863/64 leitet Karl May in seinem Geburtsort den Gesangsverein »Lyra«. Das Singen blieb seine Leidenschaft. »Wöchentlich einmal aber besuchte ich einen Gesangverein, dessen Ehrenmitglied ich war und heute noch bin. Das war meine Erholung.« In dieses urdeutsche Biotop wird der Indianerhäuptling mit Freuden und in aller Seelenruhe eingeführt. »Die anwesenden Sänger kannten den Apatschen aus meinen Erzählungen. Welch ein Hallo, als ich seinen Namen nannte.« Silberbüchse und Tomahawk hat Winnetou bei der Gepäckaufgabe im Bahnhof gelassen. Die sächsischen Musikfreunde stimmen ein brausendes »Dreimal hoch!« an. Winnetou mit Stock und Zylinder, unbewaffnet und ohne Pferd als Ehrengast in einem sächsischen Gesangsverein, im Hinterzimmer einer getäfelten, bierdunstigen Gastwirtschaft! Das ist im Grunde literarischer Selbstmord, eine umgekehrte Travestie, und umso komischer. Die Westernhelden stiefeln als biedere Bürger an der Elbe entlang, ehe sie sich wieder in Montur werfen und losziehen, um die Welt sicher zu machen. Aber sitzt nicht auch Clark Kent als schusseliger Journalist im Büro herum, als netter Kerl von nebenan getarnt, mit dem hautengen blauen Superman-Actiondress unter dem Business-Anzug, ehe er sich in den Himmel schwingt?

Was für ein Bild, es lässt sich gar nicht absurd genug ausmalen. Ein Indianer reicht im Dresdner Bahnhof Beil und Gewehr zur Aufbewahrung über den Tresen. Eine literarische Figur steigt trockenen Fußes aus dem Erzählfluss, überquert den Atlantik, um ihren Schöpfer zu finden, der zugleich ihr Blutsbruder und Kampfgefährte ist. Sie klopft an die Tür, und die beiden unzertrennlichen Papierkameraden brechen zur nächsten großen Reise auf; den Gepäckschein nicht zu vergessen. Wunderbare deutsche Ordentlichkeit. Als Parodist lässt sich Karl May nichts vormachen. In »Der Ölprinz« präsentiert er den staunenden Indianern und Banditen einen emeritierten sächsischen Kantor namens Matthäus Aurelius Hampel. Wie der Name schon sagt, hampelt da ein größenwahnsinniger Kirchenmusiker durch den Westen, um Material für eine Heldenoper in zwölf Akten zu sammeln. Der Mensch hat einen seltsamen Reitstil, da er hoch zu Ross Taktarten ausprobiert. Von Old Shatterhands Friedensplan hält er wenig, denn er braucht einmal einen richtigen Kampf, als Anschauung für die große Schlachtszene, die ihm vorschwebt.

Da muss auch ein Bully Herbig die Waffen strecken.

KINDHEIT, BLINDHEIT

Als ihm die Verfolger wegen seiner windigen Apatschengeschichten wieder einmal gefährlich nahe kommen, ballert er sich mit einer dicken Platzpatrone den Weg frei: »Winnetou war geboren 1840 und wurde erschossen am 2. 9. 1874.« Winnetou hat gelebt, ist keine Erfindung, erklärt Karl May in seinem unerschütterlichen Kinderglauben. Sie sollen ihn mit ihren billigen Verdächtigungen verschonen und den edlen Indianerhäuptling in Frieden ruhen lassen.

1874 ist in dem Zusammenhang ein aufschlussreiches Datum. In diesem Jahr stirbt der historische Apatschenhäuptling Cochise. Und auf der anderen Seite des Atlantiks geschieht etwas für die Familie May Bedeutendes: Karl wird am 2. Mai 1874 nach vierjähriger Haft aus dem Zuchthaus Waldheim entlassen. Er ist 32 Jahre alt, hat manches hinter sich, nur eben keine Weltreisen. Fraglich, ob er je ernstlich mit einer Waffe in Berührung kam. 1874 ist er endlich frei, darf sich wie neu geboren fühlen.

Wie er auf die Welt kam und in welche Welt, das ist eine triste Geschichte. »Ich bin der Sohn blutarmer Webersleute. Man hielt mich für begabt. Man wünschte, ich solle studieren. Aber für Gymnasium und Universität gab es keine Spur von Mitteln. Da hungerten und kümmerten meine Eltern und Geschwister jahrelang, um mir durch den Seminarbesuch zu ermöglichen, Lehrer zu werden.« So beginnt »Meine Beichte«, niedergeschrieben 1908 in Radebeul, damals noch Niederlößnitz. Der Radius der ersten vier Jahrzehnte: kaum mehr als hundert Kilometer, kaum über Sachsen und das Erzgebirge hinaus. An dessen Rand, in Ernstthal, kommt Karl Friedrich May am 25. Februar 1842 zu Welt. Er ist das fünfte von vierzehn Kindern. Neun Kinder sterben den Eltern Christiane Wilhelmine und Heinrich August May im Säuglingsalter weg.

»Meine Mutter war eine Märtyrerin, eine Heilige, immer still, unendlich fleißig, trotz unserer eigenen Armut immer opferbereit für andere, vielleicht noch ärmere Leute. (…) Mein Vater war ein Mensch mit zwei Seelen. Die eine Seele unendlich weich, die andere tyrannisch, voll Übermaß im Zorn, unfähig, sich zu beherrschen.« Selbst »in den heitersten und friedlichen Augenblicken«, heißt es in der »Beichte« über den Vater, »hatten wir das Gefühl, dass wir auf vulkanischem Boden standen und von Moment zu Moment einen Ausbruch erwarten konnten«. Der Vater, der über eine gewisse, selbst erworbene Bildung verfügt, schlägt auch die älteren Kinder noch ausgiebig und oft. Weihnachten, heißt es, ist »für mich und die Meinen sehr oft keine frohe, sondern eine verhängnisvolle Zeit gewesen«. Weihnachten wächst in Karl Mays Werken zur grotesken Obsession.

Die Mutter absolviert in Dresden an der chirurgisch-medizinischen Akademie eine sechsmonatige Ausbildung zur Hebamme, wie Christian Heermann in seiner treuherzigen, doch faktenreichen Karl-May-Biografie »Winnetous Blutsbruder« aus dem Karl-May-Verlag berichtet. Weit weg war die Mutter von der Familie, was nicht zu dem duldsamen Seelchen passen will, das der Schriftsteller später zeichnet. Ehemann und Großeltern müssen Christiane Wilhelmine May bei dieser mutigen, emanzipatorischen Initiative unterstützt haben. Sie besteht ihre Prüfung mit Bravour. Die »Beichte« klingt über weite Strecken wie Puppenstuben-Kolportage, erzgebirglicher Heimatkitsch, nicht zu vergleichen mit Gerhart Hauptmanns grundstürzend neuem Drama »Die Weber«. Wie wenig Karl May von zeitgenössischen Literaturströmungen zur Kenntnis nimmt, ist verblüffend. Dieser Solitär mit autistischen Zügen, das »Lieblingskind der Not, der Sorge, des Kummers«.

Karl May sollte selbst keine Kinder haben. Das Thema taucht gar nicht auf. Es gab nur Gerüchte um eine uneheliche Tochter.

Die Mays haben nicht resigniert, sie kämpfen. 1845 müssen sie das winzige dreistöckige Haus, heute Karl-May-Straße 54, verkaufen und ziehen in eine Mietwohnung um die Ecke. Karl ist die Hoffnung der Familie, aus ihm soll etwas werden. Er scheint ein begierig lernender, aufnahmefähiger, fantasievoller, für das Musische begeisterter Junge gewesen zu sein. Das bestätigt sich in der Schule, der Kirche, im Seminar, in den Strafanstalten. Er will seine Begabung zeigen, tritt hervor und fällt den Autoritäten unangenehm auf.

Plötzlich geht das Licht aus. Das Kind ist blind. Das große Kind erinnert sich eines Tages, dass es »kurz nach der Geburt schwer erkrankte, das Augenlicht verlor und volle vier Jahre siechte«. Schuld gewesen seien die »rein örtlichen Verhältnisse«, Armut, Unverstand und »verderbliche Medikasterei«. Blind in der Wiege – und wieder sehend geworden. Das ist Stoff für ein neutestamentarisches Wunder und etwas mehr als eine Selbststilisierung in Armut und Krankheit, schon aus medizinischen Gründen. Denn eine Augenkrankheit, die in frühkindlichem Alter zu einer teilweisen oder vollständigen Erblindung führt und wieder verschwindet, ist nicht bekannt. Vitaminmangel kann zu Sehstörungen führen, nicht zu Blindheit. Wenn die Erkrankung so schwerwiegend gewesen sein sollte, dann wäre der Verlust des Augenlichts irreversibel gewesen. Andere Augenkrankheitsbilder hätten zu einer Dauerschädigung geführt oder nur mit hochriskanten operativen Methoden, zu denen das Weberkind keinen Zugang hatte, partiell geheilt werden können. Karl-May-Forscher haben nachgewiesen, dass er zeit seines Lebens über gute Augen verfügte, seine schreiberische Leistung über Jahrzehnte wäre sonst nicht möglich gewesen. Seine Brillen, das wurde untersucht, weisen keine ungewöhnliche Dioptrinstärke auf. Wenige Jahre vor seinem Tod sucht ihn der junge Journalist Egon Erwin Kisch auf. Der Meister versichert ihm: »Ich sehe aber außerordentlich gut, nur trage ich zum Lesen einen Kneifer, weil ich weitsichtig bin.« Das Forschungs- und Studienobjekt Karl May beschäftigte von jeher sämtliche Disziplinen. Leben und Werk wurden millimeterweise vermessen, seziert und debattiert – doch er ist ihnen entkommen. Am Ende aller Erklärungsversuche triumphiert das Theologische. Johannes Zeilinger bezeichnet 2007 im Katalog des Deutschen Historischen Museums zur Karl-May-Ausstellung »Imaginäre Reisen« das Augenleiden und die Heilung als »Metapher für das Walten eines gütigen Gottes« und zitiert eine Stelle aus »Old Surehand I«, wo Shatterhand erzählt, er sei als Kind durch dreimalige Augenoperation geheilt worden.

Möglich wäre ein frühkindliches traumatisches Erlebnis, das zu einer schweren Störung der Sinnesorgane führte. Das Kind Karl hätte sich dann von der Außenwelt abgewendet, die Sprache verweigert. Da zeigt sich schon, wie problematisch, aber auch unterhaltsam solche Spekulationen sind. Karl May spricht spät von diesen ersten Dingen, er ist der einzige Zeuge. Ein Vierjähriger, der aus den tief blickenden Augen eines alten Mannes herausschaut, verlangt Aufmerksamkeit und dass man ihm glaubt:

»Ich habe in meiner Kindheit stundenlang still und regungslos gesessen und in die Dunkelheit meiner kranken Augen gestarrt. (…) Eigentlich war in dieser meiner frühen Knabenzeit jedes lebendige Wesen nur Seele, nichts als Seele. Ich sah nichts. Es gab für mich weder Gestalten noch Formen, noch Farben, weder Orte noch Ortsveränderungen. Ich konnte die Personen und Gegenstände wohl fühlen, hören, auch riechen; aber das genügte nicht, sie mir wahr und plastisch darzustellen. Ich konnte sie mir nur denken. Wie ein Mensch, ein Hund, ein Tisch aussieht, das wusste ich nicht; ich konnte mir nur innerlich ein Bild davon machen, und dieses Bild war seelisch. Wenn jemand sprach, hörte ich nicht seinen Körper, sondern seine Seele. Nicht sein Äußeres, sondern sein Inneres trat mir näher. Es gab für mich nur Seelen, nichts als Seelen.«

Das ist wunderschön geschrieben, zu schön. Beschreibung eines paradiesischen Zustands, der anhalten soll, hinübergerettet in die Zeit des Wieder-Sehens:

»Und so ist es geblieben, auch als ich sehen gelernt hatte, von Jugend an bis auf den heutigen Tag. (…) Ich blieb ein Kind für alle Zeit, ein um so größeres Kind, je größer ich wurde, und zwar ein Kind, in dem die Seele derart die Oberart besaß und noch heute besitzt, dass keine Rücksicht auf die Außenwelt und das materielle Leben mich jemals bestimmen kann, etwas zu unterlassen, was ich für seelisch richtig befunden habe.«

Seelisch richtig, ein seltsamer Begriff. Es spricht aus jeder Zeile, jedem Wort: Hier vollführt jemand einen gewaltigen poetischen

Kraftakt. Hier biegen sich die Seiten unter der Last und der Anstrengung, schwerelos zu sein, und nichts als Seele. Hier dreht einer rhythmische Kreise, wie ein Derwisch in Trance. Es ist ein Traum vom Zwischenreich, zwischen Leben und Tod, zwischen embryonalem Schweben und Geburt. Als wollte er den Zustand des Noch-nicht-geboren-und-geworfen-Seins hinauszögern, Platos Höhlengleichnis zurückversetzt in den Mutterleib. Die Beschreibung einer Blindheit, eines Nach-innen-Sehens ist ein *fantastischer* Text, jedenfalls fehlt jede Anmutung von Schmerz und Bitterkeit, das ist alles schon gewendet und verarbeitet. Die Mystifikation war erfolgreich. Ein Dichter berauscht sich an sich selbst, seinen inneren Gesichten; ihm war in jüngsten Jahren offenkundig das Geschenk einer schier ewigen Meditation zuteil geworden. Zur Droge Karl May gehört die starke Autosuggestion des Schreibens, und darin liegt sein christlich-orientalisches, mystisches Wesen. Um das ewige Licht des Berg Tabor zu schauen, fasten orthodoxe Mönche und sprechen unausgesetzt die Formel vom einzigen Gott. Sie bringen ihr Inneres zum Vibrieren durch Repetition. Und so schreibt Karl May seine Bücher: in ewig kreiselnder Wiederholung religiöser Dispute, die sich in Beschwörungsformeln auflösen. Das Schinden in der Kolportage hilft, den modularen Stil auszuprägen. Wie die Geistlichkeit in der Liturgie muss der Autor im Lieferungsroman Gesetze einhalten und Regeln bedienen.

Diese *Blindheit* ist ansteckend. Wir haben ihn blind gelesen, ahnungslos. Jugendliche Leser wissen nichts von Schriftstellerpersönlichkeiten, die sich in ihren Büchern verstecken oder offenbaren. Und was weiß jemand in diesen Jahren von den eigenen Vätern und Großvätern. Sie sind einfach nur Väter und Großväter, sie haben noch keine Geschichte, keine Kriegserlebnisse. Vielleicht hat man gehört, dass sie in Gefangenschaft waren, aber das Bild einer Persönlichkeit, die außerhalb der Familie steht und anderswo entstanden ist, formt sich viel später; wenn sie denn reden. Ähnlich geht es mit den Männern und Frauen aus den Bibliotheken, es sind unbekannte Größen. Enid Blyton hielten wir für einen Mann, und *Karlmay* hatte den Klang einer Firma, eines Verlags, klang nicht nach einem Erzähler aus Fleisch und Blut; und das würde ja

57

auch passen. Das Mystische in den »Winnetous«, in der Wüste wurde überblättert, die schweifigsten Dialoge über Gott und Religion und Sühne als Vorbereitung zum Kampf verstanden. Im Hintergrund scharren die Pferde mit den Hufen.

Karl May beschreibt sich als einen früh Berufenen. Nach seiner Version, und andere Quellen gibt es leider nicht, wurde er schon als Dichter geboren oder wiedergeboren, im zarten Alter von vier oder fünf. Er hat als Säugling und Kleinkind schon Einblick gehabt in die Tiefen und Untiefen der menschlichen Seele. Ein Wunderkind, der Karl: Welches Kind, welcher Erwachsene wüsste denn, was die Seele ist? Die Heilung der kranken Augen geht dann schnell vonstatten, die Mutter hat Kontakte zu Ärzten in Dresden, die gern helfen. Was und wie da behandelt, operiert, kuriert wurde, verrät der sich so luzid an die Jahre der Dunkelheit Erinnernde nicht. Er muss jetzt in die Welt, seine Mission beginnt.

Das Licht ist wieder eingeschaltet. Die Maschine läuft. Mit der großen Seelengoldmünze geht der Dichter Kleingeld wechseln. »Die Rose von Ernstthal« gehört zu den frühesten Arbeiten Karl Mays, erschienen 1875 in der Zeitschrift »Deutsche Novellen-Flora«. Ein Machwerk, aber eben nicht schlecht gemacht. Eine Fundgrube Karl-May'scher Grund- und Leitmotive, wobei die schönen jungen Frauen nach und nach aus seinen Erzählungen verschwinden oder sterben müssen, wie Winnetous Schwester. Wunderhübsch ist das Mädchen, das der unbekannte Handwerksbursche im Wald antrifft, wie es da verzweifelt betet. Es leidet an einer schrecklichen Krankheit, ist fast blind. »Das Mädchen geht in den Wald, um durch das Grün desselben ihre Auge zu stärken und Linderung ihrer Not zu finden.« Ein brutaler Junker stellt der Armen nach. Mays Kritik an adliger Selbstherrlichkeit lässt nichts zu wünschen übrig. Junge Männer werden zum Kriegsdienst verschleppt, der Junker fühlt sich im Recht, jedes Mädchen zu nehmen, das ihm gefällt. Die Erzählung spielt allerdings nicht zu Karl Mays Zeiten, sondern Mitte des 18. Jahrhunderts. Auguste, so heißt die Rose von Ernstthal, sieht eines Morgens nichts mehr. Sie ist nun vollkommen erblindet, seit dem Tag, »wo mich der Junker so sehr erschreckte«. Eine versuchte Vergewaltigung, was sonst.

Blindheit durch Schock. Das Glück aber nimmt seinen Lauf: Ein geheimnisvoller Arzt kommt nach Ernstthal und operiert Auguste; es ist ihr lange tot geglaubter Vater. Den Junker bringt ein Unbekannter zur Strecke, der in Wahrheit ein Adliger in geheimem Auftrag ist. Der Rittmeister wird Auguste heiraten. Es ist nicht ärztliche Kunst, sondern die Liebe, die ihr die Augen öffnet und heilt. Zu dem Rittmeister gehört bereits die Schmetter-Shatterhand, weil zur Physis die starke Seele kommen muss: »So siegte auch hier die geistige Überlegenheit des einen über die körperliche Kräftigung des andern.« Magische Kräfte besitzt der Rittmeister, er stellt den Feind mit der »nie geahnten Macht eines leuchtenden Menschenauges« und einer Haltung, die jeden Widerspruch ausschließt.

Die Kraft der Seele entspringt einem Medium: Johanne Christiane Kretzschmar, Karl Mays Großmutter, die Mutter des Vaters. Die Großmutter ist ihm alles. Sie liest ihm vor, erzählt Märchen und Geschichten, aber, wie er in »Mein Leben und mein Streben« schreibt, selbst schon im Großvateralter, »Großmutter erzählte eigentlich nicht, sondern sie schuf; sie zeichnete; sie malte; sie formte. Jeder, auch der widerstrebendste Stoff gewann Gestalt und Kolorit auf ihren Lippen.« Immer obsiegt in diesen Großmuttergeschichten das Gute, offenbart sich der Himmel. Unter der Hand gerät Karl May das Bild der alten Frau zum Selbstporträt: »(...) es war angeborene Gabe, war Genius, und der erreicht bekanntlich das, was er will, am sichersten, wenn man ihn weder kennt noch beobachtet. Großmutter war eine arme, ungebildete Frau, aber trotzdem eine Dichterin von Gottes Gnaden und darum eine Märchenerzählerin, die aus der Fülle dessen, was sie erzählte, Gestalten schuf, die nicht nur im Märchen, sondern auch in Wahrheit lebten.«

Eine solche Gestalt ist Marah Durimeh, die weise alte Geisterfrau von hundert Jahren. Eine kurdische Christin und leuchtendes Beispiel für Karl Mays multikulturellen, multireligiösen Lebenstraum und Kara Ben Nemsis Schutzpatronin, die Königin seiner Seele, die geheime Herrscherin über die symbolische Welt der »Ardistan und Dschinnistan«-Romane. Marah Durimehs Einfluss reicht weit. Schließlich, wenn sich alle Kreise berühren, macht sie am anderen Ende der Welt in »Winnetou IV« bei den Apatschen ihren segensreichen Einfluss geltend. Ihr männliches Pendant, wenn auch nicht so universal angelegt, ist Klekih-petra, Winnetous deutscher Lehrmeister. Nach der gescheiterten Revolution von 1848 wandert er in die Vereinigten Staaten aus und lebt als weißer Vater bei den Apatschen. Er stirbt, als er Winnetou das Leben rettet, so wie der Apatschenhäuptling sich für Old Shatterhand und die ganze Menschheit opfert.

Von der Großmutter empfängt Karl die entscheidenden Impulse für seine Entwicklung, bei ihr lernt er das Märchen vom Stern Sitara kennen, der auf seine großen letzten Romanwerke ausstrahlt. So entwirft der alte Mann mit liebenden Worten seine ewigen Kindheitsgründe. Die Großmutter lernt offensichtlich auch von ihm. Bei dem großen Buch, aus dem sie dem kleinen Karl vorliest, handelt es sich um eine Sammlung orientalischer Märchen, »Der Hakawati«. Gesammelt und aufgezeichnet angeblich von einem Deutschen namens Christianus Kretzschmann anno 1605. Ein Zauberbuch ist der »Hakawati«, mit Geheimtinte geschrieben. Hakawati ist das arabische Wort für Geschichtenerzähler. Manchmal drängt sich der Eindruck auf, als wollte Karl May bei seinen Fantastereien erwischt werden. Hier jedenfalls fällt die Entschlüsselung kinderleicht. Er hat den »Hakawati« seiner Großmutter in den Schoß gelegt, einen Folianten aus Luft und Liebe. In keiner Bibliothek dieser Welt steht das Buch, dennoch existiert es. Wie viele Buchkapitel wurden über den »Hakawati« gefüllt, über das Buch, das nur in anderen Büchern existiert. Der »Hakawati« ist ein Borges-Buch mit einem Ehrenplatz in der »Bibliothek von Babylon«. Verschollen, nie geschrieben, im Äther lebendig.

Reich an Märchen ist die deutschsprachige Literatur; die reichhaltigste Sammlung neben den Brüdern Grimm stammt aus der Feder von Karl May. Das schönste, traurigste Märchen aber erzählt in Georg Büchners unvollendetem Drama »Woyzeck« die Großmutter:

»Es war einmal ein arm Kind und hatt' kein Vater und keine Mutter, war alles tot, und war niemand mehr auf der Welt. Alles tot, und es is hingangen und hat gesucht Tag und Nacht. Und weil auf der Erde niemand mehr war, wollt's in Himmel gehn, und der Mond guckt es so freundlich an; und wie es endlich zum Mond kam, war's ein Stück faul Holz. Und da is es zur Sonn gangen, und wie es zur Sonn kam, war's ein verwelkt Sonneblum. Und wie's zu den Sternen kam, waren's kleine goldne Mücken, die waren angesteckt, wie der Neuntöter sie auf die Schlehen steckt. Und wie's wieder auf die Erde wollt, war die Erde ein umgestürzter Hafen. Und es war ganz allein. Und da hat sich's hingesetzt und geweint, und da sitzt es noch und is ganz allein.«

Leer die Erde, leer der Himmel und alles ein trister Schwindel, der Mond, die Sterne. Karl May hat dieses kalte Universum mit Leben und Liebe gefüllt. Dafür waren ihm viele Mittel recht. Der uralte Berufsstand des Hakawati ist in der arabischen Welt heute fast ausgestorben, Universitätsworkshops sollen ihn wiederbeleben. Hakawati ist auch der Name einer Buchhandlung für Kinderliteratur in der jordanischen Hauptstadt Amman.

Seine Feinde, schreibt er später, hätten das »Karl-May-Problem« erfunden. Damit ist das lockere Verhältnis des Märchenerzählers zur Wahrheit und den Tatsachen angesprochen und seine frühen Konflikte mit der Justiz. »Das Karl-May-Problem«, kontert er, »ist das Menschheitsproblem. (…) Wer sich unfähig zeigt, das Karl-May-Rätsel in befriedigender, humaner Weise zu lösen, der mag um Gottes willen die schwachen Hände und die unzureichenden Gedanken davon lassen, über sich selbst hinauszugreifen und sich mit schwierigen Menschheitsfragen zu befassen.« Ecce homo. Mensch May.

Der Hakawati ist kein anderer als er selbst. Nur wer blind ist für die Realität der Allerweltsmenschen, der kann auch sehen und Geschichten erzählen, Trost spenden und Herzen öffnen.

GEFÄNGNISSE DES LEBENS

Ein Drittel seines kurzen Lebens verbrachte Tilo Pagels im Gefängnis. Geboren wurde er 1963 in Karl-Marx-Stadt. Es war sein Traum, bei der Handelsmarine der DDR anzuheuern. Dafür verpflichtete er sich zu drei Jahren Dienst bei der Nationalen Volksarmee. Der Traum erfüllte sich nicht, er blieb nach einer kurzen Episode als Schiffskoch an Land. Er heiratete, arbeitete als Kellner, er war 24, als die Ehe scheiterte. Nach der Wende ging er in den Westen, kehrte aber bald enttäuscht nach Sachsen zurück. Arbeitslos und ohne Wohnung, fand er Unterschlupf bei einem alten Freund. Dessen Homosexualität, erklärte Tilo Pagels, war ihm bekannt, und die Grenzen seien geklärt gewesen. Bei einem Annäherungsversuch tötet Pagels den Freund im März 1993 mit einem Samuraischwert. Dutzende Male sticht er auf sein Opfer ein. Tilo Pagels wird noch am selben Abend gefasst. Das Urteil: Lebenslänglich. 2007 stirbt Tilo Pagels plötzlich. Er hatte gute Aussichten auf Begnadigung. »Samurai-Mörder starb als Freigänger«, schmiert die »Bild-Zeitung«.

Der starke Freiheitsdrang, der ihn umtrieb, die Schuld, die ihn verfolgte, suchte einen künstlerischen Ausgang. In der Justizvollzugsanstalt im sächsischen Waldheim, wo er inhaftiert war und zu den »harten Hunden« gezählt wurde, erlangte Pagels als Teilnehmer eines therapeutischen Malkurses Anerkennung. Er kann seine Arbeiten auf Ausstellungen draußen zeigen. Dabei lernt er auch eine Frau kennen, mit der er eine gemeinsame Zukunft plant. Einige der Bilder, die Tilo Pagels gemalt hat, hängen heute im Verwaltungstrakt des Waldheimer Gefängnisses, in der Ausstellung zur Geschichte des Strafvollzugs in Sachsen. Nicht ohne Stolz und mit einem ehrlichen Bedauern des frühen Todes von Tilo Pagels, der sich auf einem »guten Weg« befand, zeigt die Anstaltsleitung die Werke. Er hätte Aussichten gehabt, eines nicht so fernen Tages freizukommen. Anfangs malte er Räume mit Gittern, später wurde der Blick frei. Sein größtes Ölgemälde auf Leinwand ist eine allegorische Darstellung seines inneren Erlebens. Dazu hat er selbst eine Legende verfasst, Dokument einer Bewusstwerdung, eines Kampfes um Freiheit und Sühne: »Auf diesem Bild zeige ich auf maritime Art und Weise den Schritt in den Abgrund eines Menschen, welcher zum Täter wurde. Dennoch sind auch für ihn nach vielen verbüßten Haftjahren neue Horizonte sichtbar. Auf den ersten Blick konzentriert sich das Auge des Betrachters auf die Mitte des Bildes, wo hinter berstendem Papier eine fast romantische See-Landschaft mit einem Boot zum Vorschein kommt. Mauerwerk und bröckelnder Putz auf der Vorderseite dieses Papiers stellen das Gefängnis dar. In eisiger Landschaft befindet sich ein Leuchtturm, dessen vor Eisbergen warnende Lichter nicht erkannt wurden. Das Seil – die helfende Hand (…), welche ausgeschlagen wurde. Der Schiffbruch – die unvermeidliche Tat! Die Maske – das als ständig in Begleitung erscheinende Opfer. Das Loch im Mauerwerk – der Ausblick auf den neu gepflanzten Baum als Symbol für das neue Leben.« Man denkt an Jean Genets Roman »Querelle«, der mit dem Satz beginnt: »Mit der Vorstellung von Mord verbindet sich oft der Gedanke an Meer und Matrosen.«

Waldheim: Der Name ist geprägt von der unterdrückten Erinnerung an standrechtliche Grausamkeiten nach dem Zweiten Weltkrieg. In den Waldheimer Prozessen des Sommers 1950 übten die DDR und die Sowjetunion Siegerjustiz. Mehr als 3300 Angeklagte wurden im Schnellverfahren abgeurteilt zu langjährigen Zuchthausstrafen, in der Regel ohne Rechtsbeistand, wegen tatsächlicher oder behaupteter Verbrechen gegen die Menschlichkeit während der Nazizeit. 24 Todesurteile wurden in der Nacht vom 3. zum 4. November 1950 heimlich vollstreckt; vermutlich wurden die Delinquenten erdrosselt. Waldheim, 1716 eröffnet, war eines der ältesten Zuchthäuser Europas. Im 19. Jahrhundert machte es durch für die damalige Zeit fortschrittliche Haftmethoden von sich reden.

Vom 3. Mai 1870 bis zum 2. Mai 1874 saß Karl May in Waldheim ein. Es war sein längster und sein letzter Gefängnisaufenthalt. In der Ausstellung, in der auch Tilo Pagels weiterlebt, sitzt er heute noch, eine lebensgroße Figur, in Anstaltskleidung, mit einem Bild von Winnetou und den Noten des »Ave Maria«, das er in Waldheim komponierte. Wenn größere Besuchergruppen kommen, auf den Spuren von Karl May, erklingt in der Gefängniskirche eine Kassette mit dem »Ave Maria«. Er war ein Gefangener, bei dem die Strafe offensichtlich Wirkung zeigte, so wie bei Tilo Pagels. Und wenn die kriminellen Karrieren auch nicht vergleichbar sind – Karl May kam wegen einer Reihe von Bagatelldelikten nach Waldheim, als Wiederholungstäter, Gewalt war nie im Spiel –, so gibt es doch Parallelen. May nimmt in seiner Not Bildungsangebote der Anstalt an, er erreicht Vergünstigungen, und vor allem ist es dann der Ton in Pagels' Bildbeschreibung, der wiederum an Karl May erinnert; die Selbstanklage, der Besserungsdrang, die christliche Symbolik der Erlösung; der »neu gepflanzte Baum«, das »neue Leben«. Die Sehnsucht nach der Ferne.

In Karl May steckt der Schulmeister, das ist oft gesagt worden, und der Pastor obendrein. Aber er war für die Laufbahn des Erziehers, ob nun Lehrer oder Gemeindepfarrer, nicht gemacht. Der Wissenswust, den ihm der Vater einpflanzt, wächst und wuchert und gerät schon früh außer Kontrolle. Er muss als Elfjähriger »alte Gebetbücher, Rechenbücher, Naturgeschichten, gelehrte Abhandlungen« in sich hineinstopfen und abschreiben, »von denen ich kein Wort verstand«. Es war, wie er Jahrzehnte später schreiben wird, »eine Verfütterung und Überfütterung sondergleichen«. Sprachen soll er lernen, als Schüler bringt er Erzgebirglern, die dem »Weberelend« entfliehen und nach Amerika auswandern, ein paar Brocken Englisch bei. Zu der Zeit liest er seine ersten Abenteuerromane, »Rinaldo Rinaldini« und andere Räuberpistolen, und ist zutiefst beeindruckt von seinem ersten Theatererlebnis, dem Puppenspiel »Das Müllerröschen und die Schlacht von Jena«. Geschwister werden geboren und sterben nach Wochen oder Monaten. Mit Vierzehn reißt er aus. »Ihr sollt euch nicht die Hände blutig arbeiten, ich gehe nach Spanien, ich hole Hilfe.« Bei »edlen Räubern« will er vorsprechen. Der Vater holt ihn bei Zwickau ein.

Das Muster wiederholt sich. Er flieht und wird schnell wieder eingefangen. Dabei nimmt seine Energie, die Fesseln abzuschütteln, zu, und die gegen den Flüchtigen ergriffenen Maßnahmen werden härter. Er will ja nicht außer Landes, will weder Heimat noch Familie weit hinter sich lassen. Doch sein freier Umgang mit den Menschen und Verhältnissen macht ihn zum Disziplinarfall. Im Herbst 1856 landet er im Fürstlich-Schönburgischen Lehrerseminar Waldenburg. Der problematische Junge soll zum Volksschullehrer umgebogen werden. Waldenburg ist keine Haftanstalt. Aber Karl May empfindet es so. Kein Zuchthaus wie Waldheim, aber ein Haus mit penibler Zucht und Ordnung. Jede Stunde des Tages, fast jeder Schritt der Seminaristen ist festgelegt. In Waldenburg beginnt für Karl May das Martyrium des reglementierten Lebens unter ständiger Aufsicht. Die nächsten fünfzehn Jahre gerät er immer tiefer hinein in die Gefangenenexistenz – auch weil er sich wehrt, mit grotesken und später auch tragikomischen Aktionen.

Der Ehrgeiz des Vaters, der seinen Jungen mit aller Gewalt aus dem armseligen Ernstthal herausdrücken will, schafft einen zarten Dichter. Karl May verfasst für die Mädchen Liebesverse – »Von Dir zu lassen/Vermag ich nicht/Weil du mein Alles/Mein Lebenslicht!«. Mit Sechzehn, so geht die Legende, schickt er einem Verleger seine erste Indianergeschichte. Der Vater hat sich folgenschwer geirrt, als er glaubte, ein junger Mensch könne mit reinem Wissen weiterkommen im Leben. Und dass all die Lektüre ohne Nebenwirkung bliebe, dass Bildung allein der Karriere diene und keine Türen öffne in der Seele. Karl May ist hochbegabt, und er zeigt es. Man kann sich den Seminaristen unter den gegebenen Umständen als arroganten, unsicheren, mal großspurig, mal leicht verletzlichen *sehr* jungen Mann von siebzehn Jahren vorstellen, der nicht weiß, was er anfangen soll mit seinem Talent. Wie ein dichter Schleier liegt es zwischen ihm und seinen Träumen und einer unnachsichtigen Welt, in deren Sprache sich der Charakter des sonderbaren Seminaristen so übersetzt: »arge Lügenhaftigkeit und rüdes Wesen«, zudem ist in der Seminarakte von 1859 von der »Verdorbenheit seines Gemüths und Herzens« die Rede. Viele Jahre später, als Karl May endlich Verfügungsgewalt über sein

Leben gewonnen hat und selbst die Dinge beim Namen nennen kann, erinnert er sich an das raue Waldenburger Klima. »Der Unterricht war kalt, streng, hart. Es fehlte ihm jede Spur von Poesie. Anstatt zu beglücken, stieß er ab. Die Religionsstunden waren diejenigen Stunden, für welche man sich am allerwenigsten zu erwärmen vermochte.« Waldenburg, rechnet er ab, folgte einem geistlosen Takt, jahraus, jahrein, »wie eine alte Kuckucksuhr. (…) Jeder Gedanke gehörte in sein bestimmtes Dutzend und durfte sich beileibe nicht an einer anderen Stelle sehen lassen. Das ließ keine Spur von Wärme aufkommen, das tötete innerlich ab.« Die Familie legt sich für diesen grausamen Drill finanziell krumm, damit Karl Lehrer werden kann. Im Seminar wird er drangsaliert, er vereinsamt, »wurde hier noch klassenfremder« als daheim – eine bemerkenswerte Formulierung–, während er doch dankbar sein müsste, dass die Familie so viel tut für seine Zukunft. Denn das schmale staatliche Stipendium reicht nicht aus. Eine unerträgliche Situation.

Vor Weihnachten 1859 explodiert das üble Gemisch. Zwei Mitschüler zeigen Karl an – er habe Kerzen gestohlen. Die Kerzen befinden sich in seinem Koffer, er ist überführt. Und weil er ohnehin unbeliebt und verdächtig ist wegen seiner unbotmäßigen Art, fliegt er aus dem Seminar. Höchststrafe! Auch dieser Mechanismus wird häufig zu beobachten sein in den kommenden Jahren und Jahrzehnten: Karl May lässt sich eine Kleinigkeit zuschulden kommen, und das Gesetz trifft ihn mit höhnischer Härte. Als würde die sächsische Welt darauf warten, dass er fehlt. Es beginnt ein beinahe schon systematischer Zweikampf zwischen einem jungen Mann und der Gesellschaft, und dieser David verliert ein ums andere Mal.

Nach einer erniedrigenden Litanei von Gnadengesuchen darf er ins Lehrerseminar zurück, nach Plauen. Im Oktober 1861 wechselt er in das nächste Gefängnis. Er ist jetzt Hilfslehrer in der Armenschule Glauchau. Die ersten beiden Jahre steht so ein Hilfslehrer unter verschärfter Aufsicht. Er muss sich moralisch und beruflich bewähren, sonst ist der reguläre Schuldienst perdu. Nach zwei Wochen die Entlassung. Karl May soll etwas mit der Ehefrau eines Krämers angefangen haben. Schlag auf Schlag geht es jetzt. Schon im November desselben Jahres findet May eine Anstellung in der Schule einer industriellen Spinnerei in Altchemnitz. Die noch nicht einmal vierzehnjährigen Kinder kommen nach einem zehnstündigen Arbeitstag zu dem jungen Lehrer in die Schule. Er unterrichtet bis Weihnachten, zum Fest der Liebe wird er zu Hause in Hohenstein festgenommen. Er soll eine Taschenuhr gestohlen haben, in Mays Version hat er sie »nur ausgeliehen«. Sechs Wochen Freiheitsentzug. In den Lehrerberuf kann er nicht mehr zurück. Noch den alten Mann verfolgt das. Da greifen sie seine Romane als jugendverderbend an, schimpfen ihn Betrüger, überziehen den Bestsellerautor mit Prozessen, und der feuert aus allen juristischen Läufen zurück.

Warum ist Karl May nicht ausgewandert? Warum hat er nicht den großen Schritt getan, als er doch schon abgestempelt war in der heimischen Region, wenn auch ohne wirklich erkennbare Schuld? Bagatellen ruinieren sein Leben. Er ist ohne Perspektive, es sei denn, das Kommende soll als unvermeidbare Entwicklung der frühen juristischen und disziplinarischen Misshandlungen betrachtet werden. So wie er selbst erklärt: »Ich sann auf Rache.« Und »diese Rache sollte darin bestehen, dass ich, der durch die Bestrafung unter die Verbrecher Geworfene, nun auch wirklich Verbrechen beging.« Was bringt der Strafvollzug? Wegsperren um jeden Preis fördert kriminelle Karrieren. Wer wegen eines Bagatelldelikts in Haft gerät, kommt sicher wieder.

Karl Mays Psyche hat einen Riss bekommen. »Ich stand wieder auf, doch nur äußerlich; innerlich blieb ich in dumpfer Betäubung liegen; wochenlang, monatelang«, nach dem Gefängnisaufenthalt in Chemnitz. Generationen von Karl-May-Lesern haben von all dem Elend nichts geahnt, auch wenn die Romane um nichts anderes kreisen als das Problem der irdischen und himmlischen Gerechtigkeit und seine Landschaften, von Arizona bis zur Arabischen Wüste, vom Erzgebirge bis in fantastische Mittelerde-Sphären, nach dem guten und weisen Gottesurteil dürsten. Ist es bei Goethe in »Dichtung und Wahrheit« und im »Wilhelm Meister« die Kunst, die das suchende Individuum sicher leitet, stellt Karl

May sein »Leben und Streben« in ein christliches Koordinaten-system. Vom Teufel ist bald die Rede, vom Kampf mit Dämonen, die nach der Seele des Webersohns greifen, ihn verführen und vom Weg abbringen; ein schlichtes, ländliches Christentum.

Aber von welchem Weg? Der alte Karl May, der spät erst auto-biografische Texte niederschreibt, braucht Gott, um den jungen Karl May einzufangen, um den Riss zu heilen. »Mein Leben und Streben«, »Meine Beichte« lesen sich wie Legenden, in denen das Selbstmitleid den Hass auf Justiz, Denunzianten und Kriechertum überlagert. Von den zugefügten Verletzungen besessen, denkt May nicht politisch. Er kapselt sich ein, erfindet neue Welten. Der Ro-mancier verfeinert jene Techniken, die dem Lehrer und Herum-treiber Karl May zum Verhängnis wurden. Ein Künstler hat außer-halb der Gesellschaft zu stehen. Das Klischee verdankt sich dem 19. Jahrhundert mit seinem Geniekult. Und ist der Künstler nur rebellisch genug und ein Paradiesvogel, wird man ihn schon hinein-bitten, und er kann die Treppe hinaufsteigen. Bei Karl May war es lange umgekehrt. Er ringt verzweifelt um einen Platz in der Klein-stadt, der Kleinstaaterei. Aus dem Schuldienst geworfen, verfällt er auf bizarre Ideen, um bürgerlich zu werden. Er will doch nur ein guter Untertan sein und hilft sich mit Hochstapelei. Das Publikum ist begeistert, verlangt mehr, immer mehr.

Einmal eine gute Nachricht: Bei der Musterung in Glauchau im Dezember 1862 fällt Karl May als »untüchtig« fürs Militär durch. Es wurden, welch ein Wunder, keine Soldaten gebraucht. Er zieht als Alleinunterhalter los, tritt in Kneipen auf, komponiert und unternimmt neue Schreibversuche. Es geht ihm übel, er läuft vor sich selbst und der Familie davon. Zwei Jahre vergehen ohne festen biografischen Anhaltspunkt. War er jetzt vielleicht doch mal kurz auf einen Sprung in Amerika und am Mittelmeer? Er hätte es mit Sicherheit erwähnt, lässt er doch sonst keinen länge-ren sächsischen Spaziergang aus. Biografie, das ist eine verschneite Gegend, ein weißes Feld. Man sucht nach Fußspuren, und hier stapft einer tapfer im Kreis herum.

Die angekündigten »Racheakte« sind von erschütternder Harmlosigkeit und charmanter Naivität, als seien diese Schurkereien einer Novelle von Gottfried Keller entsprungen. Karl May gibt sich als ein Dr. med. Heilig aus, bestellt bei einem Schneider diverse Kleidungsstücke, untersucht einen Jungen, der an den Augen leidet, und verschwindet mit der unbezahlten Ware. Bei anderer Gelegenheit entwendet er als »Seminarlehrer« Lohse Pelze, und als er erneut die Nummer mit den Pelzen und dem falschen Namen versucht – diesmal ist sein Alias Hermes, der Gott der Diebe –, wird er verhaftet. Das Bezirksgericht Leipzig verurteilt ihn zu vier Jahren und einem Monat Arbeitshaus auf Schloss Osterstein bei Zwickau. Osterstein ist eine moderne Einrichtung, dem Gedanken der Resozialisierung verpflichtet. May arbeitet in der Herstellung von Geldtaschen und Zigarrenetuis. Nach zwei Jahren singt er im Kirchenchor, ein Jahr später belegt er eine Einzelzelle und ist zum »besonderen Schreiber« aufgerückt. Zu seinen Aufgaben gehört die Betreuung der Anstaltsbibliothek mit 4000 Bänden. Vier Jahre und ein Monat, wieder eine ausnehmend harte Strafe. Vorübergehend aber muss er als Gefangener in Osterstein besser zurechtgekommen sein als in der Freiheit. Sein Führungszeugnis ist tadellos, er verdient sich die Entlassung acht Monate vor der Zeit.

Der gemäßigte Strafvollzug hat es ihm ermöglicht, einen Vorrat für ein langes und ertragreiches Schriftstellerleben anzulegen. 137 Titel und Skizzen umfasst das »Repertorium C. May« von Osterstein; ein Spiegel seiner ausgedehnten Lektüre. Die Sujets sind zu erahnen: Romanhandlungen aus der sächsischen Heimat (»Der Tannenförster«, »Im Capellengrunde«, »Im tiefen Schachte«, »Meine erste Liebe«, »Stadtpfeifers Töchterlein«, »Im Schenkhausdienste«), aber auch Fernweh bricht durch (»Der Amerikaner«, »Tiger und Hai«, »Great-Eastern-Reilway«, »Il Capitano noro«, »Der Gitano«, »Der Newfoundländer«), und Märchenhaftes wird evoziert (»Niente moccolo«, »Tabuntschik und Tschaban«). Anthologien über deutsche Sprichwörter und »aus deutschen Dichtern« sowie »Frauencharaktere« sind hier entworfen, überdies Artikelserien zu Begriffspaaren über die »Ironie des Lebens« (»Diplomat und Ziegelstreicher«, »Flaggen und Fetzen«, »Stammbaum und Actie«, »Hermelin und Ziegenpelz«).

Am weitesten ausgearbeitet ist »Mensch und Teufel« mit dem Untertitel »Socialer Roman in 6 Bänden«: Samiel. Uriel. Asael. Michael. Gabriel. Christus. May entwirft hier seine Theologie: »Eine Liebe, welche ewig zürnt, ist teuflisch. – Ein Gott, welcher das absolut Böse anerkennt und duldet, ist ein Teufel. – Giebt es also einen Gott, so giebt es keinen Teufel.« Schließlich: »Die Freiheit schwingt vom Irrthum sich zur Wahrheit, und das Böse ist der einzige Weg zum Guten. Kann dieser Weg anders heißen als: Leben?«

Die dreißig Folioseiten des »Repertorium«, gefunden im Nachlass und erst 1971 veröffentlicht, lesen sich wie ein Bauplan für ein Universum. Es hätte einem Balzac und dessen »Comédie Humaine« zur Ehre gereicht. Charakteristisch für Karl May: die skurrile Mischung von alltäglichen Dingen, exotischen Abenteuern und hochfahrend-hausgemachter Welterklärung, das Buchhalterische und das Kosmologische. Er ist höchstens 25, als er die Liste anlegt. »Die Notizen (…) lassen fast durchweg die Bestimmung für lokale Unterhaltungsblätter vermuten«, schreibt Hermann Wiedenroth im großen und wissenschaftlich akkuraten »Karl-May-Handbuch«. Aber das ist zu klein gedacht: Karl Mays »Thesaurus« weist weit hinaus über Kolportage und Zeitschriftenschreiberei, womit der Freigelassene bald sein erstes Geld als Schriftsteller verdient. Das »Repertorium« überspannt bereits die tiefe Schlucht zwischen dem gemeinhin als schundig betrachteten Frühwerk und dem tiefgründelnden Spätwerk. Es ist alles aus- und angelegt, als er an einem »schönen warmen Sonnentag, (…) zum Kampfe gegen des Lebens Widerstand mit meinen Manuskripten bewaffnet«, am 2. November 1868 das Arbeitshaus Osterstein hinter sich lässt.

Ein Vierteljahr hält er sich auf den Beinen. Der Rückfall ist heftig. Jetzt scheint er ein zweites, geheimes Repertorium abzuarbeiten. Das ganze Jahr über spielt er sich als Betrüger auf, mit beträchtlicher melodramatischer Energie, wie später der Hauptmann von Köpenick. Ernst Bloch, auch er ein empathischer Karl-May-Leser, sprach vom »Traum der unterdrückten Kreatur, die großes Leben haben will«. Im März 1869 konfisziert er als

»Polizeileutnant« bei einem Krämer »Falschgeld«, im April das gleiche Spiel bei einem Handwerksmeister, vor dem er sich als Geheimpolizist ausgibt. Ende des Monats folgt er einer amerikanischen Familie, die ihn als Hauslehrer in die Neue Welt mitnehmen will. Er kommt nur bis Bremen und kehrt um. Im Mai klaut er aus einer Gastwirtschaft Billardkugeln, im Juni stiehlt er ein Pferd. Im Juli fällt er – wieder hat er Geld beschlagnahmt – der Polizei in die Hände; die Büttel finden ihn schlafend in einer Schankstube. Ende Juli gelingt ihm auf einem Gefangenentransport die Flucht. Bei seinen Beutezügen benutzt er gelegentlich eine Pistole; sie ist nicht geladen. Bis Januar 1870 bleibt der steckbrieflich Gesuchte unauffindbar, schließlich wird er in einem böhmischen Dorf halbtot und ohne Papiere aufgegriffen. Sein Name sei Albin Wadenbach, Sohn eines reichen Plantagenbesitzers von der Karibikinsel Martinique, gibt er zu Protokoll. Er wird identifiziert und nach Sachsen ausgeliefert. Das Urteil: vier Jahre Zuchthaus. Bei seinem Pflichtverteidiger hinterlässt May den »Eindruck eines komischen Menschen, der gewissermaßen aus Übermut auf der Anklagebank zu sitzen schien«.

Karl May war geständig. Diebstahl, Betrug, Fälschung, Widerstand. Was hätte er sonst gestehen sollen – überbordende Fantasie, Veranlagung zur Lüge, Lust am Rollenspiel, Geltungsbedürfnis, verletzte Eitelkeit, Künstlerwahn? Sämtlichen Kommentatoren fällt auf, dass die materielle Seite des gesetzeswidrigen Exzesses in keinem Verhältnis zum Risiko und Einfallsreichtum des Delinquenten steht. Am Ende trägt allein Karl May den Schaden. Ein Psychopath, doch Großes oder Schreckliches hat er in seiner erbarmungswürdigen kriminellen Karriere nicht vollbracht. Ein kleiner Gauner, der sich dick tut, der vor der eigenen Haustür herumwildert, mehr nicht. Hans Wollschläger erinnert der May'sche Aktionismus an Jugendkriminalität; so verschaffe sich das gedämpfte Selbstbewusstsein Kraft und Anerkennung. *Denn sie wissen nicht, was sie tun.* Und das nur zu gut. May selbst spricht von einem »unbegreiflichen Zwang«, immer wieder nach Hause zurückzukehren. »Innere Gestalten und Stimmen« hätten ihn »vollständig beherrscht«. Aber »wenn ich mir Mühe gebe, mich auf jene Zeit zu besinnen, so ist es mir wie einem, der vor fünfzig Jahren irgendein Theaterstück gesehen hat und nach dieser Zeit noch wissen soll, was von Augenblick zu Augenblick geschah und wie die Kulissen sich verwandelten«, heißt es 1910 in »Mein Leben und Streben«. »Seelisch krank« sei er gewesen, damals, als das Stück lief, in dem er der Hauptdarsteller war. Karl May nimmt den Leser *gefangen*; eine wunderbare Binsenweisheit. Weil es richtig ist: Jetzt muss man ihm ins Zuchthaus nach Waldheim folgen, weil er da auf krude Art hineinwollte, und hinaus geht es nachher auch wieder nur nach seinem Takt.

Gefangen von und mit Karl May: Auch die Sekundärliteratur nimmt nach einer Weile jenen leicht wabernden Orgelton an und jenes schummrige Licht, das seine Erzählungen ausstrahlen. Warum fällt es so schwer, das Offensichtliche auszusprechen? Dieser Sohn eines armen Webers war ein Genie, und damit musste er fertigwerden. Er reist um die Welt, ohne einen Schritt vor die Haustür zu tun. Er haut seinen Kopf durch alle Wände, und wo keine standen, hat er sie selbst aufgestellt. Er hat etwas Messianisches. Er fühlt sich als Prophet Christi, in seiner islamisch-christlichen Religiosität, die einen sterbenden Häuptling der Apatschen Glocken hören und nach dem Evangelium des Karl May zum wahren Glauben einkehren lässt. Die Bekehrung erfolgt in den Armen eines weißen Wundermannes aus Deutschland, der sich im Westen Old Shatterhand und im Osten Kara Ben Nemsi nennt, der leidenschaftlich in die Orgeltasten greift und Weihnachten feiert, wenn es sich auf seinen Touren durch die weite Welt ergibt. Ein Verrückter, der sich nach den Gefängnisjahren tadellos an die bürgerlichen Gesetze hält. Die inneren Stimmen und Gestalten, die Dämonen, die ihn einst quälten und verführten, schwellen nun an zu einem polyphonen Chor des Universums. Und er ist der Dirigent.

Nietzsche hat es der Nachwelt leichter gemacht; er umarmte ein Pferd und brach in Tränen aus. Der Philosoph starb, wie es heißt, in geistiger Umnachtung, nach Jahren des Dahindämmerns in Weimar. Karl Mays Wahnsinn ist mit allzu viel Realitätssinn gemischt. Das liegt an seiner Herkunft, die er sich gern manisch schönredet (es gab in der Familie, »als sie noch wohlhabend war, Geistliche, Gelehrte und weitgereiste Herren«), es liegt vor allem an seiner Berufstätigkeit als Autorensklave auf der Galeere der Kolportageverlage. Goethe ist mit einem silbernen Löffel im Mund geboren, May schindet sich lange Jahre, ehe er einen Silberstreif am Horizont sieht. Zu loyal, um davonzulaufen, nicht wie van Gogh, der es im finsteren, feuchten Holland nicht aushält und in das Licht der Provence flieht. Unter den großen Künstlerfiguren des 19. und frühen 20. Jahrhunderts steht der sächsische Webersohn am Rand, ein Paria. In seinem romantischen Herzen ist er ein deutscher Dichter, seiner Laufbahn nach aber ein Selfmademan amerikanischen Typs, ein Emporkömmling.

In Waldheim dreht Karl May Zigarren. Er ist eine Nummer. Züchtling 402. Das Zigarrenrauchen wird ihm zur Gewohnheit. Die Häftlinge registrieren einen Spinner und Träumer. 402 hat Glück. Er fällt dem katholischen Anstaltsgeistlichen, dem Katecheten Johannes Kochta, auf. Der verschafft ihm Lektüre und fördert Mays Schreibversuche. Der Protestant Karl May spielt in den katholischen Gefängnisgottesdiensten Orgel. Es klingt idyllisch, aber Waldheim war harte Fron. Erich Loest eröffnet seinen Karl-May-Roman »Swallow, mein wackerer Mustang« mit einem Waldheim-Kapitel, erwähnt aber mit keinem Wort die Waldheim-Prozesse, das war 1980 in der DDR tabu. »May, denken Sie an die Eisenbahnen. Stählerne Stränge von Nord nach Süd, von Ost nach West durchs Vaterland. Eine gewaltige Zeit«, bläst sich der Gefängnisdirektor mit Nationalstolz auf. Das zweite Deutsche Reich! Bismarck! »Dumm sind Sie doch nicht. Kann noch was werden aus Ihnen! In dieser beispiellosen Zeit! Alles im Umbruch, Platz für jeden im Reich.« Der Katechet bringt No. 402 Papier und Tinte: »Schreib deine Gedanken auf. Wenn du das vermagst, kannst du dich von bösen Vorstellungen befreien.« Und Kochta sagt, eine Geschichte »muss einen edlen Kern haben. Sie muss den bessern, der sie hört.« Dem Direktor erklärt Kochta: »May schreibt das Schlechte aus sich heraus.«

Loests Roman romantisiert. Aber nicht so sehr wie May selbst, der eines Tages über Waldheim schreibt: »Ich muss konstatieren, dass diese vier Jahre der ungestörten Einsamkeit und konzentrierten Sammlung mich sehr, sehr weit vorwärts gebracht haben. Es stand mir jedes Buch zur Verfügung, das ich für meine Studien brauchte. Ich stellte meine Arbeitspläne fertig und begann dann mit der Ausführung. Ich schrieb Manuskripte. Sobald eines fertig war, schickte ich es heim. Die Eltern vermittelten dann zwischen mir und den Verlegern.« Er stellt Waldheim als Mönchsklause dar. Karl May als der heilige Hieronymus im Gehäus bei der Zusammenstellung der Bibel. In der Gefängnisbibliothek wird er auf den Reisebericht des Maximilian Prinz zu Wied-Neuwied gestoßen sein. Dieser deutsche Adlige war 1833 nach Nordamerika gereist, hatte das Indianerland am Missouri erforscht und, wie Wolfgang Büscher in seinem Buch »Hartland – Zu Fuß durch Amerika« (2011) schreibt, das »Stiftungskapital der seltsamen, treuen, allen Zeiten und Ideologien trotzenden deutschen Liebe zu den Indianern« aus der Neuen Welt zurückgebracht. Büscher vermutet, »Karl May habe Wied gelesen, sei es im Original oder in den Schriften anderer Autoren, die ihrerseits bei Wied abgeschrieben hatten«. Und mehr noch: Old Shatterhand könnte jenem Prinzen Maximilian nachgebildet sein. Der Prinz zu Wied lernte die Indianersprache, studierte ihre Kultur und schloss Freundschaft mit einem jungen, starken Indianerhäuptling namens Si-chi-dä, einem Mann »von sehr gutem Charakter und vollkommen anständigen Manieren«, wie er schrieb. Wolfgang Büscher treibt sich in den Great Plains herum und erinnert sich an längst verflossene Stunden, als er »mit glühenden Wangen die Abenteuer der Blutsbrüder Old Shatterhand und Winnetou« las. Wie Karl May mit seinen ausgeliehenen Bänden in der Zelle sitzt, wie ihm die Augen aufgehen, wie die Pläne in ihm reifen, das ist ein schönes, allzu schönes Bild. Jedenfalls kann ein weitgereister Schriftsteller wie Wolfgang Büscher es nicht vermeiden, dass plötzlich der Schatten Karl Mays ein paar Meilen mit ihm läuft durch Dakota. Büschers Route geht von Norden nach Süden, von der kanadischen Grenze bis über den Rio Grande nach Mexiko, sie durchschneidet Nordamerika vertikal und berührt etliche Male die klassischen Ost-West-Strecken, auf denen der Häftling May seine Spielfiguren

*Die Deutschen
und ihre Liebe zu
den Indianern:
Reitender Indianer,
Aquarell von
Maximilian Prinz
zu Wied-Neuwied,
um 1833*

hin- und herschob und über die Amerika wieder und wieder er-
obert und erschlossen worden ist, und sei es hinter sächsischen
Gittern.

Am Ende der vier Waldheim-Jahre ist Karl May 32 und hat fast
sein gesamtes Erwachsenenleben unter Aufsicht gestanden. Er ist
behandelt und gehalten worden wie ein Unmündiger, stand immerzu unter unmittelbarem Einfluss strafender Autoritäten. Der
ehrgeizige Vater mit seinem irren Bildungsprogramm, das Lehrerseminar, das Gefängnis in Chemnitz, Osterstein, Waldheim, die
Polizeireviere, Gerichtssäle, Verhöre, die Monate auf der Flucht, die
verzweifelt-komischen Auftritte als Geheimpolizist, Arzt oder Mil-
lionenerbe – sie haben ihn bis jetzt nicht das Leben eines Erwachsenen führen lassen. Da wird einer mit aller Macht in jugendliche
Stadien zurückgepresst, das ist dann allerdings ein sehr altes Kind.
Ein Kind bleibt er. Etwas anderes hat er nicht gelernt, nur das
Überleben als Kind, das seine Träume aufschreibt. Der protestan-
tische Anstaltsgeistliche, mit dem er in Konflikt geraten war,
schreibt Karl May in sein Zuchthausabgangszeugnis: »Kalt, gleichgültig, glatt hochmütig.« So wirkt das Kind von 32 Jahren äußerlich.

*Briefmarke der
Deutschen Bundespost
zum 75. Todestag von
Karl May, 1987*

Beim Verlassen von Waldheim gibt er an, er wolle nach Amerika auswandern. Aber die Indianer sind schon in Sachsen. 1875 veröffentlicht Karl May im »Deutschen Familienblatt« als erste Folge »Aus der Mappe eines Vielgereisten« die Geschichte »Innu-woh, der Indianerhäuptling«. Inn-nu-woh ist Chief der Sioux, die Verwandlung in Winnetou, den Häuptling der Apatschen, lässt noch einige Jahre auf sich warten. Zum ersten Mal aber wirft sich der »vielgereiste« Erzähler offiziell auf außereuropäisches Terrain. Geschrieben ist das Debütantenwerk mit großer Wahrscheinlichkeit in der Zuchthauszelle.

Zwischen Gefängnis und Schreibwut gibt es vielfältige Verbindungen. Karl May selbst macht auf einen einfachen Zusammenhang aufmerksam: Ein Häftling darf nur ein Buch pro Woche ausleihen, also muss man dicke Bücher schreiben, viele Seiten füllen. Eine Woche ist eine lange, einsame Zeit, und ein Buch ist schnell ausgelesen, wenn der Geist sonst keine Nahrung findet. Josef Winkler erinnert in seiner Hommage an Jean Genet, der in der Haft zu schreiben beginnt, an einen Satz von Elias Canetti: »Vom Zufall des Gelesenen hängt es ab, was man ist.« Winkler stellt sich

77

im »Zöglingsheft des Jean Genet« vor, Genet habe seine Romane als Masturbationsvorlagen geschrieben. Genet wurde zwischen 1937 und 1943 dreizehn Mal zu Haftstrafen verurteilt und hatte seine Kindheit in Erziehungsheimen verbracht. Im Zuchthaus bekommt er Proust in die Finger, und er ist hingerissen. Karl May holt sich in der Gefängnisausleihe populäre Abenteuerromane und Nachschlagewerke, Ingredienzien seiner späteren und durchweg dicken Bücher. So setzt er, wenn Canetti Recht hat, die Lektüre um, und das Gelesene übernimmt sein Wesen. In beiden Fällen wirkt der Zufall wie Bestimmung, vielleicht ist es auch nur nachträglich applizierte Entwicklungslogik. Cervantes dichtet seinen »Don Quijote« im Kerker; die Liste der Gefängnisschreiber in der Weltliteratur ist elend lang. Old Shatterhand/Kara Ben Nemsi grüßen als Reiter von der traurigen Gestalt, Gefangene im Wahn, die Welt vor sich selbst retten zu müssen. Karl Mays Fantasiewelten führen in eine Freiheit, die nicht wirklich frei atmet. Sie weist zwanghaft sich wiederholende Muster auf, in der Landschaftsbeschreibung, im Handlungsverlauf. Immer wieder Geiselnahme, Gefangenschaft und Befreiung aufs Neue. Geborgte Freiheit.

SKALP FICTION ODER DIE KUNST
DER KOLPORTAGE

»Tim, du hast doch gehört, was letzthin in Fernandino
von Old Shatterhand erzählt wurde? Wie oft soll er in
den Vereinigten Staaten gewesen sein?«
»Bis jetzt vierzehnmal.«
»Und in den Zwischenzeiten?«
»Bei den Türken, Chinesen und Niggern und auch da,
wo man auf Kamelen sitzt und vor lauter Hitze die Haut
und das Fell verliert.«
»Yes!«
»Er kann persisch lesen, was grad neben der Sahara liegt!«
»Yes!«
»Old Shatterhand soll überhaupt die Sprachen aller dortigen
Chinesen und anderer Muselmänner verstehen?«
»Das soll er allerdings. Man sagt, daß er mit den Muselleuten
in allen Indianerdialekten redet.

Im Reiche des silbenen Löwen, Band I

Was er aus sich herausholt, der Geschichtenschreiber aus dem
Erzgebirge, gleicht einem Berg-Werk, einem mächtigen Werk-
Berg. Reichlich 50 000 Manuskriptseiten hat er gefüllt, die Zahl
muss man langsam zerlegen, um die industrielle Arbeitsleistung
des Schriftstellers Karl May zu begreifen. Eine Schätzung, eine
Überschlagsrechnung ist den Versuch wert: Da er spät mit dem
professionellen Schreiben beginnt, mit 32, und mit 70 in einem
nicht eben biblischen Alter stirbt, sind ihm gute 35 Autorenjahre
gegönnt. Das ergibt rund 1430 Manuskriptseiten pro Jahr und
vier Seiten pro Tag. Und das Tag für Tag und Jahr für Jahr. Reisen,
Krankheiten, Unpässlichkeiten, die Prozesse und die beiden letzten nicht mehr so produktiven Jahre sind hier berücksichtigt. Kon-
stant vier Seiten täglich, über drei Jahrzehnte lang. Das wirft auch

*Unter Tage: Minenarbeiter im
VEB Steinkohlebergwerk Oelsnitz/Erzgebirge,
Karl Mays Heimat*

noch einmal ein Licht auf sein frühkindliches Augenleiden. Um seine Sehkraft muss es ausgezeichnet bestellt gewesen sein, bedenkt man die Manuskriptmengen und die Beleuchtungsverhältnisse der damaligen Zeit. Er erwähnt einmal, dass er »ganze Nächte arbeite«. Und wie muss die Hand beschaffen sein, die solche Stapel Papier füllt! Soll noch mal einer sagen, Karl May habe die Welt bloß am Schreibtisch bereist: Der physische Akt des Schreibens mit der Schlagzahl eines Karl May stellt am Ende jede Wüstendurchquerung auf dem Kamel, jeden Gewaltritt über die Höhen von New Mexico in den Schatten. Die Hand, die niemals stillhält, die keinen Krampf kennt und keine Müdigkeit. Daher auch die Namen seiner Westernhelden, alle übrigens mit angedeutetem deutschen Hintergrund: Old Shatterhand/Schmetterhand, Old Firehand/Feuerhand, Old Surehand/ruhige Hand. Old Shatterhand eilt der Ruf voraus, dass er einen Mann mit einem einzigen Fausthieb aus den Stiefeln haut, das lässt sich in einem etwas anderen Sinn auch von Old Schreibhand sagen. An den fünf Fingern dieser Hand sind Kontinente abzuzählen.

Das erste auf einer Schreibmaschine, einer Remington, getippte Typoskript war 1874 Mark Twains »Tom Sawyer«-Roman. Einige

Jahre später haute Friedrich Nietzsche in die Tasten, aus purer Verzweiflung. Das Schreiben mit der Hand (und das Lesen) machte sein multiples Augenleiden beinahe unmöglich. Der erblindende Philosoph blieb ein Einzelfall, die neue Schreibmaschinentechnik setzte sich in Deutschland und Europa erst richtig nach dem Ersten Weltkrieg durch. Das Schreiben auf der Maschine galt lange als Frauenhand-Arbeit, Männer wie Leo Tolstoi und Sigmund Freud diktierten Frauen oder ließen sie ihre Manuskripte *typewriten*, wie das zu Beginn des 20. Jahrhunderts hieß. Sie selbst faßten das nähmaschinenartige Gerät nicht an; man könne dabei ja – sehr schlimm für Literaraten – seine *Handschrift* verlieren. Seltsam, dass die Physis des Schreibens so gut wie keine Rolle spielt in der Literaturgeschichte, wie auch Friedrich Kittler in seinem Buch »Grammophon, Film, Typewriter« verwundert feststellt. Und von wegen Kopf- und Geistesarbeit! Es geht, wenn einer das Schreiben zum Beruf macht, auf den Rücken, die Beine, die Handgelenke, den Sehnerv. Schreiben und Reiten erscheinen als verwandte Tätigkeiten und Fortbewegungsmöglichkeiten. Mit beidem kommt man weit und schnell voran, kann stürzen und sich den Hals brechen. Für einen Lohnschreiber ist Papier denn auch alles andere als geduldig.

Georges Simenon, einer der meistverbreiteten Autoren des 20. Jahrhunderts, drückt es in seinen autobiografischen Aufzeichnungen »Als ich alt war« so aus: »Ich habe meine Groschen-Romane in drei oder vier Tagen geschrieben. Dann zwölf pro Jahr (zu Zeiten der Maigret-Romane). Dann sechs (fast zwanzig Jahre lang). Jetzt komme ich auf vier, denn je älter ich werde, desto stärker fühle ich danach die Erschöpfung. Allerdings versuche ich auch, eine immer stärkere Konzentration zu erreichen.« Das ist der wunde Punkt, das Kainsmal aller Autoren, die mit Groschenroman, Pulp und Kolportage in Berührung gekommen sind: Ob und wann und wie das Vielschreiben literarische Qualität zulässt, zudeckt oder vielleicht auch erst möglich macht. Die Entwicklung hin zu einer »stärkeren Konzentration«, von der Simenon spricht, bedeutet ja nicht, dass er sich von seinen früheren Büchern (Simenon-Krimis sind vergleichsweise schmal im Umfang, um die 160 Seiten) abwendet und vollkommen neue literarische Gebiete betritt. Es ändert sich aber mit fortschreitendem Alter der Produktionsprozess ebenso wie das Produktionsbewusstsein.

Das französische Wort Kolportage meint ursprünglich umherziehende Buch- und Heftchenhändler, die seit dem 16. Jahrhundert oder auch schon früher ihre Ware »am Hals« herumtragen; im Deutschen wird daraus der Bauchladen – und ein Synonym für schundige Fortsetzungs-Abenteuer-Literatur, wie sie Karl May lange Jahre für den Gelderwerb produziert. Das bleibt an ihm hängen, das hat er am Hals. Aber auch Mozart hat in jungen Jahren, er wurde ohnehin nicht alt, Musik zur Unterhaltung kolportiert, ebenso Händel und Vivaldi. Nichts Schändliches ist dabei. Wenn die Stückchen arg dünn ausfallen, ist gern von Fingerübungen die Rede. Dass die »Zauberflöte« mit ihrem Freimaurer-Brimborium den Geist der Kolportage, des Machwerks atmet, dass der »Faust«-Tragödie zweiter Teil von Goethe eine weithin unverständliche und für das Theater unaufführbare, gigantische Mythenklöppelei darstellt, ist nobilitiert und gehört zum kulturellen Erbe. Karl May dagegen hat das Pech, dass er als Biedermann gilt, der minderwertige Sachen fabriziert hat, viel zu viel Schreibmasse, um als kulturell wertvoll eingebucht werden zu können.

Der Mann schreibt, wie er im Zuchthaus die Zigarren rollte. Ein Herkulesunternehmen. Sämtliche Bücher, Broschüren, Schriften und Streitschriften, Hefte, Autobiografisches, Sammlungen etc. zusammengezählt, ergibt sich eine Gesamtzahl von rund 600 Titeln, die unter dem Namen Karl May oder einem seiner Pseudonyme veröffentlicht wurden. Das Herkulische trifft die Sache genau, hat er doch in späteren Jahren seinen Kolportagestall ausgemistet, Teile seiner Geschichten umgeschrieben, neu sortiert und umgruppiert. Eine kompliziertere Editionsgeschichte findet sich kaum in der deutschsprachigen Literatur. Es ist ein ständiges Umwälzen von Ideen, ein Auswalzen von Handlung, ein Heranziehen und Ausstatten von Figuren, ein Ausrollen angelesener geografischer Kenntnisse, ein Durchqueren prosaischer Ebenen und ein Emporheben der Gefühle und der Seele – und des Kara-Ben-Nemsi-Old-Shatterhand-Egos, dem aufgegeben ist, in Karl Mays Welt-Klein-Kriegen die Ruhe zu bewahren, Frieden zu stiften und vor allem: die Leser zu unterhalten.

Kein Wunder, dass der Autor hinter solchen Schriftmassiven verschwindet. Man wird an Stephen King erinnert. Der amerikanische Auflagenkönig sagt in »Das Leben und das Schreiben«: »Ich komme auf zehn Seiten pro Tag, das sind um die 2000 Wörter. Über einen Zeitraum von drei Monaten ergibt das 180 000 Wörter, eine ordentliche Länge für ein Buch.« Er sagt auch: »Früher war ich schneller als heute.« Und: »Geschichten sind Fundstücke, Fossilien im Boden.« Stephen King ist ein scheuer Star, er lebt zurückgezogen in Maine, im Nordosten der USA. »Ich fühle mich vollkommen überflüssig, wenn ich nichts zu tun habe. Nichts zu tun ist für mich Schwerstarbeit.« Was King als vitale Konstante beschreibt, gilt auch für May. Er vollbringt mit dem Schreiben aber noch eine zweite gewaltige Dauerleistung: die Erschaffung einer Biografie. Einer Schriftstellerexistenz. Das Ich der »Reiseerzählungen« muss sich blitzblank widerspiegeln und wiederfinden in einem ausgedachten, ausgeschmückten, rastlosen Leben *on the road*.

Was die Zeitgenossen von ihm wissen, ist erschwindelt und erlogen, pure Fiktion, als hätten sich Don Quixote, Münchhausen und Gulliver zusammengetan. Es fängt früh an mit der exzessiven

Angeberei und steigert sich im Lauf seiner traumhaften Karriere. Schon 1880, die großen Romane sind noch gar nicht geschrieben, heißt es in einer werbewirksamen Mitteilung der Zeitschrift »Deutscher Hausschatz«, als ein Leser sich nach Karl Mays Reisetätigkeit erkundigt: »Das können wir Ihnen wirklich nicht sagen, wie viel Selbsterlebtes und wie viel dichterische Zutaten an May's Reiseabenteuern sind. Das ist aber wahr, dass der Verfasser all jene Länder bereist hat, welche den Schauplatz der Abenteuer bilden; und das ist richtig, dass seine farbenreichen Schilderungen von Land und Leuten, Tieren und Pflanzen, Sitten und Gebräuchen genau nach der Natur gezeichnet sind. Gegenwärtig reist er in Rußland und beabsichtigt, bald wieder einen Abstecher ins Zululand zu machen.« Ein andermal erfahren die staunenden Leser, der Meister sei mit einem »Messerstich als Andenken« von einer Reise zurückgekehrt. Er geht dahin, wo es weh tut, wo noch keiner vor ihm war, reist weder mit der Eisenbahn noch mit dem »Baedeker«. Die *Legende* bezeichnet eine zumeist erfundene, ausgeschmückte Heiligenbiografie, sie bedeutet aber auch Leseanweisung, Lesehilfe. Es muss leichtgefallen sein, diese »redaktionellen Mitteilungen« zu verfassen. Er steht am Anfang. Die Dinge entwickeln sich. Es gibt für Karl May nur ein Gesetz, und die wachsende Fangemeinde hört auf ihn. Es ist eine einfache Regel. Er hat sie weder erfunden noch als einziger befolgt. Aber er füllt es wie kein anderer mit Leben. Diese Regel lautet: Ein Buch ist eine Reise.

Eine Reise in Etappen. Der Leser behaglich auf dem Oberdeck, der Autor legt sich in die Riemen, schippt Kohle im Maschinenraum. Das ist das natürliche Wesen der Kolportage- und Lieferungsromane. Eine klare Arbeitsteilung. Wer in dieser Fron steckt, kann gar nicht für längere Zeit vom Schreibtisch aufstehen und in die Welt hinausspazieren; er hat zu liefern. Die Verlage machen sich das zunutze, wenn sie dann doch einmal eintretende Unterbrechungen tatsächlich mit Fernreisen, Irrfahrten und gefährlichen Abenteuern ihres »Weltläufers« erklären. Er sitzt derweil zu Hause und schreibt an anderen Geschichten.

Wo holt er sie her? Aus anderen Büchern, gewiss. Aber er gräbt in seinem eigenen Stollen, denn er fördert reichlich Eigentümliches zutage. Es ist ein schöner und auch naheliegender Vergleich, das Œuvre des Karl May als Bergbau zu betrachten, mit seinen Schienen und Schächten, den Abzweigungen, Durchgängen und Wasserrädern, Fackeln und Loren, Sprenglöchern und Hammer und Eisen und dem Andachtsraum, der sich in einem solchen *Stolln*, so die Schreibweise der Erzgebirgler, auch immer findet. Den Berg an- und abgraben ist ein Himmelfahrtskommando unter Tage, da ist man abergläubisch und auf Gottes Beistand angewiesen. Tief geht es hinunter, ins Sagenhafte, Geheime und Absonderliche, es herrscht ein Klima, das anders ist als über Tage, sommers wie winters zehn Grad Celsius in den Bergwerken des Erzgebirges, wo heute nur noch Besucher einfahren. Auch bei Karl May bleibt die Temperatur der Erzählung beständig, im Orient wie im Indianerland herrscht stets die gleiche gefühlte Wetterlage, was vor allem an Old Shatterhand/Kara Ben Nemsis kontrolliertem Charakter liegt. Es gehört zu den Eigentümlichkeiten der Karl-May-Bände – Bände also, nicht Karl-May-Bücher, weil sich da etwas zu einem großen Ganzen formt –, dass sich in den fortlaufenden, im Grunde sich im Kreis drehenden Erzählungen das wohltemperierte Betriebsklima kaum ändert. Massenhafte Produktion im Treibhaus! Reiche Ernte, rund ums Jahr.

Noch etwas ist verlockend an der Bergwerksbetrachtung des schriftstellerischen Phänomens: Der Vorstoß geht ins Unbekannte. Denn wie gut bekannt, ist Karl May oberflächlich! Dazu lädt die Streuung seiner Bücher ja ein. Bergbau hat zugleich etwas Modern-Industrielles und Altertümliches, Mythisches und Knochenbrecherisches, Dunkles und heroisch Strahlendes. Die Berge enthalten nicht nur Silber und Zinn, sondern auch Geschichten. 1168 erhob sich im Erzgebirge das erste *Berggeschrei*, dreihundert Jahre später ein zweites. Berggeschrei, das alte deutsche Wort für *gold rush*. Wenn das Berggeschrei ertönt – Jack Londons »Lockruf des Goldes« –, strömen Menschen in die Gegend, bauen Stollen, Städte, Kirchen, Straßen. Alaska und Kalifornien liegen zu der Zeit mitten in Europa. Als Erzgebirgler hat Karl May etwas mitbekommen von diesem Abenteurererbe. Er beschäftigt sich eingehend mit dem Bergbauwesen und seinen Menschen, dem Klondike von Annaberg. In den fünfziger Jahren des 20. Jahrhunderts erhebt sich noch einmal ein fürchterliches, unterdrücktes Berggeschrei. Unter dem Namen der Wismut bauen die Sowjets hier mit ostdeutschen Arbeitern Uran ab, geheim und gemeingefährlich. Viele Arbeiter werden verstrahlt, erkranken, sterben an der seltsamen Wismut-Krankheit.

Zu den Zeitschriften, die Karl May nach dem Zuchthaus bestückt, gehört »Schacht und Hütte«. Die »Blätter zur Unterhaltung und Belehrung« für »Berg-, Hütten- und Maschinenarbeiter« erscheinen im Verlag H. G. Münchmeyer, Dresden. Karl May hat dort 1875 als Redakteur angeheuert. Es waren »anständige Unterhaltungsblätter«, darauf legt er rückblickend Wert. »Schacht und Hütte« bringt es nur auf einen einzigen Jahrgang, nimmt aber in der wundersamen Schriftstellerwerdung Karl Mays eine bestimmende Rolle ein. Der Jungredakteur schreibt aus gängigen Nachschlagewerken ab, kompiliert, poetisiert Namen und Fakten und findet in seinen Aufsätzen über »Himmel und Erde«, »Land und Wasser«, »Berg und Tal«, »Wald und Feld«, »Mensch und Tier«, »Strom und Straße«, »Stadt und Land«, »Haus und Hof« überall die Spuren der Schöpfung. Er schweift durch Gottes weite Welt, von Patagonien zum Berg Ararat, von den Alpen zur Sahara. Verblüffend seine Gedankensprünge, sein Assoziationsreichtum: »Schon die Heilige Schrift erzählt von den Schwierigkeiten, die die Unterjochung der Bergvölker Kanaans den Juden bot; der einzige Engpass der Thermopylen genügte den wenigen Spartanern, das ungeheure Heer der Perser aufzuhalten; die größten Feldherrn des Altertums haben es nicht vermocht, Bergvölker vollständig und auf Dauer zu besiegen.« Das erinnert nun gleich an Geschichte und Gegenwart in Afghanistan, denn Karl Mays Allerweltsweisheiten sind so flach nicht. Seine volkshochschulischen Zeitschriftentexte bringen äußerst Skurriles, und Mut hat er auch, keine Angst vor hohen Tieren: »Wir finden das menschliche Leben und Treiben in der Welt der Tiere zuweilen so überraschend vorgebildet, dass es gar nicht zu verwundern wäre, wenn die Bienen, Wespen, Ameisen, Präriehunde und Biber auch ihre Bebels und Liebknechts, (…) ihre Beusts und Bismarcks hätten.« Aber gegen den Menschen und seine technische Macht ist die Natur wehrlos. Klassische Karl-May-Motive stehen hier schon in voller Blüte. Der Titel »Geographische Predigten«, der die erbaulichen populär- und pseudowissenschaftlichen »Unterhaltungsblätter« zusammenfasst, trifft Karl May im Kern. Diese Wald- und Wiesenaufsätze von 1875/76 lesen sich wie Karl-May-Romane ohne Handlung; da sind die Landschaften, die Länder, die vorgezeichneten Konflikte, da ist Historie und Glaubensfestigkeit, da sind all die Koordinaten, da sind auch im abstrakten Sinne Menschen – nur keine Helden. Da reist er schon am Schreibtisch durch die Welt, ohne den entscheidenden Schritt zu tun. Er schickt seinen Verstand los, aber sein Herz wirft er noch nicht über jene Grenze, wo die Fantasie die Führung übernimmt. Die Richtung ist schon klar. Während er in einer der Münchmeyer-Zeitschriften nordamerikanische Indianer lostraben lässt, soll eine andere Schriftenreihe in den Orient entführen.

So stellt er es Jahrzehnte später dar, damit das Kolportieren und Schwadronieren Sinn und System bekommt. Am Anfang war das Wort, die »Geographischen Predigten«. Darin sei, erklärt Karl May um das Jahr 1900, alles gesagt, »was ich bereits damals wollte und auch heute noch will: Geographie und Predigten! Kenntnis der Erde und ihrer Bewohner und Aufschau zu einer lichteren Welt! Dieser Anfang meiner literarischen Laufbahn bildet die Grundlage für meinen späteren Werdegang. Die ›Geographischen Predigten‹ enthalten den genauen Plan meiner sämtlichen Werke, den ich in der Folge treulich eingehalten habe.« Wer die »Geographischen Predigten« nicht gelesen habe, könne sein Werk nicht verstehen, setzt er hinzu.

Allerdings galten die Texte bald nach Erscheinen in »Schacht und Hütte« als verschollen. 1916, vier Jahre nach dem Tod des »Geographie«-Predigers, brachte Euchar Albrecht Schmid, der Gründer des Karl-May-Verlags, die erste Buchausgabe heraus mit dem Hinweis, Karl May habe das Werk »trotz vieler Mühe« selbst nicht mehr »auffinden« können. Die Bauplanung, die Blaupause für das gesamte Œuvre war ihm abhanden gekommen. Er hat dennoch gebaut, und wie hoch und prächtig! Die Geschichte um die

»Geographischen Predigten«, ein sehr schöner Titel, zeigt auch, mit welchen Materialien er seinen Plan treulich ins Werk setzt: mit forschen Lügen. An anderer Stelle behauptet Karl May, die »Geographischen Predigten« hätten seinerzeit eine Auflage von 300 000 Exemplaren erreicht. Ein gewaltiger Zufall, wenn eine solche Anzahl spurlos vom Erdboden verschwindet. Die Geschichte wiederholt sich. Karl May schwindelt, dass sich die Balken seiner Luftschlösser biegen. Er ist entsetzlich schlampig und sorglos im Umgang mit seinen Manuskripten und lange Zeit auch mit seinen Verlegern. Er macht es damit seinen Gegnern leicht und denen, die ihn ausbeuten.

Aber er schreibt doch einfach auch so viel und so schnell, dass Chaos entstehen muss. Und wenn er darauf besteht, dass die »Geographischen Predigten« gleichsam sein kosmischer Urknall waren, dann knallt es gleich an allen Ecken und Enden.

1882 erscheint mit dem unschuldig-reißerischen Zwittertitel »Waldröschen oder Die Verfolgung rund um die Erde. Großer Enthüllungsroman über die Geheimnisse der menschlichen Gesellschaft« ein Buch, das einen gewissen »Capitain Ramon Diaz de la Escosura« zum Verfasser hat. Das heißt, es beginnt zu erscheinen, pro Woche mit ein bis zwei Heften, am Ende werden es 109 »Waldröschen«-Lieferungen sein. Für Karl May, der hier unter spanischem Pseudonym schuftet, wie für die gesamte (Kolportage-)Literatur löst dieses Monsterwerk von 2600 Buchseiten einen Erdrutsch aus. In den kommenden zwanzig Jahren verkauft sich – diesmal stimmen die Zahlen – eine halbe Million Exemplare. Das »Waldröschen« wird zum erfolgreichsten Lieferungsroman seiner Zeit und immer wieder nachgedruckt. Der Dschungel der Karl-May-Publikationen blüht und gedeiht. Von 1901 an erscheint das Riesending unter dem richtigen Namen des Verfassers in »Karl Mays illustrierten Werken«, später in fünf Bänden der Radebeuler Ausgabe (»Schloß Rodriganda«, »Vom Rhein zur Mapimi«, »Benito Juarez«, »Trapper Geierschnabel«, »Der sterbende Kaiser«). Es kommt zu illegalen Nachdrucken und wilden Bearbeitungen; eine nicht mehr kontrollierbare Kettenreaktion. Erst 1999 liegt eine historisch-kritische Ausgabe vor. Der Halsabschneider Münchmeyer verdient ein Vermögen, Karl May hat am Ende nach Berechnungen von Hans Wollschläger 1,75 Prozent vom Umsatz erhalten; Biograf Christian Heermann kommt auf verschwindende 0,07 Prozent der Gesamteinnahme für den Autor.

Brutal wie die Verlagsgeschichte gestaltet sich die Architektur des Werks, das an den Turmbau zu Babel erinnert. Der exotische Capitain Ramon Diaz bedient sich bei James Fenimore Cooper, bei Alexandre Dumas und Eugène Sue: Der Untertitel »Geheimnisse der menschlichen Gesellschaft« erweist dem berühmten Zeitungsroman »Die Geheimnisse von Paris« seine Reverenz. Liebe und Intrigen, Mord und Revolution, Scheintod und Geiselnahme, Sklavenhändler, Piraten, Indianerhäuptlinge, gekrönte Häupter, es fehlt an nichts. Irre Orts-, Perspektiven- und Zeitwechsel, quer durch Europa, Nordamerika, bis hin zu den Osterinseln. Ein James-Bond-Film wirkt gegen das »Waldröschen« wie eine Vorabendserie. Karl May hat eine Goldmine angegraben, und das Bergwerk explodiert.

Wie ein Turm in der globalen Schlacht steht der Arzt Karl Sternau. Ein »deutscher Riese«, so führt er sich ein. Ein Mann mit ungeheurer Kaft in den Händen, der die Welt ins Lot bringt. Sternaus Erfinder trägt den gleichen Vornamen – Karl – und neuerdings auch einen aus dem Redakteurshut gezauberten Doktortitel – Dr. phil. Karl May –, erworben auf den Universitäten des Lebens. Nicht mehr lange wird es dauern, bis Karl Sternau zu Old Shatterhand und Kara Ben Nemsi wird. Der Held ist geboren, bald erfolgt die Taufe auf seine englischen und arabischen Namen, und die wird er in alle Ewigkeit tragen. Nach dem »Waldröschen« fördert der aufgedrehte Autor bis 1887 weitere Riesenbrocken zutage: »Die Liebe des Ulanen« (die Geschichte einer preußischen Familie, eine Art »Krieg und Frieden«), »Der verlorene Sohn« (ein Sozialroman aus dem heimatlichen Sachsen), »Deutsche Herzen, deutsche Helden« (eine deutsche Familienzusammenführung), »Der Weg zum Glück« (eine bayerische Dorfgeschichte, in der König Ludwig II. auftritt). Jeder dieser Brocken bringt es auf etwa 100 Lieferungen und rund 2500 Seiten. Danach ist Schicht. Karl Mays Helden emanzipieren sich, sie wollen ihr eigenes Leben.

Karl May hat verschiedene Traditionslinien der Kolportage miteinander verbunden und die Gattung schließlich gesprengt. Ursprünglich wurden Märchen und Rittergeschichten, Schauerromane und Sagen kolportiert, also unter die Leute gebracht – Goethe ließ sich vom europaweit verbreiteten Volksbuch des Dr. Faustus inspirieren –, aber auch Bibeln, Predigten und religiöse Anleitungen waren erfolgreich unterwegs. Es gab im 19. Jahrhundert Kolporteure, die als Missionare über Land zogen und freie Kirchen gründeten. Abenteuer und Predigt, das war ein neues, verkaufsträchtiges Konzept. Fernreisen erfüllen und wecken die Sehnsucht nach Spiritualität und dem wahren, befreiten Ich. Es funktioniert noch heute so. Bei Elizabeth Gilberts Bali-Bestseller »Eat, Pray, Love« sagt es schon der Titel. Essen, Beten, Sex, der Rest findet sich.

Karl Mays Œuvre entzieht sich einer klaren Periodisierung. Kaum dass eine Schneise geschlagen ist, wächst der Dschungel wieder zu. Mann kann die Machete schwingen und es mit einer Dreiteilung probieren:

Frühwerk und Kolportage (»Waldröschen« etc.)
Die klassischen Reiseromane (»Winnetou«-Bände, Orientzyklus)
Spätwerk und Mystizismus

Das hilft und hält eine Weile, aber nur unter der Voraussetzung, dass sich die einzelnen Teile in jeder Richtung und in jeder Phase auch wieder mischen. Frühwerk und Spätwerk berühren einander, und auch das Klassische tritt in Serie auf, im dichterischen Übergriff auf Zukünftiges und Vergangenes. Man vergisst beim Lesen von Karl May die Zeit. Seine endlosen Dialogstaffeln haben etwas Hypnotisches. Er lullt und lallt den Leser ein mit gewundenen Disputationen über Gerechtigkeit und das Gesetz der Wüste, Edelmut und Freundschaftstugenden. Ehe einmal eine Büchse abgefeuert, ein Gegner überwältigt, ein Gewaltritt angezogen wird, ist man in platonische Dialoge verwickelt, Seite um Seite. Wenn Spannung, *suspense*, das Merkmal von Pulp-Autoren ist, dann treibt es Karl May bis zum Äußersten. Seine Helden sind Helden des Wortes, der geschliffenen Rede, des Rededuells. Zur Not nur sprechen die Fäuste, die Gewehre.

Gert Ueding hebt im »Karl May Handbuch« den Schluss des »Waldröschens« – irgendwann endet auch der tiefste Stollen – heraus. Nach 2600 Seiten heißt es bei Capitain Karl May erschütternd lapidar: »Die Nebenpersonen des Romans haben den verdienten Lohn gefunden. Die Treuen und Gerechten genießen die Früchte ihres Handelns, die Schlechten sind verkommen oder gestorben. So will es Gott!« Poesie und Pragmatismus finden in schönster Vereinigung zueinander. Hier ist er bald schon wieder postmodern. Er kommentiert und ironisiert die eigene Schöpfung. Er spielt einen Gott, der mit sich selbst über seine Arbeit spricht, also über sich selbst.

WENN SCHRIFTSTELLER REISEN

Das Café Loti in Istanbul bietet einen atemberaubenden Blick auf das Goldene Horn und die endlose Stadt. Pierre Loti, geboren 1850 in der Bretagne als Julien Marie Viaud, fuhr als französischer Marineoffizier über die Meere. Den Künstlernamen Loti und damit seine zweite Geburt, so erzählt er in einem seiner Bücher, schenkten ihm Eingeborene auf einer Südseeinsel. Istanbul aber war der Ausgangspunkt seiner Weltumrundungen, in jenem Café im damaligen Konstantinopel saß er oft, schreibend, den Tag verträumend. Reisende Romantiker erspüren ihn dort bis heute.

Der Maler Henri Rousseau hat ihn mit Fez, geschwungenem Schnurrbart, Zigarette, Goldring und einer Katze porträtiert; so sah und kleidete sich Loti selbst. Er genoss im späten 19. Jahrhundert große Popularität, schon seine erste Kreation, der autobiografisch gefärbte Roman »Aziyadé« aus dem Jahr 1879, wurde schnell zum Klassiker der Orientschwärmerei: gefahrenverliebt, todessehnsüchtig, in kühlem Exotismus schwelgend, ohne Gefühl für das Morgen. Aziyadé ist eine türkische Haremsdame, die sich in eine *amour fou* mit einem Europäer stürzt. Die erste Liebesnacht verbringen sie auf ihrer mit Seidenteppichen, Plüschkissen und Brokatdecken ausgeschlagenen Barke, auf dem Mittelmeer. Kein Wort wird gesprochen. Der Diener des europäischen Offiziers leidet Höllenqualen, denn er ist in seinen Herrn verliebt. Es entwickelt sich eine doppelt verschwiegene *menage à trois*. Spätere Ausgaben des Romans wurden um die homoerotischen Passagen bereinigt und kastriert. Lotis Stil wirkt eigentümlich erhitzt und abgeklärt zugleich. Der Tod kommt auf dem Schlachtfeld, im Russisch-Türkischen Krieg. Loti lässt mit der orientalischen Geliebten im Roman seinen Doppelgänger sterben. Später errichtete er auf seinem Grundstück im bretonischen Rochefort eine Moschee mit Aziyadés Grabstein, sein privates Taj Mahal.

Das Glück liegt im Orient: Pierre Loti, der Weltreisende und Schriftsteller. Gemälde von Henri Rousseau, 1891

Realität und Fiktion leben bei Loti unter einem Dach. Sein Weltschmerz erweist sich als zuverlässiger Begleiter. Er bereist den Fernen Osten, das Buch von »Madame Chrysanthème« klingt wie ein japanisches Echo des nie zu überwindenden türkischen Liebesdramas. Serienweise veröffentlicht er Reiseberichte über Persien, die Sahara, Ägypten, den Sinai, Galiläa und Jerusalem, wo ihn die »Alltäglichkeit eines Touristenhotels« und die »Gesellschaft von Amerikanern und Engländern«, die syrischen Händler mit ihren billigen Souvenirs und ein hartnäckiger Märzregen anwidern. Und dann ist es wieder »eine ungeheure, für unsere modernen Abgeschmacktheiten überwältigende Vergangenheit« und der »Charme des Islam«, der ihn einfängt. Loti stirbt 1923, sein Werk umfasst über vierzig Bücher, sein Haus und Museum in Rochefort ist mit Trophäen und Memorabilien des Orients vollgestopft, den er auf dem Rücken von Pferden und Kamelen durchquerte. Fotografien zeigen den kleinwüchsigen, schmächtigen Mann in türkischer und arabischer Tracht, einmal als altägyptische Göttin Osiris posierend, ein andermal als dekorierten Offizier der Marine der Grande Nation.

Lotis Beschreibung von Menschen und Ländern ist geprägt vom kolonialistischen Blick. Edward W. Said bezeichnet ihn in

*Karl May als
Kara Ben Nemsi,
1896*

seiner berühmten Studie über den »Orientalismus« als »minderen
Schriftsteller«. Doch selbst ein Gustave Flaubert, sagt Said, ist an
Grenzen gestoßen, »als er dann wirklich in den Orient kam. Also
neigte Flaubert wie andere vor ihm dazu, den Orient wiederbeleben zu wollen. Er musste ihn zum Leben erwecken, sich selbst und
seinen Lesern darbieten, und das sollte mit Hilfe seiner Lektüre,
seiner Erlebnisse vor Ort und seiner besonderen Sprachkunst gelingen«. Flauberts im Orient angesiedelte Romane »Salammbô«
und »Die Versuchung des heiligen Antonius« betrachtet Said als
»gelehrte historische Rekonstruktionen«.

Loti hat den Orient, er hat die ganze Welt mit eigenen Augen
gesehen, und nicht nur im Vorübergehen. Eine Zeitlang lebte er in
Istanbul, aber das heißt auch in einer Istanbul-Fantasie. Loti stürzt
den Leser in kitschige Wechselbäder. Man fühlt sich wie in der
1002. Nacht, durch die eine männliche Sheherazade aus dem
Corps der französischen Marine geleitet, der Schein elektrischer
Beleuchtung ist schon ahnbar. Wie skurril und komisch nimmt
sich dagegen Karl Mays Betrachtung der Stadt am Bosporus aus,
die er nur aus Büchern kennt, wenn er in der Art eines Weltreisenden schreibt, der alles schon gesehen hat: »Man sagt, Kopenhagen,
Dresden, Neapel und Konstantinopel seien die vier schönsten

Städte Europas. Ich habe keine Veranlassung, dieser Behauptung entgegenzutreten. Aber in Beziehung auf Konstantinopel muss ich doch bemerken, dass man diese Stadt nur dann schön zu finden vermag, wenn man sie von außen, vom Goldenen Horn aus betrachtet; sobald man dagegen ihr Inneres betritt, wird die Enttäuschung nicht ausbleiben. (…) krumme, winklige Gäßchen und Gassen, (…) öde, fensterlose Häuser (…), häßliche, struppige Hunde, (…) und wegen der Enge der Gassen muss man jeden Augenblick gewärtig sein, von Lastträgern, Pferden, Eseln und anderen Tieren oder auch Menschen in den Kot gerannt zu werden.«

»Von Bagdad nach Stambul«, der dritte Teil des Orientzyklus, erscheint zuerst zwischen 1881 und 1883 im »Deutschen Hausschatz« als Fortsetzungsgeschichte. Karl May bedient sich eines umfangreichen wissenschaftlichen Apparats mit hunderten von Sprachführern, kartografischen Werken, Reise- und Forschungsberichten. Eine damals durchaus nicht ungewöhnliche Methode: Nicht der Schriftsteller selbst reist durch ferne Länder, vielmehr lässt er sein Buch reisen und mit dem Buch seine Helden und mit diesen das leseabenteuerlustige Publikum. 1873 erscheint in Paris einer der berühmtesten und erfolgreichsten Romane der frühen Moderne, Jules Vernes »In 80 Tagen um die Welt«. Es geht bekanntlich um eine Wette, und der spleenige Engländer Phileas Fogg gewinnt. Er schafft, allen Schikanen und Pannen und Verwechslungen zum Trotz, die Erdumrundung per Schiff und Bahn und Reittier in der angegebenen Zeit. »Vernes Beschreibungen all der Länder, die er selbst niemals besucht hat, sind systematische Paraphrasierungen von realen Reiseberichten, Reiseführern und Nachschlagewerken«, schreibt der Jules-Verne-Spezialist Volker Dehs. Die Karl-May-Masche also, mit einigen erheblichen Unterschieden. Jules Verne behauptet keinesfalls, Phileas Foggs Gewalttour selbst absolviert zu haben und aus eigener Anschauung zu schildern. Es gibt bei ihm auch keine Agenda der Menschheitsbeglückung und Religionsversöhnung, die sich bei Karl May schon früh zeigt. Jules Verne setzt sich mit der neuen Religion des technischen Fortschritts auseinander. Er fliegt zum Mond, dringt zum Mittelpunkt der Erde vor, durchfährt die Meerestiefen im U-Boot, während Karl May einen regelrechten Pferde- und Naturkult betreibt. Winnetou schenkt seinem Blutsbruder Old Shatterhand den Hengst Swallow, Kara Ben Nemsi vermachen seine arabischen Freunde den Rappen Rih (Wind), Fabeltiere, die in höchster Not und Bedrängung Wunder bewirken, kluge, mitfühlende, furchtlose Wesen. Im Register des Karl-May-Handbuchs sind die Pferde mit einem »P« gekennzeichnet als »Person und Figur aus den Werken Mays«. Pferde waren für ihn auch nur Menschen.

Das esoterische Moment der Weltflucht und Naturreligiosität ist modern, ebenso wie die am Ende doch gar nicht so unwahrscheinlichen Ingenieursvisionen des Franzosen. Jules Verne und Karl May teilen das Los des Schriftstellers, den trotz oder wegen des Erfolgs die literarische Welt nicht ganz ernst nimmt. Jugendbuchautor, so lautet das Verdikt, obschon sie brillant mit großen Menschheitsfragen jonglieren. Verne berauscht sich in den »80 Tagen« – nicht ohne Ironie – an Dampfschifffahrtsplänen, Phileas Fogg feiert Orgien der Pünktlichkeit auf seiner rasenden Umrundung des Globus. Die ganze Zeit über bleibt er in der Kabine: »Die Stadt zu besichtigen kam ihm erst gar nicht in den Sinn, da er zu jener Sorte von Engländern gehörte, die die Länder, durch die sie reisen, von ihren Bediensteten besichtigen lassen.« Phileas Fogg gefällt sich als der ultimative Tourist, ganz bei sich, in einer Kapsel eingeschlossen, äußere Eindrücke ignorierend. Karl May, alias Kara Ben Nemsi, lässt Gottes weite Welt auf sich wirken, er kann sich nicht satt sehen an der Schöpfung, gibt sich der schaukelnden Bewegung hin. Und so beginnt der Roman »Am Jenseits« mit einer Rede Hadschi Halef Omars, in der er sich seine Traumreisen mit Kara Ben Nemsi ins Gedächtnis ruft. Die beiden sind in der Wüste, auf dem Weg nach Mekka. Wehmut klingt an, Veränderungen stehen bevor, die Schönheit der unendlichen Weite schmerzt, auch wenn Hadschi noch nicht wissen kann, dass es ihr letztes Abenteuer in der Wüste sein soll:

»Sihdi, es war doch immer wunderschön, wenn wir beide, auf unsern unvergleichlichen Pferden sitzend, so ganz allein, von keinem fremden Menschen begleitet, immer hinein in Allahs schöne Welt ritten, wohin es uns gefiel! Diese Welt gehörte uns, denn da wir keine Seele bei uns hatten, konnte niemand sie uns streitig machen. Wir taten, was wir wollten, und unterließen, was uns nicht gefiel; wir waren unsere eigenen Herren, denn wenn es jemanden gab, dem wir zu gehorchen hatten, so bestand dieser Jemand aus zwei Personen, nämlich aus mir und aus dir. Ich bin mir da oft als der Gebieter des ganzen Erdkreises vorgekommen und habe die unersteigbaren Höhen meines Ruhmes aus den Tiefen meines Selbstbewußtseins hervorgeholt, um in andachtsvoller Bewunderung an ihnen emporzuklimmen und dann fröhlich wieder herabzusteigen. Das konnte ich, weil wir allein waren und es also keinen unwillkommenen Störenfried gab, dem es einfallen konnte, ohne meine Erlaubnis und hinter meinem Rücken mit hinauf- und hinunterzuklettern. Ja, das war eine sehr, sehr schöne Zeit, in welcher wir erlebten, was kein anderer Mensch erlebt, und zwar nur deshalb, weil wir eben so allein waren und uns nur nach uns selbst zu richten brauchten. Ich sage dir, Sihdi, alle diese Taten und Begebenheiten sind rundum an den Wänden meiner innern Seele aufgeschrieben und mit unvergänglichen Pflöcken in den Boden meines Gedächtnisses eingeschlagen, wie man Pferde, Kamele und lebhafte Ziegen an Pflöcke bindet, wenn man befürchtet, daß sie über Nacht den ihnen angewiesenen Ort mit einem andern vertauschen wollen.«

Es folgt eine erregte Debatte zwischen Hadschi und seinem deutschen Freund über die Rolle der Frau. Hadschi hat von den neumodischen Eisenbahnen gehört, von Abteilen, wo Männer und Frauen beieinander sitzen, und will von Kara Ben Nemsi wissen, ob der Deutsche seiner Frau eine derartige Ungeheuerlichkeit gestatten würde. Die Antwort ist eindeutig ja, Hadschi fällt fast von seinem Reittier vor Entrüstung: »So verderbe Allah eure Eisenbahnen bis in den allertiefsten Abgrund der Hölle hinab!« Wenig später begeht der Araber eine Dummheit, er ist wieder einmal allzu geschwätzig, woraufhin Kara Ben Nemsi ihm für den Fall der Wiederholung mit dem Schlimmsten droht. Es geht um Hadschis Ehre: »Du weißt, daß ich in meinen Büchern auch unsere Reisen und Erlebnisse beschreibe. Du hast mich gebeten, dich ganz genau so zu schildern, wie du bist, um Allahs willen ja nicht anders.

Das habe ich getan, und nun kann jeder, der ein solches Buch in die Hand bekommt, nachschlagen und sich überzeugen, daß du mich immer hinter dich stellst, mich stets erst nach dir nennst.« Hadschi ist entsetzt: »Und jeder kann es lesen?« Kara Ben Nemsi dreht die psychologische Folterschraube weiter: »Meine Bücher befinden sich in mehr Händen, als du denkst. Hunderttausende haben es schon gelesen. (…) Was einmal im Buche steht, kann leider nicht daraus entfernt werden.«

Dieser Dialog gehört zu den eitelsten, ironischsten und schönsten Stellen im Werk Karl Mays. Er spielt sich in Kara Ben Nemsis Kleidern auf als berühmter und erfolgreicher Schriftsteller, verrät damit offensichtlich seinem arabischen Bruderherz ein Geheimnis und trifft mit ihm eine Vereinbarung. In Zukunft wird Kara Ben Nemsi nur »Kutub« sagen – Buch! –, um den redseligen Hadschi in einer gefährlichen Situation zum Schweigen zu bringen. Wahrhaftig ein Glaubensbekenntnis der Schrift. Das Buch ist die Reise, das Wort ist die Waffe, der entscheidende Sicherheitsabstand in kritischer Lage. Alles passiert im Kopf und in der Fantasie. Versprechen und Erfüllung fallen zusammen.

Karl May richtet sich häuslich ein in der Fremde, die er ja nur von daheim kennt. Die Ferne wird relativiert, riesige Distanzen überwinden sich spielerisch. Denn es ist ein Spiel, bei dem man jeden Moment aufbrechen, eine Abkürzung oder einen Umweg nehmen kann. Gustave Flaubert zehrt lange von seiner großen Reise in den Orient, die ihn von Oktober 1849 bis Juni 1851 nach Ägypten, Nubien, Palästina, Syrien und Libanon führt. Auf dem Heimweg schreibt er in einem Brief: »Nun ja, ich habe den Orient gesehen, aber ich bin deshalb nicht weiter, denn ich möchte wieder dorthin zurück. Ich habe Lust, nach Indien zu reisen, mich in der Steppe Afrikas zu verlieren und in den Sudan zu fahren, um die Jagd auf Neger und Elefanten zu sehen. Von allen Ausschweifungen ist Reisen die größte, die ich kenne: Sie wurde erfunden, nachdem man der anderen überdrüssig war. Ich halte sie für die Ruhe des Geistes und die Börse für schädlicher, als es der Wein oder das Spiel sein könnte. Der Anblick der Sphinx ist eine der schwindelerregendsten Wollüste meines Lebens gewesen, und wenn ich dort nicht umgekommen bin, so weil mein Pferd oder Gott es entschieden nicht gewollt hat.«

Forthin zieht Flaubert sich nach Croisset bei Rouen zurück, und keine Weltreisen mehr. Die Reisesucht verschonte ihn. Er verabscheut die Eisenbahn, die das Leben der Provinzler doch so viel komfortabler macht, verhasst ist ihm der blinde und naive Fortschrittsglaube. »Was nutzte wissenschaftliches Vorwärtskommen ohne moralisches Vorwärtskommen?«, wie Julian Barnes es in »Flauberts Papagei« formuliert. Für seine Liebesbeziehung mit Louis Colet erweist sich die Bahn freilich als ideal. Sie lebt in Paris, sie treffen sich auf halber Strecke. Die fantastischste amouröse Reise aber, die je einem Romanautor in den Sinn kam, und es gibt ja nicht so viele, die an Flaubert heranreichen, geht in einer Kutsche ab. Emma Bovary und ihr Geliebter fahren stundenlang durch die Stadt Rouen, im Stundenhotel auf Rädern, den Kutscher packt die nackte Verzweiflung. »Und im Hafen, zwischen Lastkarren und Fässern, in den Straßen, machten die Bürger große Augen beim Anblick dieses für die Provinz außerordentlichen Schauspiels: ein Wagen mit vorgezogenen Vorhängen, der immer wieder vorbeikam, versiegelt wie ein Grab und schwankend wie ein Schiff.«

Ob die Welt das Reisen erfunden hat oder das Reisen die Welt, die Frage kann zugunsten der Literatur beantwortet werden. Swifts Gulliver, Sindbad der Seefahrer, Lewis Carrolls »Alice im Wunderland«, der Baron Münchhausen, Poes Arthur Gordon Pym und seine »Fantastischen Fahrten«, sie alle segeln unter der Flagge, der Karl May folgt. Der Globus ist der Kopf. Zu Beginn des 19. Jahrhunderts bringt ein Engländer namens James Holman das fantastische Routennetz durcheinander. Er bereist Europa und Afrika, Indien und China, Brasilien und Australien. Daran ist selbst zu seiner Zeit nicht mehr allzu viel Ungewöhnliches, nur: Holman ist blind. Der Leutnant zur See verliert in jungen Jahren durch eine rätselhafte Krankheit sein Augenlicht, was ihn nicht davon abhält, sich als Reiseschriftsteller einen Namen zu machen. Bis 1834 erscheint sein »Voyage round the World« in vier Bänden. Seine Bücher galten als Abenteuererzählungen und wissenschaftliche Forschungsberichte zugleich. Holman hatte seine übrigen

Sinne beisammen und geschärft, allein, er sah die Länder und die Menschen nicht, wie andere sie sahen. Sein Sensorium lieferte ihm dennoch anschauliche Informationen und Eindrücke, was mit der Hellsicht des »inneren Auges« allein nicht erklärt werden kann. James Holman (1786 – 1857) bleibt eine Wundererscheinung. Wie verblasst dagegen Karl Mays Blindheitsmärchen aus frühen Kindertagen!

Jules Verne bohrt sich durch zum Erdkern, Pierre Loti versprüht seine Libido über alle sieben Meere, und Gustave Flaubert setzt Kutschfedern einem Dauerbelastungstest aus. Die literarischste aller literarischen Reisen, ein nachgerade postmodernrevolutionäres Büchlein erscheint aber bereits 1795 – an Konsequenz und Witz unübertroffen. Wieder ist es ein Franzose. Graf Xavier de Maistre, ein französischer Offizier, wird 1790 wegen eines Duells für 42 Tage unter Hausarrest gestellt. Er nutzt die Zeit, um sein Domizil zu erforschen, die eigenen vier Wände: »Eine paradiesische Gegend, die alle Güter und Schätze dieser Welt in sich birgt.« De Maistres »Voyage autour de ma chambre« bricht sämtliche Reiseweltrekorde, im Detail und en miniature. Bücher, Bilder, Möbel, jedweder Gegenstand eröffnet eine Welt, und in der sorgfältigsten, gelegentlich fast slapstickartigen Introspektion macht sich die Seele, das, was denkt und sieht und schreibt, vom Körper frei, dem »Anderen« im Zimmer. De Maistres Zimmerreise wird zur Mode, man kopiert und variiert seine geniale Idee. Cooks Entdeckungsreisen, jubelt de Maistre, seien ein glattes Nichts verglichen mit den Erlebnissen und Aufregungen in der eigenen Bibliothek. Sein ganzes Leben könne er dort in einem Taumel der Begeisterung verbringen ...

Die Welt erobern und sich nicht vom Fleck rühren ... Kontinente im Kopf, Gebirgsmassive, Wüstenmeere und Prärien auf dem Schreibtisch ... *the dark and bloody grounds*, Karl Mays Jagdgründe, die nur Kerzenlicht kennen, über denen nie die Sonne auf- oder untergeht ... Raketen und Unterseeboote, die noch gar nicht erfunden sind, aber durch die Tiefen des Weltalls und den Ozean rauschen ... Wenn es denn eines Freibriefs überhaupt bedarf, Xavier de Maistre hat der Imagination den schönsten ausgestellt.

KOLONIEN DER FANTASIE

Er sitzt im Gefängnis, als am 18. Januar 1871 in Versailles Kaiser und Reich ausgerufen werden. Karl May verpasst den Beginn eines beispiellosen Booms, erst drei Jahre später kommt er frei. Deutschland erlebt in der Wilhelminischen Epoche eine stürmische Entwicklung. Es sind Zahlen, wie sie heute nur China kennt. Von 1871 bis 1913 wächst die Bevölkerung im Deutschen Reich von 41 auf 68 Millionen Menschen. Bis zum Ersten Weltkrieg steigt die Steinkohleförderung von 26 auf 190 Millionen Tonnen, die Produktion von Rohstahl von einer auf 17 Millionen Tonnen, das Eisenbahnnetz im Deutschen Reich wächst von 19 000 auf 64 000 Streckenkilometer. Insgesamt versechsfacht sich die Industrieproduktion, nach der Jahrhundertwende treibt auch die militärische Aufrüstung die Konjunktur an. Deutschland steigt auf zur größten Industrienation Europas, der Ausstoß entspricht 15 Prozent der Weltproduktion. Nur die USA sind stärker.

Karl May als einen wilhelminischen Autor zu bezeichnen, klingt seltsam. Und doch ist er, viel mehr als bisher angenommen, ein Kind seiner Zeit, ein Musterkind, ein in höchstem Maße eigenwilliges allerdings. Ein Spätentwickler wie das Deutsche Reich. Das gemütliche Wort von der Gründerzeit verstellt den Blick. Der Historiker Michael Stürmer spricht von einem »vulkanischen Geschehen«. Großstädte greifen in die Landschaft aus, Großunternehmen formen den modernen Industriestaat. Und dann wollen die Deutschen mit mörderischer Geschwindigkeit auch noch den jahrhundertealten Vorsprung der anderen europäischen Mächte in Übersee aufholen. Kolonien müssen her, christlich-nationale Missionsgesellschaften haben aggressiv den Boden bereitet. 1884 übernehmen die Deutschen das Regiment in Südwestafrika, Togo und Kamerun. 1885 werden Ostafrika kassiert und Neu-Guinea. Kiautschou in China folgt 1897, wenig später

Samoa in der Südsee. Wirtschaftlich bringen die Kolonien nichts, das imperialistische Abenteuer zwingt den Staat in ein Minusgeschäft. »Die ganze Kolonialgeschichte ist ja Schwindel, aber wir brauchen sie für die Wahlen«, erklärt Reichskanzler Otto von Bismarck im September 1884 einem Vertrauten. Was an einen Satz erinnert, den Bismarck siebzehn Jahre zuvor geprägt hatte im Blick auf ein geeintes Reich: »Setzen wir Deutschland, sozusagen, in den Sattel. Reiten wird es schon können.« Das junge Deutsche Reich benimmt sich wie ein pubertierender Jugendlicher, dessen Kopf nicht mithält mit der Entwicklung der Extremitäten. Physisch ein Kraftprotz, mental noch in der Kindheit. Michael Stürmer schreibt über Wilhelm II. und dessen präpotente Protzerei: »Des Kaisers knabenhaft-leichtfertiges Spiel mit Schlachtflottenbau und maritimer Strategie aber konnte nur im Desaster enden. Es war der Großindustrielle Walther Rathenau, der nicht lange vor Ausbruch des Großen Krieges feststellte, die Deutschen kennten wohl die Landkarte, aber der Globus sei ihnen fremd.«

Von Kindertagen an begeistert sich Wilhelm, der künftige Kaiser, für den Schiffbau, er schwärmt für Seefahrergeschichten. Nach der Thronbesteigung forciert er sogleich Reformen in der Marine, die Flotte ist das majestätische Lieblingsspielzeug. Matrosenanzüge werden in der Bevölkerung populär. Über die politischen Hintergründe der Marinemanie schreibt Christopher Clark: »Mit seiner Forcierung des Flottenausbaus glaubte Wilhelm im Einklang mit der ›vernünftigen‹ nationalen Meinung zu handeln. Die Flotte eignete sich besonders gut für die Realisierung der Vision Wilhelms von einem erfolgreichen Monarchen: Im Vergleich zum Heer, das als borniert preußisch, aristokratisch und engstirnig in seinen Anschauungen galt, war die Flotte die Waffe des Reiches und der deutschen Nation, insbesondere der industriellen, wirtschaftsbürgerlichen und akademischen Mittelschicht.«

Auf den Kolonialschwindel folgt der Marineschwindel. Militärisch war England auf den Meeren ohnehin nicht beizukommen, doch der Ausbau der kaiserlichen deutschen Flotte musste auf die Nachbarstaaten bedrohlich wirken. Deutsche Vorherrschaft zur See, das blieb ein Hirngespinst. Eine wilhelminische Großmannssucht mit kindlichem Kern, eine Maskerade und Teil der imperialen Inszenierung. Wilhelm II. liebte es, mitten im Frieden als Kriegsherr zu posieren. Bis zu sechsmal am Tag wirft er sich in eine neue Uniform und lässt sich ausgiebig fotografieren. Wilhelm II. zelebriert einen Personenkult, wie er sich nachher bei den Diktatoren und Völkermördern des 20. Jahrhunderts aufgeblasen wiederfindet: Hitler, Mao, Stalin. Des Kaisers neuestes, schönstes Kleid ist der Marinedress. »Deutschlands Zukunft liegt auf dem Meer«, so lautet Wilhelms Ansage. Die modernsten Spielzeuge, die aus der Rüstungsindustrie kommen, sind Torpedos und U-Boote. Der Marinesoldat und Schriftsteller Gorch Fock beschreibt in seinem Roman »Seefahrt ist not«, erschienen 1912, die Großwetterlage: »Da kommt der junge Klaus Mewes. Er kommt vom Kriegshafen herüber, von den Torpedobooten. Er hat seinen Leutnant besucht. Sie waren zusammen in Ostafrika und halten noch jetzt viel voneinander. ›Klaus Mewes, wenn ich Sie ansehe, ist mir um die Wacht an der See nicht bange‹, hat der Seeoffizier zum Abschied gesagt und ernst hinzugefügt: ›Mehr als auf die Wacht am Rhein kommt es jetzt auf die Wacht an der See an. England ist Rom, und wir sind Karthago – goden Wind, Klaus Mewes!‹«

Karl May hält die Wacht am Lagerfeuer. War er ein unpolitischer Mensch? Ein guter kaiserlicher Untertan? Die zunehmende Allgemeinbildung, die Herausbildung breiter bürgerlicher Leseschichten, all das kommt ihm entgegen. Sein produktiver Fleiß, seine schriftstellerische Energie spiegeln den optimistischen Charakter der Epoche, die in wenigen Jahren so viele bahnbrechende naturwissenschaftliche und technische Innovationen hervorbringt. Es liegt nahe, Karl May als einen Feind oder Skeptiker des Fortschritts auszumachen. Er schreibt ja keinen Großstadtroman, seine Bücher handeln nicht von einem Hier und Jetzt, ihn zieht es zurück zur Natur und immer weiter fort, in unberührte Gegenden. In frühen Schriften aber preist er den Schotten James Watt, einen Pionier der industriellen Revolution. Und der Deutsche, den sie wegen seiner ungeheuren Körperkraft in Amerika Old Shatterhand nennen, arbeitet für die Eisenbahngesellschaft im Wilden Westen, ehe er die Seiten wechselt. Geldgierige Banditen ermorden Winnetous Vater Intschu tschuna und seine Schwester Nscho-tschi. Als Old Shatterhand die Lichtung erreicht, wo sich die herzzerreißende Szene abspielt, spricht Winnetou: »Mein Bruder Old Shatterhand sieht, was geschehen ist. Nscho-tschi, die schönste und beste der Apatschentöchter, wird nicht nach den Städten der Bleichgesichter gehen; es ist noch ein wenig Leben in ihr, aber sie wird wohl ihre Augen nicht wieder öffnen.«

Diese Todesmomente und Apotheosen sind eine große Spezialität Karl Mays und gleichsam auf die Seele der jungen Leser tätowiert. Sie wachsen mit, sie mögen verblassen, doch zu entfernen sind sie nicht. Das Verbrechen hat seinen unheiligen, verderbten Ort, es wohnt »in den Städten der Bleichgesichter«. Sie bringen den Tod. Karl May muss feststellen, dass der technische Fortschritt die Menschheit zwar zivilisiert, aber zugleich fordert die Zivilisation einen brutalen, hohen Preis, den die Indianer Nordamerikas bezahlen. In der Einleitung zu »Winnetou I« heißt es:

»Wollte der Rote sein gutes Recht geltend machen, so antwortete man ihm mit Pulver und Blei, und er mußte den überlegenen Waffen der Weißen wieder weichen. Darüber erbittert, rächte er sich nun an dem einzelnen Bleichgesichte, welches ihm begegnete, und die Folgen davon waren dann stets förmliche Massacres, welche unter den Roten angerichtet wurden. Dadurch ist er, ursprünglich ein stolzer, kühner, tapferer, wahrheitsliebender, aufrichtiger und seinen Freunden stets treuer Jägersmann, ein heimlich schleichender, mißtrauischer, lügnerischer Mensch geworden, ohne daß er dafür kann, denn nicht er, sondern der Weiße ist schuld daran. Die wilden Mustangherden, aus deren Mitte er sich einst kühn sein Reitpferd holte, wo sind sie hingekommen? Wo sieht man die Büffel, welche ihn ernährten, als sie zu Millionen die Prairien bevölkerten? Wovon lebt er heut? Von dem Mehle und dem Fleische, welches man ihm liefert? Schau zu, wie viel Gips und andere schöne Dinge sich in diesem Mehl befinden; wer kann es genießen! Und werden einem Stamme einmal hundert ›extra fette‹ Ochsen zugesprochen, so haben diese sich unterwegs in zwei oder drei alte, abgemagerte Kühe verwandelt, von welchen kaum ein Aasgeier einen Bissen herunterreißen kann. Oder soll der Rote vom Ackerbaue leben? Kann er auf seine Ernte rechnen, er, der Rechtslose, den man immer weiter verdrängt, dem man keine bleibende Stätte läßt?«

Hier ist einmal ein großes Indianerehrenwort fällig. Als man solche Klageschrift zum ersten Mal las, in jüngeren Jahren, da las man sie doch gar nicht. Die Buchstaben schon, nicht die Bedeutung. Karl Mays Bücher sind aber voll davon, und man kann sie doch überlesen. Der »Winnetou«-Zyklus ist nichts anderes als ein Neues Testament der Indianer mit einem roten Christus und das ganze Unternehmen nach Trapperart getarnt als »Reiseerzählung«. Eine Reise wohin?

Ein Paralleluniversum baut sich da auf. Während deutsche Kaufleute und Reeder – sie vor allem profitieren von der Landnahme – und Reichstruppen in Afrika landen, während die Kolonialbewegung das Reich erfasst, stößt ein einzelner Schriftsteller zunächst in den Orient, dann nach Nordamerika vor. Karl May errichtet Kolonien der Fantasie. Er schafft sich seinen eigenen Ausdehnungsraum, erschließt ganze Erdteile, und die Leser folgen ihm massenhaft. 1891 schließt er einen Vertrag mit dem Freiburger Verleger Friedrich Ernst Fehsenfeld. Damit ist er endlich auch in der literarischen Welt angekommen, bleibt aber dennoch zeit seines Lebens ein Einzelgänger. Die Münchmeyer'schen Kolportagequälereien gehören nun der Vergangenheit an, für eine Weile jedenfalls. Fehsenfeld hat als deutscher Verleger von Jack London, Robert Louis Stevenson und Rudyard Kipling einen hervorragenden Ruf. Die Verbindung mit Fehsenfeld ist Karl Mays schriftstellerische Reichsgründung – er kann sich zum Auflagenkönig krönen lassen mit den Insignien ernst zu nehmender Literatur und einem treuen Lesevolk. Sein luftiges Weltreich gründet von jetzt an auf einer zuverlässigen Basis. Die Buchausgaben bei Fehsenfeld behandeln Mays Texte nicht als Steinbruch, wie es bei Münchmeyer üblich war, sondern der Autor bestimmt, was gedruckt wird. Und Fehsenfeld vertraut seinem Autor, er hat ihn schließlich im Zeitschriftenmorast entdeckt. Er sieht nicht den geringsten Grund, an Karl Mays ausgedehnter Reisetätigkeit zu zweifeln, im Gegenteil: Fehsenfeld will beim ersten Treffen »den leichten

Schwung von Reiterbeinen« bemerkt haben, also ein »May-Leser comme il faut«, der alles für bare Münze nimmt, wie Hans Wollschläger feststellt.

In der wilhelminischen Zeit der Gründer und Erfinder greift auch der ehemalige Häftling nach den Sternen. Jetzt wachsen Karl May, Old Shatterhand und Kara Ben Nemsi zusammen. Ein Übermensch ist geboren. Und er will gepflegt sein. Die Rolle ist gefräßig, sie braucht ständig neues Futter. Einer staunenden und geneigten Öffentlichkeit erklärt Karl May, dass er sämtliche europäischen Sprachen spricht, dazu etliche Indianersprachen und -dialekte sowie Arabisch in allen möglichen Schattierungen. Für Postkarten legt er daheim in Sachsen Stiefel, Trapperkittel und Wild-West-Hut an und posiert mit Krummdolch und Kopftuch als Wüstensohn, die Waffe im Anschlag. Er misst 1,66 Meter und sieht auf diesen Travestiefotos tatsächlich wie aufs Podest gestellt aus. Lebendes Denkmal seiner selbst, dabei dem Kaiser mit seinem Uniformfetischismus nicht unähnlich. Karl I. – Wilhelm II.

Der Schriftstellermonarch kann sagen, wie einst Karl V., dass in seinem Reich die Sonne niemals untergeht. Er hält Hof. Der dreizehnjährige Egon Erwin Kisch trifft Karl May 1898 in Prag, und er meint das Folgende nicht ironisch:

»Sie alle kamen, den kühnen Prärichelden zu sehen. (…) Er machte uns geheimnisvolle Andeutungen über ein entsetzliches Ende, das Hadschi Halef Omar genommen habe, über eine Goldgrube, die er vor kurzem im Llano Estacado entdeckte, deren Ausbeutung aber gefahrdrohend sei. Mir, als Sprecher der Schüler, hat er zum Andenken ›Old Surehand‹, Band III, geschenkt. (…) In den Cordilleren, am Rio de la Plata, im Lande des Mahdi, im wilden Kurdistan, auf der Strecke von Bagdad nach Stambul, im Reiche des silbernen Löwen kannten wir uns unvergleichlich besser aus als in den inzwischen verblichenen, im damaligen Reichsrat vertretenen Königreichen und Ländern.«

Das Reich des Karl May überstrahlt den Machtbereich der Hohenzollern, es ist auch von längerer Dauer und im Grunde unzerstörbar. Kein Krieg kann es treffen, denn es ist nicht (ganz) von dieser Erde. Die Fantasiekraft seines Schöpfers nimmt gelegentlich bedrohliche Ausmaße an. Bei einem Vortrag in München – Lese-reisen in Deutschland hat er tatsächlich unternommen – soll Karl May 1897 gesagt haben: »Ich habe nur noch zwei große Lebenszwe-cke zu erfüllen – eine Mission bei den Apatschen, deren Häuptling ich bin, und eine Reise zu meinem Halef, dem obersten Scheik der Haddedihn-Araber. Dann aber werde ich vor den deutschen Kaiser treten: Majestät, wir wollen einmal miteinander schießen. Ich werde ihm meinen Henrystutzen vorführen. Derselbe wird in der gesamten deutschen Armee eingeführt werden, und kein Volk der Erde wird dann je den Deutschen widerstehen können.«

Was für ein unangenehmer Ton, was für eine schlechte und durchschaubare Angebernummer! Wenn die Quelle authentisch ist, die Christian Heermann in seiner Karl-May-Biografie zitiert, dann hat sich König Karl nicht mehr unter Kontrolle, das Leben in der Fantasieblase gibt ihn nicht mehr frei. Literatur und For-schung haben Karl May diverse Krankheitsbilder angehängt. Er sei manisch-depressiv gewesen, nichts Ungewöhnliches für einen Dichter und Schriftsteller, der seinen Erfolg verteidigt. Er habe an Pseudologie gelitten – auch keine Überraschung bei einem so kreativen, produktiven Menschen. Zur Pseudologie gehören krank-haftes Lügen, Geltungssucht, Hysterie, der Begriff wurde 1891 von dem Psychiater Anton Delbrück eingeführt. »Pseudologia phantas-tica«, eine narzisstische Persönlichkeitsstörung. Das passt ins Bild, in das Gesamtbild der Epoche. Die Frage, ob Wilhelm II. geistesge-stört war, diskutieren Historiker lang und breit, ohne dass es je eine überzeugende Antwort gegeben hätte. Bereits in den frühen Jahren seiner Regentschaft kursierten Gerüchte über Wilhelms psychische Verfassung: Er sei labil, neige zu exzentrischem Verhalten. »Cäsa-renwahnsinn« lautet der Titel einer Studie, die 1894 erscheint. Der Verfasser Ludwig Quidde, ein Politiker, Publizist und Friedens-kämpfer, schildert darin Leben und Untaten des römischen Kaisers Caligula – und zielt, was seinerzeit sogleich auffällt, auf Wilhelm II. Liest man im folgenden ausführlichen Zitat Karl May statt König oder Kaiser, trifft es ebenso, wenn nicht besser:

»Wir müssen uns vorstellen, wie der kaiserliche Akteur sich gleichsam selbst in die Stellung der dargestellten Gottheit hinein-

Macht und Maskerade: Kaiser Wilhelm II. im Kostüm eines Generalleutnants aus der Zeit Friedrichs II., 1892

schauspielerte. Es ist ja sehr merkwürdig, wie bei etwas krankhaft-phantastisch angelegten Menschen die Grenzen zwischen der Wirklichkeit und dem dargestellten Schein sich verwischen; zunächst spielen sie mit dem Gedanken, etwas mit der dargestellten Figur gemein zu haben, in Augenblicken besonderer Ekstase fühlen sie sich mit ihr eins, und bei ausgesprochener geistiger Erkrankung glauben sie schließlich dauernd mit ihr identisch zu sein. König Ludwig von Bayern hat gewiß, wenn er als Lohengrin auf seinem künstlichen See im Schwanennachen fuhr, auch Momente gehabt, in denen die Scheidung zwischen Darstellung und Wirklichkeit sich für ihn verwischte. (…) Und wenn nun noch das Auftreten vor dritten Personen und großen Volksmassen, der Wunsch, auf dieselben Eindruck zu machen, und das Bedürfnis, eine ganz unnatürliche Fiktion mit immer verstärkten äußeren Mitteln auf-

rechtzuerhalten, hinzukommen! Wer hat nicht schon Menschen
gekannt, die schließlich selbst glaubten, das zu sein und das geleis-
tet zu haben, was sie lange anderen und dann sich selbst vorge-
schwindelt hatten?«

Karl, Wilhelm und Ludwig in einem Boot? Syberberg würde
es gefallen. Die Wilhelminische Epoche lebt von der Selbstüber-
hebung, von der Vorstellung einer Nation, die jung ist und doch alt,
die rasend wächst und expandiert und sich berauscht an sich
selbst. Das weist schon den Weg in die Schützengräben, aber auch
ins Spirituelle. Der aggressive Zeitgeist verschont Karl May nicht.
Auch der Schriftsteller dehnt sein Ego ins Gewaltige, Überbordende, Entgrenzte. Doch Karl May will nicht Schiffe versenken, er
hat ein Gegenprojekt. Es ist ein Menschheitstraum. Nachdem er
seine Rolle gefunden und mit immer fantastischeren Mitteln aus-

zufüllen hat, macht er sich an die große Arbeit. Gott ist tot, sagt Friedrich Nietzsche. Karl May will Gott neu erfinden.

Winnetou stirbt für sein Volk, für den Frieden. In seinen letzten Momenten hört er aus dem Mund der Siedler das von seinem Blutsbruder gedichtete »Ave Maria«, dann haucht er mit einem Glaubensbekenntnis sein irdisches Leben aus: »›Schar-Iih, ich glaube an den Heiland. Winnetou ist ein Christ. Lebe wohl!‹ Es ging ein konvulsivisches Zittern durch seinen Körper; ein Blutstrom quoll aus seinem Munde; der Häuptling der Apatschen drückte nochmals meine Hände und streckte seine Glieder. Dann lösten sich seine Finger langsam von den meinigen – er war tot!« Old Shatterhand fasst sich schnell, er ist schließlich von Hause aus Schriftsteller: »Was soll ich weiter erzählen? Die wahre Trauer liebt die Worte nicht! Käme doch bald die Zeit, in der man solche blutige Geschichten nur noch als alte Sagen kennt!« Ein charakteristischer Karl-May-Trick: Soeben hat er doch eine Sage, einen Mythos geschaffen: das Heldenlied vom edelsten aller Menschen. Vom Apatschenhäuptling, der zum Christentum konvertiert.

Auf »Winnetou III« folgt eine recht chaotische Apostelgeschichte. Dreibändig geht es ins »Reich des silbernen Löwen«. Nach einer Episode im Westen zieht es Shatterhand wieder nach Arabien. Er legt das Kara-Ben-Nemsi-Kleid an. Karl May stellt höchste Ansprüche an seine Leser. Wer soll diese Odyssee über mehrere Kontinente auch nur für halbwegs realistisch und selbst erlebt halten? 1898 erscheint die »Reiseerzählung«, die den Orientzyklus beschließt: »Am Jenseits«. Ein seltsames Buch. Arm an Handlung, reich an Gleichnissen und übersinnlichen Betrachtungen. Mittendrin heißt es: »Die Kunst ist nur dann wirkliche Kunst, wenn sie nach dem Edlen auch auf edlem Weg strebt.« Der edle Pfad der Fantasie – so lange ihm selbst dabei nicht schwindlig wird! Wie ein Schlafwandler bewegt er sich »Am Jenseits« durch die nächtliche Wüste. Die Hauptfigur ist ein alter Mann, der lebendig begraben wurde und den Kara Ben Nemsi ins Leben zurückholt. Ein blinder Seher in Trance. Karl May rauchte Zigarren, er bevorzugte die Nacht zum Schreiben, davon war schon zu Beginn die Rede, putschte sich auf mit Schlafentzug – hier lässt sich die hellsichtige Erschöpfung mit Händen greifen, die Wunderbilder der Askese. Im Wüstengebirge *sieht* Kara Ben Nemsi die »Waage der Gerechtigkeit« und die Brücke zum Jenseits. Die Seelen werden hier gewogen. Die »Paschas und Sultane des Mammons«, die »Herren der Feder, der Literatur, die Zeitungskönige«, die »Helden der Phrase«, sie alle werden jetzt aussortiert, es kommen nur die Demütigen, die Bescheidenen durch. Gottes Urteil dreht die himmelschreiend ungerechten irdischen Verhältnisse um. Unübersehbar die Leihgaben aus Dantes »Göttlicher Komödie«. Und Hadschi Halef Omar ist des deutschen Reiseschriftstellers Beatrice!

Das Buch vom Jenseits atmet Endgültigkeit, aber wenig später geht es schon wieder auf große Reise. Von Kairo aus begibt sich der Erzähler nach Fernost, nach China. Der Roman »Und Friede auf Erden« – wieder als »Reiseerzählung« deklariert – hält einige Überraschungen bereit. Diesmal kann Karl May Land und Leute aus eigener Anschauung schildern, seine erste große Auslandsreise hat ihn 1899/1900 bis nach Ceylon und Sumatra geführt. Tatsächlich macht sich ein stilistischer Unterschied kaum bemerkbar. Er meint es gut mit den exotischen Menschen, er wettert gegen den europäischen Imperialismus und Rassismus. Die Asiaten aber bleiben Statisten oder werden, wie Winnetou, zu edlen Seelen überhöht. Neu ist etwas anderes: Nicht Kara Ben Nemsi geht an Bord, sondern Karl May selbst, freilich inkognito. Er will nicht erkannt werden als der berühmte Schriftsteller, der er nun einmal ist. Ohne seine wahre Identität preiszugeben – aber was ist bei ihm schon *wahr* –, genießt er die gepflegte Konversation mit anderen Passagieren, vor allem mit dem verbohrten Missionar Waller und dessen Tochter Mary. Nicht ahnend, wen sie vor sich hat, bezeichnet Mary Karl May als ihren Lieblingsschriftsteller. Die junge Dame wünscht sich sehnlichst, dessen jüngstes Werk zu lesen, »Am Jenseits«. Zufällig hat der freundliche Unbekannte ein Exemplar in der Kabine.

»Und Friede auf Erden« darf als radikalstes Werk Karl Mays gelten. Er spricht offen politisch, attackiert die deutsche Kolonialpolitik, die europäisch-amerikanische Zivilisation schlechthin.

Eine flammende antiwestliche Rede legt er seinem chinesischen Freund in den Mund:

»Wir haben asiatische Völkerschaften bei uns aufgenommen, welche noch heut bei uns wohnen, obgleich sie anderen Glaubens sind. Wir haben auch mit den Christen den Versuch gemacht. Sie wurden willkommen geheißen. (...) Wie aber dankten sie uns? Heut hatten wir sie bei uns aufgenommen, und schon morgen griffen sie gierig in unsere Herzen, um sich nicht nur in unserm Lande und in unsern Städten, sondern auch in unserm Himmel einzunisten. Sie, die wenigen Fremden, die sich daheim ihres Glaubens wegen selbst bitterlich hassen und bekämpfen; sie, die ihre gepriesene Zivilisation seit Anbeginn bis auf den heutigen Tag mit dem Blute ihrer eigenen Brüder düngten; sie, deren angebetete Weltweisheit nicht weitergekommen ist, als nur zu der Behauptung, daß kein Gott die Welt regiere; sie, deren so laut ausposaunte Humanität nichts als nur der verkappte Egoismus ist; sie, deren staatliche Konstitutionen so vom Anarchismus, Nihilismus, Sozialdemokratismus und anderen Krankheiten, von denen wir uns frei gehalten haben, zerfressen sind, daß sie sich ihrer kaum erwehren können: sie kommen zu uns, die wir Hunderte von Millionen zählen und eine fünftausendjährige Geschichte und Kultur besitzen, und wollen uns zwingen, unsere Religion ihren haßerfüllten Konfessionen zu opfern; sie legen mit ihren Kanonen unsere Türme, Mauern und Häuser in Trümmer, um uns ihre bessere Bildung und Gesittung beizubringen; sie verlangen von uns, an Stelle unserer bewährten Philosophie die ihrige zu setzen. (...) Sie nennen uns Heiden, ohne zu bedenken, daß unser Recht, auch sie als solche zu bezeichnen, viel größer als das ihrige ist.«

Die Christen treten auf als mörderische Missionare, denn sie haben ihre eigene Religion nicht begriffen. Sie wissen nicht, was Liebe ist. Seite um Seite füllt Karl May mit pazifistischen Predigten, er lässt jede Zurückhaltung fallen. Der Roman steht wie ein Manifest.

»Und Friede auf Erden« ist aber auch das eitelste Buch Karl Mays. Ständig kokettiert der Reisende mit seiner Identität, er packt auch mal die Faust Old Shatterhands aus, wenn es darum

geht, besoffene Engländer abzufertigen, die rassistisches Zeug grö-
len, er diskutiert mit einem noblen Freund über seine Bücher, und
er liefert überdies eine Anleitung, wie die Biografie eines berühmten Dichters zu schreiben sei. Nicht in der Kindheit und Jugend,
in den »winzig kleinen Verhältnissen«, aus denen so manche Geis-
tesgröße hervorgekommen sei, soll der Leser herumwühlen. Denn
selbst der »edelste der Steine, der Diamant«, strahle in einem
»geliehenen Licht«, nicht aus sich selbst heraus. Mit einem Wort:
Allein göttlicher Gnade verdankt sich wahre Dichtung. Der Roman gibt dafür ein leuchtendes Beispiel. Ein Gedicht bringt Waller, den verblendeten Missionar, auf den rechten Weg. Ein Gedicht, das von den Pyramiden in Gizeh bis zu den Häfen Chinas
durch das Friedensbuch geistert, ein *deus ex machina* für den mä-
andernden Roman. Die Verse stammen, überflüssig zu sagen, aus
der Feder des großen Reisenden:

> Tragt euer Evangelium hinaus,
> doch ohne Kampf sei es der Welt beschieden!
> Und seht ihr irgendwo ein Gotteshaus,
> so stehe es für euch im Völkerfrieden.
>
> Gebt Liebe nur, gebt Liebe ganz allein;
> Lasst ihren Puls durch alle Länder fließen!
> Dann wird die Erde Christi Kirche sein
> Und wieder eins von Gottes Paradiesen.

»Und Friede auf Erden« war ein pazifistischer Fremdkörper, eine
ungeheure Provokation, die Karl May 1901 für den patriotischen
Sammelband »China. Schilderungen aus Leben und Geschichte,
Krieg und Sieg. Ein Denkmal den Streitern und der Weltpolitik«
ablieferte. Das Machwerk feiert die Strafexpedition der europäischen Kolonialmächte, Japans und der USA gegen die Chinesen
nach dem Boxeraufstand. Das Buch strotzt vor Menschenverach-
tung und Herrenrassenstolz. Wenn Bücher töten können, dann ist
dieser Band Vorbereitung und Legitimation von Völkermord. Kaiser Wilhelm II. hatte mit seinem Gruß an das Expeditionskorps

den Ton vorgegeben. Des Kaisers Aufforderung zum Völkermord, nassforsch und ultranationalistisch, ging als »Hunnenrede« in die Geschichte ein: »Eine große Aufgabe harrt eurer: ihr sollt das schwere Unrecht, das geschehen ist, sühnen. Die Chinesen haben das Völkerrecht umgeworfen, sie haben in einer in der Weltgeschichte nicht erhörten Weise der Heiligkeit des Gesandten, den Pflichten des Gastrechts Hohn gesprochen. Es ist das um so empörender, als dies Verbrechen begangen worden ist von einer Nation, die auf ihre uralte Kultur stolz ist. Bewährt die alte preußische Tüchtigkeit, zeigt euch als Christen im freundlichen Ertragen von Leiden, möge Ehre und Ruhm euren Fahnen und Waffen folgen, gebt an Manneszucht und Disziplin aller Welt ein Beispiel. Kommt ihr vor den Feind, so wird derselbe geschlagen! Pardon wird nicht gegeben! Gefangene werden nicht gemacht! Wer euch in die Hände fällt, sei euch verfallen! Wie vor tausend Jahren die Hunnen unter ihrem König Etzel sich einen Namen gemacht, der sie noch jetzt in Überlieferung und Märchen gewaltig erscheinen läßt, so möge der Name Deutscher in China auf 1000 Jahre durch euch in einer Weise bestätigt werden, daß es niemals wieder ein Chinese wagt, einen Deutschen scheel anzusehen!«

Der Beitrag Karl Mays erscheint unter dem Titel »Et in terra pax« in der blutrünstigen Chinaschwarte. Herausgeber und Verlag gelingt es nicht, den Autor zur Abgabe eines anderen Textes zu bewegen. Er duldet keine Änderungen und Kürzungen. Auf das Ansinnen, »verständlicher« und »packender« zu schreiben, also ein bestimmtes Karl-May-Klischee zu erfüllen, reagiert er nicht. Bis zuletzt sieht er die Druckfahnen persönlich durch. Karl Mays Popularität ist zu groß, als dass der Verlag auf ihn verzichten könnte oder wollte. In einem Vorwort warnt der Herausgeber, dass Karl Mays Erzählung einen »etwas anderen Inhalt und Hintergrund« habe als »geplant und erwartet«. Seine Friedensgedanken würden gewiss auch bei vielen Lesern Anklang finden.

1904 erscheint die Chinageschichte mit deutschem Titel und um neue, lange Passagen ergänzt als Buch bei Fehsenfeld: »Und Friede auf Erden!« Mit einem Ausrufezeichen, das in späteren Ausgaben wieder verschwindet. 1938 erlebte der Roman eine nationalsozialistische Revision. Klara May, seine zweite Ehefrau, hatte die Idee, »Hitler zum idealen Friedensverkörperer im Sinne Mays zu machen« und das Kreuz des Friedens, das christliche Symbol, das im Roman in der Sonne über dem Schloss eines humanistischen Wohltäters auferscheint, in ein Hakenkreuz zu verwandeln, wie Martin Schenkel und Dieter Sudhoff im »Karl-May-Handbuch« ausführen.

Die Figuren von Vater und Tochter Waller werfen ein Licht auf Karl Mays Leidensgeschichte, die er so sorgfältig verbirgt und verschlüsselt. Der hartherzige Missionar kann nur gerettet werden, weil ein völliger seelischer und körperlicher Zusammenbruch die Dämonen vernichtet und ein neues Leben eröffnet. Mary ist schon heilig und eben auch unantastbar. Jeder andere Romancier hätte sich und seinem Protagonisten wenigstens die Möglichkeit einer kleinen Mesalliance auf der großen Reise gegönnt. Junges, verträumtes Mädchen aus gutem Haus, alternder Intellektueller, das ist ein Stoff, aus dem Romane sind. Nicht bei Karl May. Schon die Namensgebung Mary/Maria verbietet jeden erotischen Gedanken, mag die Jungfrau, die Gottesmutter auch noch so charmant und verführerisch unschuldig sein.

EMMA, DIE LIEBE, DAS INFERNO

Karl May als Liebhaber? Was für ein verwegener Gedanke. Die Fantasie blockiert. Es funktioniert ebenso wenig wie bei den eigenen Eltern, sich Karl May in seinem oder überhaupt einem Liebesleben vorzustellen. Winnetous geistiger Vater im Bett, bei der Verrichtung dessen, was Graham Greene in dem Roman »Brighton Rock« als »Furcht erregende allwöchentliche Leibesübungen« beschreibt? Karl May fest im Sattel, auf dem Rücken stolzer Pferde, das hat schon Erotik, aber Karl May entblößt, in den Armen einer Frau? Es will nicht angehen. Man fühlt sich bei Karl May umgeben von einem geschlechtslosen Raum. Dieser Raum mag in Bewegung sein, verschiedenartige Formen annehmen und fragil konstruiert wirken wie alles Erhabene. Auf jeden Fall führt kein einfacher Weg hinaus oder hinein. Wenn er nicht am Schreibtisch reitet und streitet, kümmert er sich ums Geschäft. Mit dem hart erkämpften Erfolg kommen Verpflichtungen, er hält Vorträge, kämpft mit der Presse und den Verlegern. Die Firma Karl May funktioniert als Ein-Mann-Industriebetrieb, rund um die Uhr. Die menschliche Schreib-Maschine steht nicht still. In der zweiten Hälfte seines Lebens ist Karl May durchaus ein verheirateter Mann, nur ist diese Ehe – in seinen Augen jedenfalls – vor allem eine Schriftstellerehe. Dieser geschlechtslose Raum umfasst Bücher und Zigarren, eine benebelte mythologische Sphäre.

Zu seinen allerersten Arbeiten als Autor und Redakteur gehört »Das Buch der Liebe«, es erscheint 1876 beim Kolportagekönig Münchmeyer, allerdings ohne Autorennamen. Karl May bleibt im Hintergrund. Das dicke Buch, als Aufklärungswerk gedacht, basiert auf zwei Münchmeyer-Bänden, die verboten waren: »Die Geheimnisse der Venustempel aller Zeiten und Völker«, eine Kulturgeschichte der Prostitution, und »Die Geschlechtskrankheiten und ihre Heilung«. Es war Karl Mays Aufgabe, die indizierten, verbrämt-voyeuristischen Werke zu entschärfen. Das liest sich zum Beispiel so: Beim »bekannten Mechanismus« des Begattungsakts finden »die beiderseitigen Geschlechtsorgane diejenige Vereinigung, deren Art und Weise von der Natur dem Menschen durch die Gestaltung der betreffenden Organe deutlich gezeigt und vorgeschrieben ist«. Der anonyme Oswalt Kolle des jungen deutschen Kaiserreichs drückt sich um die Sache herum, flüchtet ins Beamtendeutsch und ergeht sich in religiös-philosophischen Betrachtungen über die göttliche Liebe und die vielfältigen Naturerscheinungen im esoterischen Sound der »Geographischen Predigten«. Man stößt da früh auf eine spirituelle Distanz zur Sexualität, die in späteren Jahren in Ekel umschlägt: »Damals gab Münchmeyer ein Buch heraus, der ›Venustempel‹ genannt, mit den scheußlichsten Texten und Abbildungen. Nie in meinem Leben habe ich etwas so schandbar Gemeines gesehen! Aber Münchmeyer las es, seine Frau las es und seine Kinder lasen es und freuten sich über die nacktgemalten Geschlechtsteile und Brüste. Die Folge war, daß der ältesten Tochter des Nachts die Hände gebunden werden mußten, damit sie sich die Onanie abgewöhne. Und von der Schwester der Frau Münchmeyer erzählten sich die Arbeiter und Arbeiterinnen, daß sie sich des Abends vor dem Schlafengehen bei Licht die Filzläuse von den dicken Beinen gelesen habe; man hatte sie von den gegenüberliegenden Fenstern aus beobachtet.« Er kann saftig schreiben, zumal im Hass auf seinen früheren Verleger. Und wieder will sich körperliche Liebe nicht vom Akt des Schreibens trennen. In seinem geschlechtslosen Raum scheint Karl May – hoch zu Ross – allein mit seinem Schreiben physisch verbunden zu sein, mit den abstinenten Kreaturen seiner Fantasie.

Jeffrey Eugenides hat in seinem Roman »Middlesex«, der 2002 erschien und ein internationaler Bestseller war, die Geschichte von Calliope/Cal erzählt, einem griechisch-amerikanischen Pseudohermaphroditen, einem intersexuellen Wesen; Beziehungen mit Männern und mit Frauen führen ihn und sie an eine unüberwindliche Grenze, ein unaussprechliches Geheimnis. Auch wenn der Vergleich verführerisch ist: Winnetou, den die einschlägige Literatur als Karl Mays »Wunsch-Ich« betrachtet, gehört zu einem anderen Stamm – mit seinem »sammetweichen Auge«, seinem »jugendlichen, schönen Gesicht«. Er war, heißt es bei der ersten Begegnung mit Shatterhand, »grad so jung wie ich, und doch mir so überlegen!« Und »gewiss hätte ihn manche Dame um dieses herrliche, blauschimmernde schwarze Haar beneidet«. Winnetou ist die Lichtgestalt einer künstlichen Welt, in der Geschlecht und Trieb umgangen werden. Diese Welt mag so realistisch sein wie die Blaue Blume der Romantik, aber warum sie zerstören? Karl May erspart seinen Helden Leid und Lust, und will man bei ihnen eine andere Liebe als die göttliche und die brüderliche aufspüren, steht man allein auf der Prärie. Die *wollen* nicht. Ob sie auch nicht *können* oder *dürfen*, ist eine triviale Fragestellung. Von Hause aus sind diese Männer so ausgestattet, dass sie sich allein in (neuen) Büchern und (fortgesetzten) Abenteuern reproduzieren. Sie zielen auf Unsterblichkeit. Winnetou stirbt einen großen Tod – um wieder aufzuerstehen. Jener kleine Tod, wie Georges Bataille den Orgasmus nennt, führt vom Weg ab. *Post coitum omne animal triste?* Der schöne Indianerhäuptling erscheint traurig-ernst ohnedies, wie eine Märtyrerfigur.

Das feminine Mannsbild Winnetou treibt freilich die sterblichen Geister um. Carl Zuckmayer war noch als erwachsener Mann und erfolgreicher Dramatiker so beseelt von der Karl-May-Lektüre, dass er seine 1926 geborene Tochter Maria Winnetou nannte. Für einen Jungen war der Vorname des Apatschenhäuptlings einmal eine schöne Extravaganz und gar nicht selten, für ein Mädchen hat Winnetou etwas Apartes-Zartes, die Wahl eines Dichters. Mit Brachialgewalt reißt Arno Schmidt in seiner Studie »Sitara und der Weg dorthin« (1963) Karl Mays poetische Gespinste auseinander. Er will beweisen, wie ein verklemmter Schwuler sich selbst und seine Leser weidlich verarscht. Die Penetranz der vierhundertseitigen »Sitara«-Exegese analer Landschaften und eindringlicher Metaphern fällt auf Schmidt zurück: Hier hat einer in der Tat, oder besser in Wort und Schrift, schreckliche Probleme mit seiner Homosexualität, aber das ist nicht unbedingt Karl May. Als Zettel-Onkels Pornografentraum erschien, war Karl May ein halbes Jahrhundert tot – und die Moral der Adenauerzeit so eng und bedrückend wie die wilhelminische.

Ein freies Leben ohne Sex? Ist ein Schriftsteller überhaupt ernst zu nehmen, der um die körperliche Liebe, um die Liebe überhaupt einen weiten Bogen macht, abgesehen von einigen frühen Kolportagewälzern, die ihm später dann auch noch um die Ohren gehauen werden? Winnetous Schöpfer hat sich so eng verbunden mit seinem Indianer-Adam, dass kein Platz ist für eine Eva.

1912, im Todesjahr Karl Mays, erscheint »Der Tod in Venedig« von Thomas Mann. Der alternde Schriftsteller Gustav von Aschenbach erlebt auf seiner letzten Reise den Schock der Schönheit, die »reine Vollkommenheit«, den »Rausch«. Ein Knabe im Matrosenkostüm offenbart ihm ein nie geahntes Glück, das auch gar nicht erreichbar sein will – und er begreift lustvoll schmerzlich die Vergeblichkeit einer erfüllten, ruhmreichen Schriftstellerexistenz. Thomas Manns Novelle hat ihre legendäre Bedeutung vor allem dadurch erlangt, dass in ihr der innere Mechanismus der abendländischen Kultur enthüllt wird: Es ist die Sublimierung, Verleugnung und Erhöhung der Sexualität. Die Kunst ist dafür das feinste Werkzeug, die Oper noch mehr als die Literatur. Als Luchino Visconti den »Tod in Venedig« verfilmte, eigentlich neu schuf, wurde aus dem Schriftsteller von Aschenbach ein Komponist. Viscontis Film entstand 1971, und es gibt da eine schöne Parallele. Auch die Bekanntschaft mit Thomas Mann haben wir zunächst im Kino gemacht, wie bei Karl May, und es war schon die Zeit, als wir Karl May schließlich auch zu lesen begannen und es sich ergab, dass diejenigen, die dann schon eine Freundin hatten, bald die Karl-May-Bände beiseite legten. Rockmusik und Mädchen versprachen die besseren Abenteuer. Aufklärung in der Schule oder gar im Elternhaus ging ähnlich vonstatten wie im »Buch der Liebe«: abstrakt-mechanisch, quälend peinlich, mit doppeltem Schuldbewusstsein. Es war alles längst bekannt, was einem in geschraubten Erzählungen und fadenscheinigen Erklärungen im Grund doch nicht nahegebracht wurde. Der Schlüssel liegt hier. Karl May steckt tief im Kindheitskomplex, ein Desperado ewiger Kindheits-

und Jugendgründe. So bleibt er womöglich ein Leben lang persönlicher Lese-Besitz, während die Thomas und Heinrich Manns, die Brechts und Schillers von außen kamen, mit schulischer Pflicht und einem eher unangenehmen Bildungsdruck. Ein Thomas Mann, fremd und ausgewachsen, gehört schon sprachlich ferneren Gesellschaftsschichten an, taucht riesengroß auf als *Literatur* und als Autorenpersönlichkeit mit Familie, Hintergrund und Geschichte, mit Werk und Wirkung. Ein Dreizehn-, Vierzehnjähriger sublimiert nicht. Ein Karl May will keine unterdrückte Sexualität veredeln. Er hat etwas anderes vor. Ausreißen, Freunde finden, Pferde reiten, draußen schlafen in freier Natur, am Tod schnuppern, die Welt retten. Sex ist nicht alles: für einen Pubertierenden eine verführerische, verblüffende und dankbar aufgenommene Botschaft.

In der Sekundärliteratur, die ihren Gegenstand noch stets an Prüderie übertrifft, herrscht Einigkeit: Viel war da zunächst nicht mit Mädchen. Die Karl-May-Forschung weist sich meist durch verbissene Hobby-Detektivarbeit aus. Der eine will nachgewiesen haben, dass May kurz nach der Entlassung aus Waldheim, also um 1875, eine Beziehung mit einer Minderjährigen hatte. Schön sei sie gewesen, »abenteuerlich veranlagt« und eine Zeitlang seine Sekretärin (mit sechzehn, siebzehn Jahren!). Der andere hat eine Affäre mit einem Dienstmädchen herausgefunden, aus der sogar ein Kind stammen soll. Beweise gibt es nicht, bloß schwache Indizien. Und so bleibt von diesen amourösen Geschichten nichts als Nachrede, die ja nicht unbedingt übel sein müsste – warum hätte er sich denn nicht nach langem Gefängnisaufenthalt umschauen sollen? Alles andere wäre doch zu seltsam. Ein Mönch, bei seiner Renommiersucht? Der geschlechtslose Raum ist ja auch eine Fiktion – wobei Mays Fiktionen nicht nur ihn selbst, sondern eine riesige Leser- und Gefolgschaft nachhaltig überzeugt haben.

Ist es wichtig, wie oft und wann und wann zuerst Karl May gevögelt hat? Die grobe Richtung zu kennen, hilft schon weiter. Man läuft sonst Gefahr, die ohnehin flache Karl-May-Rezeption fortzuschreiben und über die Zeiten hinweg Blutsbrüderschaft mit einem Autor zu schließen, der eben das wollte: unberührbar sein bis zur Unkenntlichkeit. Die Angst, erkannt zu werden, ist wörtlich zu nehmen. Denn er wurde verfolgt, verhaftet, verurteilt, eingesperrt, und wie oft! Zuletzt passiert ihm das noch einmal im Jahr 1879, als er sich als höhere Amtsperson ausgibt, um einem Verwandten seiner späteren Frau Emma Pollmer aus der Klemme zu helfen. Die kleine Köpenickiade bringt ihm noch einmal drei Wochen im Gefängnis des Gerichtsamts Hohenstein-Ernstthal ein. Er erholt sich schnell. Fortan lässt er sich nicht mehr beirren. Der so genannte Fall Stollberg ist in einer Publikation des Karl-May-Verlags Bamberg vollständig dokumentiert. In dem Aktenwust findet sich auch ein Gedicht, das May zum Geburtstag des Königs Albert von Sachsen verfasste; die triefenden patriotischen Verse verhalfen seinem Gnadengesuch allerdings nicht zum Erfolg. Wieder türmen sich Papierberge auf. Es ist frustrierend zu beobachten, wie Karl May ein ums andere Mal fortgezogen wird von den Amtsschimmeln. Das nimmt in seinen späten Jahren, in den Ehrenprozessen, noch viel schlimmere Ausmaße an – die Mutation eines Menschen, der sich Karl May nennt, zu einer juristischen Person, zu einem Körper, tätowiert mit Paragrafen und Beschlüssen. Und es hat früh angefangen mit der polizeilichen Abstempelung des fantasiebegabten Individuums. Ein langer Weg ist es vom Knastbruder zum Blutsbruder. Das Gefängnis ist als Institution die Verneinung des Geschlechts schlechthin und eine Aufforderung zum Verbotenen. Arno Schmidts wahnsinnige Intervention – er liest Karl Mays gesamtes Werk als verstecktes schwules Manifest, Rute um Rute, Futteral um Futteral – hat das Tabu noch bekräftigt.

Erschreckend klein bleibt Karls Welt. Der Neunzehnjährige fliegt aus dem Schuldienst, weil der Junglehrer mit seiner ebenfalls neunzehnjährigen, verheirateten Wirtin etwas gehabt haben soll. Nur ein »Ulk«, heißt es in der Biografie aus dem Karl-May-Verlag. Niemand scheint ihm irgendetwas Erotisches zu gönnen. Die Strafe folgt stets auf dem Fuß, auch wenn sich *nichts* ereignet hat. May selbst folgt dieser Logik, im Grunde gibt er sie vor. Nur keine Lebens- und Sinnenfreude! In den Reiseerzählungen, schreibt er, soll der Leser erfahren, »wie die Anima sich in Seele und Geist verwandelt«. Eben so, wie der Züchtling May es mit sich angestellt hat im Gefängnis, wie er zugerichtet wurde. Dass Karl May in seiner langen Haftzeit Erfahrungen mit Männern gemacht hat, davon kann man ausgehen; wie denn auch nicht. Es ist keine Frage der Moral, vielmehr ein Faktum für das weitere Leben. Als er Mitte 1876 in Hohenstein-Ernstthal Emma Lina Pollmer kennenlernt und sich in sie verliebt – er ist jetzt bald Mitte Dreißig –, da hat er ein lustvolles, selbstbestimmtes Liebesleben noch vor sich oder die Möglichkeit dazu. Er hat sexuell noch nichts erlebt, was an die Begegnung mit Emma heranreicht. Weit öffnet sich der geschlechtslose Raum.

Emma könnte einem Kolportageroman entsprungen sein. Ihre Mutter stirbt bald nach der Geburt, der Vater hat sich aus dem Staub gemacht, das uneheliche Kind wächst beim Großvater auf. Er ist Barbier in Hohenstein, sein kleiner Laden am Markt eine Anlaufstelle im Ort. Bald kommen die Kunden nicht nur, um sich die Haare und Bärte scheren und Zähne ziehen zu lassen. Sie wollen das hübsche Mädchen sehen, das dem alten Christian Gotthilf Pollmer zur Hand geht. Emma, geboren am 22. November 1856, ist neunzehn und gilt als umschwärmte Dorfschönheit, als Karl auftaucht. Sie wird als gut geformte junge Frau mit sinnlicher Ausstrahlung beschrieben. Genaueres liefern die männlichen Quellen nicht. Karl will aber auch ihre ruhige, ernsthafte Art geschätzt haben. Emma und ihr Großvater kennen die Zeitschriftenaufsätze des nach Hause Zurückgekehrten, und selbstverständlich – Dorfklatsch vergisst nicht – ist auch seine Gefängniskarriere bekannt. Anfangs hat der Barbier nichts gegen die Beziehung einzuwenden, doch als Karl um Emmas Hand anhält, blitzt er glatt ab. Das Paar lässt sich nicht aufhalten. Im Mai 1877 richten sich Emma und Karl eine gemeinsame Wohnung in Dresden ein. Sie treten dort als Eheleute auf. Ein gutes Jahr später ziehen sie nach Hohenstein zurück, denn der alte Pollmer ist gesundheitlich angeschlagen und braucht Hilfe. Sie wohnen am Markt, unterhalb der Kirche. Im Mai 1880 stirbt der Großvater, Karl May ist gerade von »einer meiner Reisen« zurückgekehrt. Im August heiraten sie. In diesem Jahr erscheint Kürschners Literaturkalender mit folgendem Eintrag: »May, Dr. Karl, Journalist, Redakteur, Hohenstein-Ernst-thal«. Der fingierte Doktortitel macht sich gut, das Schreibgeschäft läuft ohnedies. Um diese Zeit tritt zum ersten Mal Old Shatter-hand in einer Erzählung für den »Deutschen Hausschatz« in Er-scheinung, wenig später publiziert May die ersten Stücke des spä-teren Orientzyklus mit Kara Ben Nemsi und Hadschi Halef Omar. Im Frühjahr 1883 zieht das Paar erneut nach Dresden, in die säch-sische Hauptstadt. Das Unternehmen Karl May läuft.

Fotografien aus dieser Zeit erzählen die Geschichte. Karl, um 1875, der Jungredakteur: Er blickt selbstbewusst, zeigt sein stolzes Halbprofil mit hoher Stirn, Schnauzbart und Krawattentuch. Der Kneifer verleiht ihm eine intellektuelle Aura. Schmale Schultern, kerzengrade Haltung, der will was erreichen im Leben. Emma schaut uns auf einer Aufnahme anno 1880 mit einem leicht her-ausfordernden Lächeln an, mit wachen Augen, die Lippen schmal und geschwungen. Ein schöner Hals, um die Schultern viel Stoff. Offensichtlich ein Paar, das sich auf Augenhöhe begegnet. Und wenn man sie so über die räumliche und zeitliche Distanz, die zwi-schen den beiden Aufnahmen liegt, zusammen betrachtet, dann lässt sich schon denken, dass die Funken sprühten. Es sind zwei, die zueinander passen, jedenfalls nach den äußeren Umständen. Emmas Mutter hatte einen schlechten Ruf, Karl ist ein ehemaliger Sträfling. Sie stammen aus demselben Nest am Erzgebirge, sie müssen und wollen hinaus, um glücklich miteinander leben zu können. Dass sie die Kraft und den Willen haben, Widerstände zu überwinden, haben sie beim Auszug aus Hohenstein bewiesen, als der Großvater in die Eheschließung nicht einwilligt. Fortan hatten sie, mutig genug, als unverheiratetes Paar zusammengelebt. Bonnie and Clyde aus Sachsen, das ist vielleicht etwas übertrieben, den-noch darf man die Energie des Pärchens Emma und Karl nicht gering schätzen. Für ihn bringen die frühen Jahre mit Emma den schriftstellerischen Durchbruch auf breiter Front, Geld fließt in den jungen Haushalt, und was immer Karl verbreitet und veran-staltet, Emma weiß Bescheid und unterstützt ihn. Ohne ihren ge-sellschaftlichen Ehrgeiz ist Karls wachsendes Renommee nicht vorstellbar. Emma ist seine Komplizin. Denn es ist ihr ja klar, dass er ein fantastischer Aufschneider ist und niemals im Orient oder in Amerika war. Er schuftet zu Hause, erfindet das Blaue vom Himmel herunter, und man nimmt es ihm ab. Binnen eines Jahrzehnts gelingt der sensationelle Aufstieg vom Zuchthäusler ohne Perspektive zu einer hoch geachteten öffentlichen Person. Die Winkelzüge, die dazu notwendig sind, macht Emma nicht bloß mit, sie ist die treibende Kraft. Sie tut ihm gut. Sie ist das Beste, was ihm passieren konnte. Der falsche Westernmann hat die zu ihm passende Pionierfrau gefunden. Mit ihr erkundet er einen neuen Kontinent, die Liebe. Das uneheliche Mädchen aus der Barbierstube ist in der Hauptstadt angekommen, Frau Dr. May. Eine perfekte Fiktion, die beiden in Fleisch und Blut übergeht. Gern wird zur Illustration der Romanze eine Stelle aus der »Rose von Kahira« (1876) zitiert, eine für Karl May seltene Gemme: »Seit ich in dieses Auge geblickt, seit ich diese Lippen geküßt, seit diese Locken mir duften und diese Stimme mir klingt, habe ich einen guten Teil des trägen irdischen Stoffes abgestreift und lebe in einer ununterbrochenen Entzückung.«

So mag es in der Blütezeit gewesen sein. Doch bald schon zeigen sich in diesem Gebäude die ersten Setzrisse. Karl schreibt ohne Unterlass, er ist mit seinem Schreibtisch fest verbunden und erlaubt sich keine Pause. Emma langweilt sich. Entsagende Ehefrau und Haushaltsstütze eines Arbeitstiers will sie nicht sein. Sie liebt Gesellschaft, geht gern aus und lädt ein. Der jähzornig veranlagte Gatte macht ihr Eifersuchtsszenen – und nimmt immer größere Aufträge an. Er droht sich schon wieder zu schließen, der geschlechtslose Raum, Karls Refugium, in das Emma ihn aber auch hineintreibt, denn der Hausstand kostet Geld. Neben der Beschäftigung mit anderen Projekten steht Mitte der 1880er Jahre die Arbeit an dem Lieferungsroman »Der Weg zum Glück« (wieder reichlich 2500 Seiten). Schwer lässt sich der Schwung des Aufbruchs durchhalten. Karl May produziert riesige erzählerische Schutthalden, aus denen nachher die wertvollen Brocken herausgearbeitet werden. Emmas Einsamkeit wird begleitet von bitterer Ironie. Während alle Welt glaubt, dass ihr Karl durch die weite Welt reist, um Stoff zu sammeln für seine Bücher, sitzt er doch nur nebenan, im Arbeitszimmer eingeschlossen und so unerreichbar, als ziehe er mit einer Karawane durch die Wüste. Solche Reisen, wie sie damals viele Forscher und Schriftsteller unternehmen, haben einen Anfang und ein Ende. Karl aber ist immer unterwegs, auf seine Weise. Nie bricht er auf, nie kehrt er zurück, er ist einfach nicht da, auch wenn er da ist. Und das ist erst der Anfang, denn Shatterhand Ben Nemsi fühlt sich noch als Greenhorn, wie es im ersten Kapitel des ersten Bandes »Winnetou« heißt:

»Ein Greenhorn ist ein Mensch, welcher nicht von seinem Stuhle aufsteht, wenn eine Lady sich auf denselben setzen will; welcher den Herrn des Hauses grüßt, ehe er der Mistreß und Miß seine Verbeugungen gemacht hat; welcher beim Laden des Gewehres die Patrone verkehrt in den Lauf schiebt oder erst den Pfropfen, dann die Kugel und zuletzt das Pulver in den Vorderlader stößt. Ein Greenhorn spricht entweder gar kein oder ein sehr reines und geziertes Englisch; ihm ist das Yankee-Englisch oder gar das Hinterwälder-Idiom ein Greuel; es will ihm nicht in den Kopf und noch viel weniger über die Zunge. Ein Greenhorn hält ein Racoon für ein Opossum und eine leidlich hübsche Mulattin für eine Quadroone. Ein Greenhorn raucht Cigaretten und verabscheut den tabakssaftspeienden Sir. Ein Greenhorn läuft, wenn er von Paddy Irländer eine Ohrfeige erhalten hat, mit seiner Klage zum Friedensrichter, anstatt, wie ein richtiger Yankee tun soll, den Kerl einfach und auf der Stelle niederzuschießen. Ein Greenhorn hält die Stapfen eines Turkey für eine Bärenfährte und eine schlanke Sportjacht für einen Mississippisteamer. Ein Greenhorn geniert sich, seine schmutzigen Stiefel auf die Knie seines Mitpassagiers zu legen und seine Suppe mit dem Schnaufen eines verendenden Büffels hinabzuschlürfen. Ein Greenhorn schleppt der Reinlichkeit wegen einen Waschschwamm von der Größe eines Riesenkürbis und zehn Pfund Seife mit in die Prairie und steckt sich dazu einen Kompaß bei, welcher schon am dritten oder vierten Tag nach allen möglichen andern Richtungen, aber nie mehr nach Norden zeigt. Ein Greenhorn notiert sich achthundert Indianerausdrücke, und wenn er dem ersten Roten begegnet, so bemerkt er, daß er diese Notizen im letzten Couvert nach Hause geschickt

und dafür den Brief aufgehoben hat. Ein Greenhorn kauft Schieß-
pulver, und wenn er den ersten Schuß tun will, erkennt er, daß
man ihm gemahlene Holzkohle gegeben hat. Ein Greenhorn hat
zehn Jahre lang Astronomie studiert, kann aber ebenso lang den
gestirnten Himmel angucken, ohne zu wissen, wie viel Uhr es ist.
Ein Greenhorn steckt das Bowiemesser so in den Gürtel, daß er,
wenn er sich bückt, sich die Klinge in den Schenkel sticht. Ein
Greenhorn macht im wilden Westen ein so starkes Lagerfeuer, daß
es baumhoch emporlodert, und wundert sich dann, wenn er von
den Indianern entdeckt und erschossen worden ist, darüber, daß
sie ihn haben finden können. Ein Greenhorn ist eben ein Greenhorn und ein solches Greenhorn war damals auch ich.«

Da hat er viel nachzuholen. Offenbar weiß er auch nicht, wie
man eine Frau behandelt.

Nun sitzt Emma in einem Käfig gefangen, die Verhältnisse ver-
sauern. Karl ist genervt von der Freundschaft, die seine Frau mit
dem Verleger Heinrich Münchmeyer und dessen Gattin Pauline
schließt. Pauline steht Emma zur Seite, als diese einen Nervenzusammenbruch erleidet. Auch Emmas Begeisterung für spiritisti-

Karl in der Klause:
die Villa-Shatterhand-Menagerie

sche Sitzungen ist ihm suspekt. Séancen mit Möbelrücken und
Geisteranrufungen gehörten damals zum Zeitvertreib des Bürger-
tums. Spiritistische Vereine und Zeitschriften wurden gegründet,
es war eine von Amerika ausgehende Modeerscheinung, ein be-
liebtes Gesellschaftsspiel und nicht unbedingt Zeichen psychischer
Zerrüttung. Zunehmend stört ihn jede Art von Gesellschaft in
seiner Umgebung, er entwickelt sich zum Einsiedler. Emmas
Freundinnen, die regelmäßig zu Besuch kommen, beeinträchtigen
seine Konzentration. Streit ist an der Tagesordnung, die Nacht ist
ohnehin zum Schreiben bestimmt. Lautlos müssen ihm Nahrung
und Getränke zum Arbeitszimmer gebracht werden. Die Tür hat
eine Klappe, durch die das Tablett passt: wie im Gefängnis. Karl
schließt sich ein und ab, sein Reich darf nicht betreten werden. Er
ist der uneingeschränkte Herrscher in der eigenen Anstalt, die
Zuchthausmoral und eingefleischte Disziplin bildet das Funda-
ment seines schriftstellerischen Programms. Der Titan legt sich
die Fesseln selbst an.

Die Ehe bleibt kinderlos, und die Frage, ob ein Kind etwas geändert hätte, lässt sich nach zehn Jahren nicht mehr eindeutig beantworten. 1890 nehmen Karl und Emma die neunjährige Clara zu
sich, Karls Nichte. Karls Schwester Karoline hat, wie einst ihre
Mutter, acht Kinder und den Ehemann zu ernähren. Das Mädchen lebt zwei Jahre lang im Dresdner Schriftstellerhaushalt, ein
gelungenes Experiment. Jedenfalls erinnert sich Clara später gern
an diese Zeit, vor allem an den Onkel. Sie ist aber auch immer
wieder zwischen die Eheleute geraten. Die Harmonie, die das Kind
stiftet, ist nicht von Dauer. Es existieren Hinweise, dass Emma
nicht nur mit Freundinnen, sondern auch mit Männern ausgeht.
Emma trifft sich, wen wundert's, mit Offizieren, und die kleine
Clara scheint etwas mitbekommen zu haben. So schwer man sich
Karl May als Liebhaber vorstellen kann, so leicht geht einem die
Formulierung von Frau Dr. May als Emma Bovary, Ehebrecherin,
von der Hand. Was ist das für eine Ehe, aus der sie ausbricht, was
bietet dieser Mann ihr an? Auf einen stürmisch-leidenschaftlichen

Frühling – zwei Jahre mag diese Phase angehalten haben – folgen zehn ernüchternde, leere Ehejahre und ein weiteres Jahrzehnt, eine Hölle für beide.

Karl May denkt in dieser letzten, endlos quälenden Phase oft an Scheidung, doch zwei Gründe halten ihn davon ab und lassen ihn die radikale, unwiderrufliche Entscheidung gegen Emma von Mal zu Mal hinauszögern. Lange schon leben sie nebeneinander her und gegeneinander unter einem Dach, doch die juristische Trennung mit allen Konsequenzen würde eine große Unruhe bringen.

Mehr noch fürchtet er, dass Emma Rache nehmen könnte. Sie weiß ja alles über ihn, sie könnte ihn als Schwindler und Betrüger bloßstellen, und es gibt zu der Zeit schon Feinde und Neider genug, die auf einen solchen Skandal nur warten. Zudem hat sich Emma mit Pauline Münchmeyer verbündet. Sie ist inzwischen Verlegerswitwe und prozessiert mit Karl May um die Rechte an seinen frühen Werken. Damit ist immer noch viel Geld zu verdienen und ein Ruf zu verlieren, schließlich will Karl May mit den alten, schundigen Sachen nichts mehr zu tun haben, die nun von seinen Verfolgern ausgeschlachtet werden. Ein entsetzliches Gewirr – und er kann einem fast leid tun, denn wer will ihm nicht alles an den Kragen! Emma aber hatte nur einen Feind: ihren Mann. Der konnte ihr kein Gegner sein, kein Gegenüber, sie war mit einem Luftgeist liiert, einem in hohen Sphären schwebenden Heilsbringer, und sie selbst hatte ihn aufgehoben, angehoben, stark gemacht und ihm Flügel verliehen!

Im März 1903 wird die Schriftstellerehe rechtskräftig geschieden. Karls Anwalt hatte schwerste Vorwürfe erhoben, die darin gipfeln, dass Emma ihrem Mann über die Jahre 40 000 Mark gestohlen, das Geld für »unnütze Anschaffungen« verschwendet und Geschäftsbriefe und andere Dokumente unterschlagen habe. Und: Das Paar lebe getrennt, seit »etwa 1 ½ Jahren ohne Geschlechtsverkehr«. Was dann doch verwundert: Karl und Emma haben wohl einige Versöhnungsversuche unternommen, und zuweilen muss auch die zehnfingrige Schreibmaschine geölt, das Arbeitszimmer gelüftet, müssen die Hüften durchgeschüttelt werden. Emma zieht nach der Scheidung nach Weimar, wo Karl ihr eine Wohnung einrichtet. Er zahlt ihr 3000 Mark Rente pro Jahr. Ihr Anwalt erlebt sie zur Zeit des Scheidungsprozesses als »krankhafte, nervös gereizte Frau«, ihr Zustand sei pathologisch; für seine »aus einem Extrem ins andere verfallende« Mandantin müsse dringend ein »Ruhezustand« geschaffen werden.

Karl ist frei, aber er hat nichts vergessen, im Gegenteil. 1907 setzt er einen Text auf, den man nur als literarischen Mordversuch bezeichnen kann, mit schwerem selbstzerstörerischen Einschlag. »Frau Emma Pollmer, eine psychologische Studie«. 120 Seiten Hass, Verbitterung, wildeste Fantasie. Ein Karl May, wie ihn keiner kennt und zu Lebzeiten nicht kennen sollte. Die »Studie«, so verfügt er, soll einmal posthum von seinem Biografen ausgewertet werden. Erst 1982 wird das Dokument eines Wahns der Öffentlichkeit vollständig zugänglich gemacht. Davor durften nur Karl-May-Forscher Einsicht nehmen.

»Dies ist ein schreckliches Buch. Ich gebe es ohne Widerspruch und mit brennender Reue zu. Was hat es entstehen lassen? Das berechtigte Bedürfnis, meinen Leichnam zu waschen, bevor er in den Sarg gesteckt wird.« Dies ist nicht die Vorrede von Karl May zur Emma-Hinrichtung, sondern das Vorwort August Strindbergs zum »Plädoyer eines Irren«, geschrieben 1893. Auch das ein Buch über die Ehe, über Frauen und Männer. Bei allen intellektuellen, politischen und temperamentsmäßigen Unterschieden: Karl May und Strindberg sprechen oder, besser, wüten wie zwei Brüder im Geiste. Zur Einstimmung auf Karl Mays Infernogang noch ein Strindberg-Zitat. Es ist erst 1973 in nachgelassenen Papieren des Malers Edvard Munch aufgetaucht und stammt aus dem Umfeld des »Plädoyers«: »Ich will den Gesetzgebern empfehlen, sorgfältig die Konsequenzen zu erwägen, die es mit sich bringt, wenn man Halbaffen, niederen Lebewesen, kranken Kindern, zur Zeit der Menstruation dreizehn Mal im Jahr krank und verrückt, während der Schwangerschaft vollkommen wahnsinnig und für den Rest ihres Lebens nicht verantwortlich, unbewußten Verbrechern, Kriminellen aus Instinkt, unwissentlich bösartigen Tieren die Bürgerrechte zugesteht.« Derart angetan und angestachelt war der schwedische Dramatiker von seiner Ehe mit der Schauspielerin Siri von Essen.

Karl May hat noch ganz andere überraschende Erkenntnisse zur Psyche und Physis der Frau Emma Pollmer, der Weiblichkeit schlechthin. Er malt die Teufelin an die Wand, um sein Gewissen zu beruhigen, sein Versagen zu bedecken, so möchte man ihn entschuldigen oder mildernd interpretieren. Wie Strindberg hat er eine starke, selbstständige, sexuell aktive Frau geheiratet – und sich ins Verderben gestürzt. Hier treibt seine Fantasie schwarze Blüten. Im Grunde ist bei Karl May alles noch viel finsterer als bei Strindberg. Der ringt um gesellschaftliche Theorien, ist ein scharfer Beobachter. Der Mann, schreibt er, ist »nur dann glücklich, wenn er sich mit einer ebenbürtigen Frau vereinigt«. Davon soll bei Emma Pollmer keine Rede sein. Die Perfidie der »Studie« zeigt sich schon zu Beginn. May führt Emmas Wesen auf schädliche familiäre Prägungen zurück; das Unmoralische liege in ihren Genen. »Seelisch war sie gleich von Anfang an vergiftet, geistig stets eine Null, doch körperlich entwickelte sie sich um so schneller zu einer reizenden und üppigen Schönheit.« Erst bei ihm habe sie richtig lesen und schreiben gelernt. Er war blind: »Eine schlau berechnende, außerordentlich raffinierte Kurtisane hatte mich gefangen!« Eine Besessene! Er rechnet sie den gegen die Christen wirkenden Mächten des Teufels zu. »Eine hohe, krankhafte Erregung der Geschlechtsteile« charakterisiere solche Frauen. Und diese hormongesteuerte Nymphe habe sich keinen Augenblick um das gekümmert, »was ich schrieb«, und sich bald als »eitle, gedankenlose Schwätzerin« entpuppt. Sadistisch sei sie auch: »Sie musste Qualen sehen, um sich glücklich zu fühlen«, und »sie lernte die Männer verachten und verspotten, die für den Anblick zweier Milchdrüsen auf Gesundheit, Geld und Ehre verzichten«. Das Vampirsmotiv taucht auch bei Strindberg immer wieder auf, ebenso die Zwangsvorstellung, eine sinnliche Frau müsse lesbisch sein. »Es war ihr der größte aller Genüsse, mit einer weiblichen Person im Bett zu liegen«, höhnt Karl May. So nimmt das finstere Schicksal seinen Lauf. Der arme Karl wird irre an der »Riesenaufgabe«, die »Pollmerschen Dämonen« zu bekämpfen und den »Sumpf der Perversität« auszutrocknen. Und Emma habe »all diese minderwertigen oder gar gefährlichen Menschen« angezogen, die »meine Geduld und Langmut ebenso wie meine Kasse« ausnutzten. Zu Zeiten sei sie so »liebesaufgeregt« und mit allen möglichen Männern beschäftigt gewesen, »dass ich sie eingeschlossen resp. mit Gewalt am Ausgehen verhindert habe«. Karl attestiert Emma – und da sind sie bereits fünf Jahre geschieden – »vaginelle Kurzsichtigkeit«, ein Problem, das man sonst eher Männern anhängt (»schwanzgesteuert«). Sie habe sein geliebtes Heim entehrt, zu einem »Tribaden- und Hurenhaus« gemacht, »ich aber sollte die rasenden Summen aufbringen, die zu so einem leiblichen, geisigen und seelischen Hurenleben gehörten«. Usw. ff., ad libitum.

Die sinistre Anklageschrift gegen den »Dämon«, die »Furie«, die »Bestie im Weibe« kehrt eine fremde Seite in Karl Mays Wesen hervor: den furiosen Pamphletisten, hundsgemein, ordinär, gallenbitter. So zieht er auch gegen seine publizistischen Feinde ins Feld. Es ist der Ton, in dem er sich gegen räuberische Verleger und Verlegerswitwen wehrt. Emma ist der Kulminationspunkt sämtlicher Befürchtungen und Widerwärtigkeiten. Sie habe ihm gedroht, sich »öffentlich in den Zeitungen an deine Leser« zu wenden. »Da wirst du wohl sehen, was dann geschieht. Ich sage alles!« Tatsächlich *sagt* Karl May *alles* über seine Ex-Frau in der »Studie«, die unter Verschluss blieb. Eine Veröffentlichung hätte ihm mehr geschadet als ihr. Ihm, der Frieden predigt und Liebe unter den Menschen, der sich gottesfürchtig gibt und es wohl auch war. Ihm, der Millionen jugendlicher Leser begeistert. Was er da wütend halluziniert, ist Stoff für einen gewaltigen Skandal; es hätte das sorgsam aufgebaute Bild des Schriftstellers untergraben, das weiß er selbst. Und er denkt dabei an die Zeit nach seinem Tod und gibt die Linie vor: »Gerecht und wahr, doch rein literarisch sein – das wünsche ich mir von meinem Biografen!«

Hier klagt einer an, reißt 22 Ehejahre in Stücke, legt Erinnerungen in Schutt und Asche, weil er glaubt, dass er sich verteidigen muss. Dreht man die irrsinnigen Anschuldigungen um, ergibt sich die Geschichte einer Frau, die nichts hat und nichts bekommt von ihrem Mann. Der sie mit seinen literarischen Schöpfungen betrügt und ihr keinen Zutritt zu seiner Welt gewährt. Karl hat schließlich mehr von diesem zerrütteten Zusammenleben, seine Produktivität leidet darunter nicht. Offenbar ist seine nicht allzu ausgeprägte Libido gut versorgt gewesen, ihre aber nicht. Emma ist nicht die Frau, die im Werk ihres Mannes aufgeht und sich selbst aufgibt.

Der Renaissancemaler Paolo Uccello verbrachte oft »Wochen und Monate einsam und beinahe menschenscheu in seinem Haus, ohne sich von jemandem sehen zu lassen«, erzählt Giorgio Vasari in seinen berühmten »Lebensläufen« von 1568. Und wenn Uccellos Ehefrau den Künstler aufforderte, endlich einmal schlafen zu gehen, habe dieser erwidert: »Ach, welch holdes Ding ist doch diese Perspektive!« Und die Gattin ging allein zu Bett. Arno Schmidt, Karl Mays bizarrer Interpret und Hinterpret, vergrub sich zehn Jahre lang, um sein Opus magnum zu erzwingen: »Zettels Traum«. 1300 Seiten im Format DIN A 3, und bis vor kurzem nur als Faksimile der planvoll-chaotischen Schmidt'schen Typoskripte druckbar. Erst 2010, vierzig Jahre nach dem ersten Erscheinen, war die Satz- und Drucktechnik endlich auf Schmidts Höhe, erschien bei Suhrkamp eine Buchausgabe, wie der Autor sie sich erträumt hat. Schmidts Frau Alice war ausgesperrt, abgeschafft als Person, Zeugin einer monströsen Askese: »Keine Spaziergänge mehr – kein Sitzen im Garten – kaum die Möglichkeit eines Gesprächs. Auf Fragen nur abwesend nervöse Antworten: bestenfalls. – In ständigem Gemurmel, wortprobierend, bewegten sich seine Lippen. Völlige Vernachlässigung der eigenen Gesundheit. Völlige Gleichgültigkeit gegen alles, was nicht ZT betraf. Er nahm von keinem Brief Kenntnis. Schrieb keinen: jahrelang.« Die Schreib- und Sprechweise des Zettel-Träumers hatte offensichtlich auch Alice Schmidt erfasst.

Es ist der klassische Konflikt. Es macht es nicht besser, dass Karl May Emma beschuldigt, sie habe ihn vergiften wollen, ihm nur Speisen vorgesetzt, die er nicht verträgt und die ihm nicht schmecken. Sie hätte ihn, fantasiert er weiter, wohl niedergestreckt, wäre nicht Klara Plöhn gewesen, eine Freundin der Mays, Witwe seines vertrauten Freundes Richard Plöhn. Karl May heiratet Klara Plöhn, sie kennen sich seit über zehn Jahren, sind ge-

meinsam auf Reisen gegangen. Die Mays und die Plöhns waren,
wie übereinstimmend berichtet wird, ein Herz und eine Seele.
Wann die Liaison von Karl und Klara begonnen hat, das lässt sich
nicht exakt datieren. Emma vermutet, dass Karl und ihre Freundin
Klara einander auf einer Ägyptenreise im Jahr 1899 näher gekommen sein könnten. Sie müssen sich jedenfalls schnell einig gewesen sein. Am 30. März 1903, wenige Wochen nach der May'schen
Scheidung, heiratet Karl die 29-Jährige. Er hat gerade seinen
61. Geburtstag gefeiert.

Klara hat eine höhere Mädchenschule besucht. Ihr Richard –
er starb 1901 – war ein erfolgreicher Fabrikant. Nach Plöhns Tod
zieht Klara zu den Mays und arbeitet als Sekretärin des Schriftstellers. In ihren Aufgabenbereich fällt die Korrespondenz mit den
Lesern. Der Einfachheit halber unterschreibt sie Karls Briefe an
seine Fans mit »Emma May«. Klara findet den richtigen Ton. Sie
ist verzeihend, anschmiegsam, scheint wieder aufzublühen in
Karls Schatten. »Mein ganzes Leben soll fortan meinem unendlich
verehrten Manne geweiht sein. Ich will versuchen, seiner würdig
zu werden. Will mich zu seiner Höhe aufzuringen versuchen«,
schreibt sie in ihr Tagebuch. Sie wächst in die Rolle hinein, die ihr
zugedacht ist: als seine große Stütze im letzten Lebensjahrzehnt
und später einmal als selbstbewusste Künstlerwitwe, an denen es
in der deutschen Kulturgeschichte ja nicht mangelt.

Emmas Ende straft den verlorenen Ehemann Lügen. Nichts
von Rachefeldzug, nur noch ein kurzes Aufbegehren, als May mit
Pauline Münchmeyer vor Gericht erbittert streitet. Emma verliebt

sich in den jungen Musiker und Dichter Friedrich J. Appunn, der Karl May für den größten Schriftsteller überhaupt hält, »selbst Goethe hat nicht so zur Menschenseele gesprochen wie er.« Von Klara lässt sie sich Bücher ihres geschiedenen Mannes schicken. Ihr junger Geliebter heiratet eine andere. Emma wird im August 1914 in die Nervenheilanstalt Maison de santé zu Berlin-Schöneberg eingewiesen, was ihr Verflossener bedauert. Er hätte sich eine Wohnung zu dritt mit Emma und seiner Ehefrau vorstellen können. Für Emma beginnt eine Odyssee durch fremde Wohnungen und Krankenhäuser. Ihre letzte Station ist die Königliche Landesanstalt zu Arnsdorf in Sachsen. Sie wird entmündigt.

Am 13. Dezember 1917 stirbt Emma Pollmer. Sie ist 61 Jahre alt geworden. Die letzten Monate ihres Lebens hat sie in geistiger Umnachtung verbracht. Appunn, ihr letzter Liebhaber, mittlerweile zum Kapellmeister aufgestiegen, gibt in den »Dresdner Neuesten Nachrichten« eine schlichte Todesanzeige auf zwischen den Anzeigen für die Gefallenen des Ersten Weltkriegs.

WAHN UND FRIEDEN: VILLA SHATTERHAND

Der Tag des Übermenschen hat 24 Stunden und die Nacht, die Zeitverschiebungen nicht eingerechnet, die bei imaginären Weltumrundungen entstehen. Im September 1896 veröffentlicht Karl May in der Zeitschrift »Deutscher Hausschatz«, die ihm verbunden ist und der er viel verdankt, einen Text in eigener Sache. Eine Homestory aus der Feder eines literarischen Stars, in der typisch May'schen Mischung aus maßloser Eitelkeit, gönnerhafter Jovialität und kokett dosierter Selbstironie: »Freuden und Leiden eines Vielgelesenen«. Er stellt sich vor als »bescheidener, durch seine Erfolge schwer niedergedrückter Schriftsteller«. Die Welt um ihn herum – von Emmas Lebenswandel und den Eheproblemen ist freilich nicht die Rede – scheint bevölkert von Zeitdieben. Sie sind hinter ihm her, und er kann und will sie nicht abschütteln. Er zieht die Quälgeister an wie das Licht die Motten, er sitzt in einer komfortablen Falle:

»Es ist Dienstag früh punkt sieben. Ich werde um Manuskript gedrängt, habe seit gestern Nachmittag drei Uhr, also sechzehn Stunden lang, am Schreibtische gesessen und kann, auch wenn ich nicht gestört werde, vor abends acht Uhr nicht fertig werden. Die Nacht, oft zwei, drei Nächte hintereinander, ohne dann am Tage schlafen zu können, ist überhaupt meine Arbeitszeit, der vielen Besuche wegen, welche täglich kommen, um ihren Old Shatterhand resp. Kara Ben Nemsi Effendi persönlich kennenzulernen. Es klingelt unten am Eingange, und trotz der frühen Stunde wird mir ein Gymnasiast gemeldet, welcher so zeitig aus Dresden gekommen ist, um mich sicher anzutreffen. (…) Er will sich nämlich folgendes von mir erbitten: eine Locke von Winnetou, einen Revolver, weil ich doch so viele hier hängen habe, ein Straußenei und nur ein Viertelpfund von dem echten Dschebelitabak, den ich in meinen Werken so gepriesen habe. Ich erlaube ihm, sich einen Tschibuk mit Dschebeli zu stopfen, und während er, auf dem Divan sitzend, ihn mit der Miene eines Pascha von zwanzig Roßschweifen raucht, versuche ich, weiterzuschreiben, komme aber vor den hundert Fragen, die ich ihm beantworten muß, nicht dazu.«

Endlich will der Eindringling aufbrechen, aber auch noch den Garten des Schriftstellers sehen: »Er geht mit einer rätselhaften Verneigung zur noch immer offenen Tür hinaus, wirft sie mit Riesenkraft ins Schloß, und ich kann endlich wieder schreiben.« Der Tag ist jung, aber die störenden Elemente sind bereits ausgeschwärmt. Wie viel leichter fällt es dem Schriftstellerhelden doch, Banditen in Schach zu halten, als neugierige Besucher abzuwimmeln:

»Acht Uhr! Die erste Post wird abgegeben; dreißig Briefe von Lesern, darunter vier mit zusammen achtzig Pfennigen Strafporto, ein fast tägliches Vorkommnis; ferner drei Pakete und eine Kiste. Die Pakete enthalten Manuskripte jener Art glückseliger Schriftsteller, die keinen Verleger finden; ich soll sie verbessern und dann an Redaktionen senden, welche gute Honorare zahlen. Die Kiste enthält zwei halbe Flaschen Wein, die mir ein Leser sendet, weil er ›so entzückt von meinen Werken‹ ist. Ich öffne und koste, nachdem ich zwei Mark fünfundneunzig Pfennige für unterlassene Frankierung und Verzollung bezahlt habe. Als Kenner schmecke ich, daß es ein Paysan für fünfzig Centimes pro Flasche ist. Ich bin natürlich von diesem Werke des Absenders nicht so entzückt, wie er von den meinigen, fühle mich aber verpflichtet, ihm einen für zwanzig Pfennige frankierten Dankesbrief zu schreiben.«

Um neun Uhr ruft ihn eine dringende Angelegenheit nach Dresden, er macht sich auf den Weg und ist gegen zwei wieder in Radebeul zurück. Karl May kommt nicht umhin, mit einer fremden Dame zu speisen, die sich selbst eingeladen hat, und die Torturen gehen weiter:

»Während des Essens fällt mir ein, daß ich die zweite Post noch nicht aus dem Briefkasten genommen habe; die dritte muß auch schon angekommen sein. Nach zehn Minuten bin ich fertig und hole sie. Der Kasten ist innen am Thore befestigt. Während ich den Inhalt herausnehme, kommt ein Herr, der klingeln will, dies aber unterläßt, als er mich stehen sieht. Er stellt sich als Verlagsbuchhändler N. aus Wien vor, hat mein Ave Maria in ›Winnetou‹, Band III, gelesen und möchte einen Band Gedichte von mir veröffentlichen. Ich sage ihm, daß es mir unmöglich sei, mit neuen Verlegern zu kontrahieren, und daß meine Gedichte erst nach meinem Tode gedruckt werden sollen. Ich weiß, es ist eine Unhöflichkeit, ihn so vor dem Thore abzufertigen, und er läßt auch eine darauf bezügliche Bemerkung hören, aber ich bin nun zum Wurme geworden, der sich endlich einmal krümmen will. Nach soviel Störungen will ich für den Rest des Tages mein Studierzimmer für mich allein haben!« (Vier Jahre später, 1901, publiziert Karl May dann doch unter dem Titel »Himmelsgedanken« eine Auswahl seines umfangreichen lyrischen Werks.)

Allein, die Briefe brennen ihm in der Hand. Offenbar hat er eine Schreibblockade und ist für jede Ablenkung dankbar, macht böse Miene zum gut einstudierten Spiel. Ein stiller Genießer:

»Nun sitze ich wieder oben und gehe die Kouverts der eingegangenen Sachen durch. Zum Öffnen und Lesen habe ich heute keine Zeit. Ein Brief ist kurz adressiert: Mr. Shatterhand, Dresden; er ist selbstverständlich nach Radebeul zu mir expediert worden. Ein Brief aus Köln am Rhein ist mit der Aufschrift versehen: Herrn Schriftsteller Karl May. Der Schreiber desselben hat vergessen, den Bestimmungsort hinzuzufügen; die postamtliche Ergänzung lautet: ›wahrscheinlich Oberlößnitz-Radebeul bei Dresden, Villa Shatterhand‹. Der betreffende Postbeamte ist jedenfalls ein Hausschatzleser. Ein anderer Brief kommt aus dem Kaukasus, wohl wieder eine Einladung zur Auerochsenjagd. Ich lege das alles weg und beginne, wieder zu schreiben. Trotz der gehabten Zerstreuungen komme ich in sehr guten Fluß und freue mich schon, daß ich wohl nicht die ganze Nacht zu arbeiten haben werde, wenn das so fort aus der Feder läuft, da klingelt es schon wieder. Das braucht nicht mir zu gelten, und doch lege ich die Feder weg, um zu horchen.«

Die Fanpost schmeichelt unendlich. Wenn er sich anfangs »bescheiden« nennt, hat das seinen Sinn. Er mag seine Herkunft, seine dornige Vergangenheit um jeden Preis verheimlichen, vergessen kann er sie nicht. Es ist Balsam auf seine Seele, was die Postboten tagaus, tagein in die Schriftstellerhöhle schleppen. Er schlägt in den »Freuden und Leiden eines Vielgelesenen« einen so zarten, verständnisvollen Ton an, als bitte er um mehr. Er braucht jetzt die tägliche Dosis der Droge. Seine Botschaften an die Fans nehmen den »Bravo«-Starschnitt der 1970er Jahre vorweg:

»Ich trage Schnurrbart und Fliege; beide waren, wie auch das Kopfhaar, sehr dunkelblond; jetzt beginnt eine zwar ehrwürdige, mir aber gräuliche Färbung überhand zu nehmen, denn ich zähle 54 Jahre, sehe aber 10 Jahre jünger aus. Meine Augen sind grau-blau. Ich singe ersten und auch zweiten Baß, je nachdem, wohin mich der Herr Direktor stellt. Meine Gestalt ist schlank, sehnig; ich bin 166 Zentimeter hoch und wiege 75 Kilogramm. Ich rauche gern und spiele alles, finde aber keinen Genuß dabei. Ich bin musikalisch und geige, blase und streiche die meisten Instrumente, keines aber mir zur Genüge. Ich tanze alle Tänze, doch nur, wenn ich muß; lieber bin ich Mauerblümchen. Dunkelblau ist in Beziehung auf den Anzug meine Lieblingsfarbe. (…) Meine Lieblings-speise ist Brathuhn mit Reis, mein liebstes Getränk Magermilch. Ich komponiere jetzt selbst an einer Oper, stelle aber ein gutes Drama gleich hoch. Ich schlafe sehr wenig und fahre zweiter Klasse. So, das wird für heute genügen! Es gibt aber noch intimere Fragen, z.B. ob ich verheiratet bin, seit wann, ob glücklich oder unglücklich, ob meine Frau eine Indianerin, Perserin, Araberin oder Türkin ist u. dgl. m.«

Der Beitrag im »Deutschen Hausschatz« ist garniert mit Fotos des Schriftstellerdomizils in Radebeul und Porträts des Meisters, wie es sich für eine Homestory gehört. Karl May/Old Shatterhand in Westerntracht, Kara Ben Nemsi in Wüstenmontur, der Autor in seinem Arbeitszimmer. Die Heldenmaskerade findet sich in jeder noch so treuherzigen Schrift, in jedem Buch über Karl May. Mögen die Selbstbehauptungen im Kostüm noch so skurril wirken, der Faschingsprinz geht vollkommen auf in seiner Fiktion. Es handelt sich nicht bloß um neckische Fanpostkarten, vielmehr macht der Künstler hier den letzten Schritt, die Vereinigung von

Traum und Träumer ist vollzogen im grellen Licht der Öffentlichkeit und nicht rückgängig zu machen.

Anfang 1896 ziehen die Mays in das neu errichtete, herrschaftliche Haus in Radebeul bei Dresden ein, damals Oberlößnitz. »Villa Shatterhand« steht in goldenen Lettern an der Fassade. Der Kaufpreis von 37 300 Mark macht ihm keine Probleme, Karl May ist wohlhabend. Sein Name garantiert gewaltige Auflagen. Kirchstraße 5 lautet die Adresse, heute Karl-May-Straße. So hieß die Straße auch von 1932 bis 1945, danach Hölderlinstraße (einen Turm hat die Villa nicht). Zu DDR-Zeiten war in der Villa ein Kinderhort untergebracht. Sieben Zimmer, Veranda, Balkone und ein »prächtiger Garten«, wie der Hausherr schreibt, das lässt sich sehen. Arbeitszimmer und Bibliothek liegen im ersten Stock, sie werden mit orientalischen Trophäen dekoriert, eine Zeitlang stand im Schreibzimmer ein ausgestopfter Löwe. 1960 übersiedelte der Karl-May-Verlag von Radebeul nach Bamberg, Mays persönliche Gegenstände und seine rund 2500 Bände umfassende Bibliothek kamen in den Westen und kehrten 1994 in die Villa Shatterhand zurück, in das wiedervereinte Karl-May-Museum.

Wie alle Dichterstätten atmet der Ort nur schwach. Es fällt schwer, sich den Westernhelden in seinem sächsischen Gehäuse vorzustellen, was schließlich kein Wunder ist, denn er war, bei allem biederen Gemütlichkeitsgehabe, stets auf der Flucht. Seine Werkzeuge und schärfsten Waffen hat die Karl-May-Stiftung inventarisiert: den Bücherbestand. Über 370 Bände zur Erd- und Völkerkunde, Atlanten, Reisebeschreibungen und Reiseführer. Sprachlehrbücher, Grammatiken vor allem der orientalischen, afrikanischen, indianischen und asiatischen Sprachen machen 170 Bände aus, dazu je rund 100 Titel aus Geschichte und Politik, 69 Bände Philosophisches, 120 zur Religion, 68 Kunstbände, 100 zur Literaturwissenschaft, etliche Lexika und Zeitschriftenjahrgänge. Relativ schwach vertreten sind Romane und Erzählungen, aber Belletristik konnte ihm auch kaum nützlich sein; die schrieb er sich selbst. Ein Dichter, in dessen Bibliothek kaum Dichter vertreten sind. Wann wäre ihm auch Zeit zum müßigen Lesen geblieben? Die Bücher, mit denen er sich umgab, waren Hilfsmittel und faktische Inspiration: sein Netz über den Abgründen der Rocky Mountains und Kurdistans, sein doppelter Boden, auf dem er davongaloppierte, sein Antrieb und seine Versicherung. Schwindel und Betrug, Anmaßung, was wurde ihm nicht alles vorgeworfen! Tatsächlich lässt er sich kaum bei einem sachlichen Fehler, einer fachlichen Verirrung ertappen, dagegen war er immun. Ein akribischer Autor, der es freilich manches Mal mit seinen exakten Kenntnissen fremder Länder und Völker übertreibt. So kompensiert er beim Schreiben das Fehlen eigener Eindrücke und Erlebnisse. Karl Mays Bibliothek, so aufgeräumt und repräsentativ sie sich heute dem Besucher darbietet, ist die Werkstatt eines Schwerstarbeiters, eines genialen Dilettanten und Privatgelehrten. Immer wieder muss man sich vor Augen führen, was für eine Leistung er bei der Transformation fremden Wissens in den eigenen Abenteuer- und Erlösungskosmos vollbracht hat. Auffällig ist Mays Schreibtisch: für den eher kleinen Mann ein relativ hohes Möbel; gut für den strapazierten Rücken.

Zur Wiedereröffnung des Karl-May-Museums in Radebeul 1995 schrieb Rudolf Augstein eine »Spiegel« Titelgeschichte. Er fragte sich: »Also war Karl May ein gemeiner Hochstapler? Eben nicht. Seine vielen Leser vertrauten ihm ja.« Was recht ist, ist auch überzeugend. Der Mythos überlagert die ohnehin schwer zu fassende wissenschaftliche Wahrheit, Empirie ohne ausschmückendes Beiwerk existiert nicht, zumal in Reisebeschreibungen. Und das schlagendste Argument für Karl May ist sein brennendes Interesse für das Fremde, für die Indianer, die Araber, die Chinesen. Damit stellt er sich neben seine Zeit. Der Mythos seiner Unbesiegbarkeit als Old Shatterhand und Kara Ben Nemsi gründet auf dem Urvertrauen, das die May'schen Helden dem exotischen Feind entgegenbringen. Sie kämpfen miteinander, so lange, bis das Trennende verschwindet und das Gemeinsame zutage tritt und der Mensch den Menschen anerkennt. Martin Walser sagt: »Warum habe ich Karl May gelesen, jahrelang? Weil ich mir rettbar vorkommen wollte, ob im Balkan oder in den Händen von Indianern.« Die Rettung kommt aus Büchern, ein Schriftstellertraum! Es gibt nicht viele, die sich und den Lesern diesen Traum erfüllt haben. Die literarischen Schöpfungen des 20. Jahrhunderts – zwischen Beckett und Brecht – handeln vom Verfall des Individuums, von unrettbarer Einsamkeit, Zerstörung und ideologischer Korruption. Karl Mays Freiheit und Freizügigkeit, sein absolutes Künstlertum sind nach dem Ersten Weltkrieg nicht mehr zu erreichen. Er ist, um mit James Fenimore Cooper zu sprechen, bei dem er sich auch bedient hat, der allerletzte Mohikaner.

Radebeul ist sein Heiligtum. Das Grundstück der Villa Shatterhand grenzt an das der Lutherkirche, ein mächtiger roter Ziegelbau, für den Karl May ein Chorfenster gestiftet hat. Dichterhäuser und Schriftstellergehäuse, der Eindruck wird von der geistlichen Nachbarschaft verstärkt, sind wie Gotteshäuser, sie sind leere Gefäße, die der Glaube füllt, der Glaube an die Präsenz eines nicht oder nicht mehr greifbaren Wesens. In wie vielen Episoden hat Karl May Gottesdienste beschworen, Andachten in der Wildnis, Gebetsstunden mit Indianern und Muslimen in der Wüste. Für den Karl-May-Leser schwappen diese exotischen Missionserlebnisse in das Haus des Dichters zurück; aber niemand antwortet. Der Besucher hört die Stimmen der Kinder, die in Karl Mays Garten spielen, vor dem Blockhaus der Villa Bärenfett. Die Karl-May-Stiftung hat dort ein rührendes Indianer- und Wild-West-Museum eingerichtet.

Radebeul ist sein Fort, doch gelegentlich durchbricht er den Belagerungsring aus Fans und Freunden und gesellschaftlichen Verpflichtungen. Den Roman »Weihnacht«, der 1897 zum Fest erscheint, 500 Seiten stark, bringt er in einem einsamen böhmischen Hotel in nicht einmal zwei Monaten zu Papier. Winnetou und Old Shatterhand jagen im Schnee Wyomings goldgierige Banditen und retten eine deutsche Auswandererfamilie. Karl May findet in der Wildnis seiner Erzählungen die Ruhe und den Frieden, die ihm in der Villa Shatterhand nicht vergönnt sind.

Ein Reporter der »New York Times«, der 2007 die Villa Shatterhand besichtigt, äußert sich leicht verstört über die konstante, von politischen Systemen unabhängige Indianerbegeisterung der Deutschen. Die gab es in der DDR wie in der Bundesrepublik, im Tipi war die geteilte Nation stets vereint. Karl May, so die Schluss-

folgerung des Amerikaners, sei ein Rohrschach-Test für die deutsche Identität. Doch was könnte ein psychologisches Experiment bringen, was würden Probanden im Karl-May-Museum Radebeul erfahren und entdecken? Da steht man vor Bücherwänden und seltsamen Einrichtungsgegenständen, starrt auf ein riesiges Gemälde, genannt »Der Chodem« (Das Gewissen), das Mays Empfangszimmer ausfüllt wie ein Altar, ein Werk des symbolistischen Malers Sascha Schneider (1870 – 1927). Karl May fühlte sich von der schwül-religiösen Esoterik des Nietzscheaners Schneider angezogen. »Keiner hat mich so verstanden wie er«, schwärmte der Schriftsteller. Sie sind sich 1903 begegnet, und bald darauf entstand im Auftrag Mays jener »Chodem«. Eine athletische männliche Gestalt mit nacktem Oberkörper, nur mit einem Derwischrock bekleidet, wendet dem Betrachter den Rücken zu. Der Mann ist geblendet, weicht zurück vor einer strahlend weißen Erscheinung – seinem ideellen Double. Der gesichtslose Geist breitet die Arme aus und bedeutet: Nicht weiter! Nicht weiter so! Eine Erweckungsszene, der Moment der spirituellen Wahrheit, wie man sie in Mays

... und in der apokalyptischen Vision des Malers Sascha Schneider

»Am Jenseits« und anderen späten Romanen findet. Bei Schneider fand sich Karl May aufgehoben, als Künstler endlich, als missionarischer Schriftsteller und Visionär. »Wir stehen vor einer neuen Ära«, schreibt May an seinen Verleger Fehsenfeld. Fortan soll Schneider die Karl-May-Titel illustrieren, und May wünscht sich statt des waidmännischen Grüns nun ein »dunkleres Blau oder besser noch Violett« als Farb- und Jagdgrund seiner Bücher.

Fehsenfeld stimmt widerwillig zu. Schneider stattet bis 1910 immerhin 25 Karl-May-Titel aus, doch die Erfolgstitel erscheinen in der neuen Aufmachung nur in kleiner Auflage. Sascha Schneiders sinistre Engel, seine nackten Jünglinge und Totenkopfgestalten, die morbide Mystik, die an Odilon Redon und Franz von Stuck erinnert, war einem Massenpublikum nicht zuzumuten. Zu greifbar die Homoerotik, zu heftig überhaupt die künstlerische Ambition. Karl May hat, zumal in späteren Jahren, genau diese flirrende Metaphysik gesucht. Schneider traf die innere Atmosphäre der Reiseerzählungen, die halluzinatorischen Seelenlandschaften genau. Doch für den Markt zählten die Botenstoffe,

147

Abenteuer, Action, die edlen Helden. Schneiders Titelblatt für »Winnetou« irritiert noch heute: ein nackter, muskulöser Krieger-Jesus mit spitzen Brustwarzen und fliegendem Haar bis übers Gesäß, auffahrend zu einem weißen Lichtkreuz am Himmel. Das grenzt offensichlich an Blasphemie, und diese Lästerung gilt nicht zuletzt dem Schriftsteller selbst, jedenfalls in den Augen schlichterer Gemüter. Karl May empfindet die Schneider'schen Allegorien als befreiende Apotheose. Er sitzt dem Künstler Modell für eine Büste, die ihn als Sphinx porträtiert. In Radebeul steht die Bronze nahe beim »Chodem«. Man meint ein großes Opernaufwallen zu hören, den donnernden Schlussakt.

Die schwärmerische Verbindung mit dem Maler Sascha Schneider nimmt in Karl Mays Biografie einen besonderen Stellenwert ein. Es ist das einzige Mal, dass er mit der zeitgenössischen Kunstströmung in Berührung kommt und sich beeinflussen lässt. Von literarischen Kreisen hält er sich fern, man weiß nur von seiner Liebe zu traditioneller Kirchenmusik. Er bleibt ein Einzelgänger. Schneider folgt 1904 einem Ruf an die Kunstschule in Weimar, wo er eine Professur bekleidet und in dem avantgardistischen Zirkel um Harry Graf Kessler, Henry van de Velde und Elisabeth Förster-Nietzsche verkehrt, der Schwester des Philosophen. 1908 geht er nach Italien; in Deutschland fürchtet er Verfolgung wegen seiner Homosexualität. Der Kontakt zu Karl May bricht ab. Über Mays Theaterstück »Babel und Bibel«, das Schneider illustrieren sollte, konnten sich die beiden nicht verständigen. Die Affäre mit der modernen Malerei endet mit einer bitteren Enttäuschung. Bei allem Erfolg – und in den ersten Jahren in der Villa Shatterhand erreicht er seinen Zenit – bleibt es um ihn einsam. Ein tragisches Moment steckt in dem nicht allzu lange funktionierenden Austausch mit Sascha Schneider. Ist »Winnetou« nicht Poesie? In Verkennung seiner fantastischen schriftstellerischen Leistung wollte Karl May einmal ganz und gar Künstler sein, als Künstler fühlen, ganz nach dem Klischee. »Ich habe ein einziges Mal etwas Künstlerisches schreiben wollen, mein ›Babel und Bibel‹«, klagt May, und Schneider versteht nichts, will nichts verstehen und sticht ihm geradewegs ins Herz. »Mein lieber Old Shatterhand, satteln Sie aufs Neue und bleiben sie der Alte.« Wenn in einem Kompliment Verachtung liegt und umgekehrt, dann hier.

Beim Gang durch die May'schen Gemächer drängt sich der Gedanke an Richard Wagner auf. 1874, neun Jahre vor seinem Tod, bezieht der Komponist mit seiner Familie die Villa Wahnfried in Bayreuth. Bis zur Schließung der Wagner'schen Residenz mit ihrer verstaubten Ausstellung anno 2009 raunte und rauschte es hier mächtiger als in der Villa Shatterhand. Umfängliche Renovierung tut not, als habe die Last des Mythos Anwesen und Einrichtung erdrückt. »Götterdämmerung« und »Parsifal« sind in der Villa Wahnfried entstanden, Hitler ging hier ein und aus, in der Gruft im Garten ruht Richard Wagner, nebenan sein treuer Hund, und im Festspielhaus findet alljährlich vor aller Welt eine Exhumierung statt. Deutsche Giganten und ihre Kleinstädte, das ist schon speziell. Goethe überwuchert Weimar, Wittenberg nennt sich Lutherstadt, Thomas Mann adelt Lübeck, und Günter Grass ist auch da. Richard Wagners Einfluss auf Bayreuth ist unvergleichlich größer als der von Karl May auf Radebeul. Bayreuth ist Wagner, Wagner ist Bayreuth, und Radebeul, Karl May hin oder her, liegt letztlich bei Dresden und hat gute Weinlagen am Hang. Die von May geschaffene Mythologie lässt ihn ideell nicht sesshaft werden. Wagner hält Hof, May empfängt Verehrer, dabei sind beide sich ihrer außerordentlichen Bedeutung bewusst. Aber die Differenz könnte größer nicht sein: Richard Wagner entfacht Stürme und Fluten auf der Opernbühne, das Epizentrum des Bebens aber bleibt bis auf Weiteres Bayreuth, so lange der Clan die Kontrolle behält und mit innovativen Interpretationen, von Patrice Chéreau bis Christoph Schlingensief, die Tradition untermauert. Karl May hat seine pazifistische Botschaft in die Welt hinausgeschickt und Millionen über Millionen Leser gefunden. Wann sollte er denn je einmal längere Zeit irgendwo zu Hause gewesen sein, bei all den Reisen? Die Illusion wirkt noch immer. Radebeul, das war doch nur eine Art Basislager, ein Umladeplatz, eine Durchgangsstation …

In dem Lieferungsroman »Der Weg zum Glück«, entstanden 1885/87, wirft Karl May liebevoll ein Steinchen auf die Büste des

damals schon verstorbenen Komponisten. Er erzählt die haar-
sträubende Geschichte der Sennerin Leni, die von König Ludwig II. entdeckt wird, eine Ausbildung zur Opernsängerin bekommt und vor Richard Wagner (und Franz Liszt) auftritt. Eine
hübsche, aber weithin unbekannte Story, herzlich menschelnd,
für Wagnerianer ein Graus. Aber eben auch kein ernstzunehmen-
der Anschlag. Wagners neogermanische Kolportagetexterei aus-
einanderzunehmen, das verhindert nun einmal für alle Zeit die
Musik.

    Richard Wagners Flügel hat die Zerstörung der Villa Wahn-
fried durch Bomben im Zweiten Weltkrieg überstanden. Des Meisters Schlachtross, und wie hat er es geritten! Anders verhält es sich
mit den Waffen in der Villa Shatterhand. Gleich im ersten Raum
hängen die berühmtesten Gewehre der Welt – in einer Vitrine, ein
eher trister Anblick. Silberbüchse, Henrystutzen, Bärentöter, wie
hat die pulverdampfende Dreieinigkeit die Fantasie der Leser be-
flügelt! Der Westen, der Osten zitterte vor ihnen! Sie waren eine
Armee in der Hand eines einzigen Mannes, und doch nur Kinder-
spielzeug. Geschossen hat nicht eine dieser Zauberflinten, sie wären dem armen Schützen um die Ohren geflogen. Winnetous Silberbüchse wurde von einem sächsischen Büchsenmacher für den
Schriftsteller angefertigt und soll 1896 in die Villa Shatterhand gelangt sein. Den Henrystutzen – mit angeblich 25 Schuss – hat er

wohl erst nach 1900 gekauft, auch der Bärentöter stammt aus einer Dresdner Werkstatt und war nie im Einsatz.

Über das Schicksal seiner Artillerie hat Karl May in »Old Surehand III« – augenzwinkernd – Auskunft gegeben:

»Meine Leser wissen, daß Winnetou mit der Silberbüchse begraben wurde; jetzt kaufen sie sich Bilder von mir, unter denen es welche mit der Bezeichnung ›Old Shatterhand‹ mit ›Winnetous Silberbüchse‹ gibt; oder die wißbegierigen Besucher, welche fast täglich mit oft wunderbarer Harmlosigkeit von Villa Shatterhand und meiner kostbaren Zeit Besitz ergreifen, sehen dieses Gewehr zwischen Sam Hawkens' alter Gun und meinem Bärentöter hängen; da gibt es der brieflichen und mündlichen Fragen kein Ende. Ich halte noch heut meine Waffen hoch. Mein Henrystutzen und mein Bärentöter sind noch jetzt meine wertvollsten Besitztümer. Kostbarer aber noch als sie ist mir Winnetous Silberbüchse, die ich schon, als er noch lebte, stets mit einer gewissen heiligen Scheu betrachtet oder in die Hand genommen habe. Als er erschossen worden war, haben wir ihn hoch zu Roß und mit allen seinen Waffen, also auch mit ihr begraben.«

Widersprüche, kritische Nachfragen über den Weg der Waffen lösen sich, piff-paff, in bleihaltiger Luft auf:

»Einige Jahre später kam ich mit meinen damaligen Gefährten bei der Verfolgung eines Truppes Ogellallah-Indianer grad dazu, daß die Sioux sein Grab öffneten und berauben wollten. Wir vertrieben sie nach hartem Kampfe. Sie hatten es auf die Silberbüchse abgesehen. Ich konnte natürlich nicht als Hüter seines Grabes stets im Tale des Metsurflusses bleiben, und da zu erwarten war, daß sich die Entweihung des Grabes wiederholen werde, nahm ich die Silberbüchse heraus und sorgte dafür, daß dies überall bekannt wurde. Die Sioux erfuhren, daß die Büchse nicht mehr zu haben sei, und ließen infolgedessen das Grab nun unversehrt. Jetzt hängt dieses herrliche Gewehr neben meinem Schreibtische, und während ich jetzt von ihm erzähle, habe ich es vor meinen Augen und gedenke in tiefer Wehmut dessen, den es nicht ein einziges Mal im Stich gelassen hat und der mein bester, vielleicht mein einziger Freund gewesen ist.«

War er je um eine Erklärung verlegen? So also kam die Waffe aus dem Grab im fernen Wilden Westen nach Sachsen. Vielleicht will man das alles nicht so genau wissen, der Waffenschwindel zerstört am Ende Jugendträume. Doch war Karl May schließlich ein Friedenskämpfer – und seine Gewehre Attrappen. Sie dienten seiner Glaubwürdigkeit, es sind Beweisstücke im doppelten Sinn. Sie bezeugen die Abenteuererzählungen ebenso wie die Friedfertigkeit des Kunstschützen. Wer hat nicht als Kind mit Platzpatronen Cowboy und Indianer gespielt, mit Getroffensein und Sterben, wer wälzte sich nicht stöhnend am Boden und stand nach einer Gedenkminute mit zusammengekniffenen Augen wieder auf, um weiterzukämpfen? Wir waren Karl May näher, als wir es je vermutet hätten.

DIE REISE IN DEN ORIENT

Die Aleppobeule ist ein eitriges Geschwür, sie plagt den von der Sandmücke gestochenen Menschen bis zu einem Jahr lang, dann heilt sie spontan ab und hinterlässt eine tiefe Narbe. Sir David Lindsay, ein spleeniger und schwerreicher Engländer – aus den Kara-Ben-Nemsi-Romanen –, trägt das fette Furunkel auf der Nase; ein Augenblick exotischer Komik, bevor die Abenteurer ins Unbekannte aufbrechen. Karl May beschreibt den Verlauf der Infektion ausführlich in »Von Bagdad nach Stambul«: »Der Name der Beule ist übrigens nicht zutreffend, da die Krankheit nicht nur in Aleppo, sondern auch in der Gegend von Antiochia, Mossul, Diabekr, Bagdad und in einigen Gegenden Persiens auftritt. Ich hatte diese verunstaltende Beule schon öfters gesehen, noch niemals aber in der ungewöhnlichen Größe wie bei unserem guten Lindsay.«

Am Beispiel der Aleppo- oder Orientbeule zeigt sich wieder Karl Mays Instinkt für fremdes Wissen und angelesene Weisheit. Mit dem sicheren Blick eines Bibliothekars trägt er Informationen zusammen, die der Überprüfung standhalten, eben so, als sei er dort gewesen. Dabei bewegt er sich mit traumwandlerischer Sicherheit auf den Fantasiepfaden klassischer arabischer Erzählkunst. Zum Pflücken seltener literarischer Gewächse ist immer Zeit, auch in schlimmster Gefahr. Ibn Battuta, der große maghrebinische Pilger und Entdecker, besucht im 14. Jahrhundert die gesamte arabische Hemisphäre; er dringt in seinen Reiseberichten bis nach Indien und China vor. Über die mächtige Zitadelle von Aleppo in Syrien heißt es da in höchsten Tönen: »Es ist eine Burg, deren Fundamente die Wasserquellen umarmen und deren Höhe den Gürtel des Orient übersteigt.« Die Befestigungsanlage macht auch den Besucher im 21. Jahrhundert noch sprachlos, wie zyklopisch mag sie da erst zu Ibn Battutas Zeit gewirkt haben. Ein militärisch-architektonisches Meisterwerk, von dem man sich überall erzählt hat in den Zelten und an den Höfen, ein Mythos. Ibn Battutas »Die Wunder des Morgenlandes« liegen jetzt in einer neuen deutschen Ausgabe vor, nach der arabischen Fassung des Fath Allah al-Bailuni, der im 17. Jahrhundert in Aleppo lebte. Ein so berühmter Text geht durch viele Hände, speist sich aus vielen Quellen, Authentizität erscheint dabei zweitrangig. Heute muss angenommen werden, dass Ibn Battuta weite Passagen seines Werks erfunden oder bei anderen Autoren gefunden hat. Es ergeben sich deutliche Übereinstimmungen mit den Abenteuerberichten Marco Polos, wie der Islamwissenschaftler Ralf Elger nachweist. Und mit dem Respekt des Venezianers vor dem geistigen Eigentum anderer ist es auch nicht weit her. Unser Urheberrecht kannte man im »globalisierten Mittelalter« (Elger) eben noch nicht. Wie bei Marco Polo, so hat sich Ibn Battuta bei arabischen Schriftstellern und Reisenden bedient, damals ein übliches Verfahren, eine Verbeugung. Seinen Ruhm hat weniger seine logistische Leistung als Weltreisender begründet als vielmehr seine Fabulierkunst und sein Kompilationsgeschick. Christliche und muslimische Schriftsteller haben einander zu Ibn Battutas Zeit gern kopiert und versifiziert, einen florierenden Tauschhandel mit den Erlebnissen, Ideen und literarischen Erfindungen untereinander betrieben, ohne dass der eine unbedingt vom anderen wusste. Schließlich dienten die frühen Weltreiseberichte der Erprobung und Ausbreitung der eigenen Kultur – und des Glaubens.

»Im Namen des barmherzigen und gnädigen Gottes, von dem der Beistand kommt. Gepriesen sei der Herr der Welten. Die Gnade Gottes sei mit unserem Herrn Muhammad, all seinen Nachkommen und Gefährten.« So hebt Ibn Battutas Reisebuch in der jüngeren Aleppiner Fassung an, entstanden in einer Stadt, die Karl May gefallen hätte, mit ihren Moscheen und Kirchen der verschiedenen christlichen Glaubensrichtungen auf engem Raum, dicht beieinander. Karl May, der Versöhner, eröffnet »Von Bagdad nach Stambul« mit einem Abriss islamischer Geschichte und Religionsgeschichte. Für die kolonialistische Epoche, in der er schrieb, lesen sich diese Glaubensreflexionen erstaunlich tolerant und fair. Er begegnet dem Islam mit einer offenen Haltung, die sich die westliche Welt nach den Terroranschlägen des 11. September 2001 erst mühevoll und nicht freiwillig und wohl auch nicht dauerhaft angeeignet hat. Vermutlich wurden die lehrreichen – und leider oft auch schulmeisterlich belehrenden – Passagen von Millionen Karl-May-Lesern überblättert oder als exotische Beigabe konsumiert. Der Bestsellerautor, der alle Rekorde bricht, gefällt sich in den späteren Jahren aber immer mehr als Prediger des Friedens unter den Völkern und Religionen. Das lässt sich bald nicht mehr ignorieren oder als Arabeske abtun: Der Mann meint es ernst. Seine Ideen von Versöhnung und Gewaltlosigkeit stehen am Beginn des 20. Jahrhunderts konträr zum Zeitgeist.

Im Februar 1898 widerfährt Karl May eine außerordentliche Ehre: Die Erzherzogin Marie Therese empfängt ihn in Wien zur Audienz. »Kaiserliche Hoheit, soll ich als Cowboy oder Schriftsteller die Unterhaltung führen?«, so wird sein forsches Entree bei Hofe kolportiert. Zu dieser Zeit hält sich auch Mark Twain in Wien auf. Die österreichische Öffentlichkeit feiert den Yankee, die Presse begleitet ihn überall hin – was May ärgert und zu albern-eifersüchtigen Äußerungen verleitet. Mark Twain, der habe in Monaten nicht geschafft, was ihm locker zufällt, prahlt der Radebeuler Cowboy. Trotz all der märchenhaften Erfolge wächst Karl May eine Aleppobeule auf der Seele. Bis Wien ist er gekommen, also nie wirklich gereist. Immer weiter ist er aufgestiegen, immer tiefer wäre der Fall. Etwas braut sich zusammen, die Glückssträhne droht zu reißen. Erfolg macht sensibel und verletzlich.

Und eines Tages bricht er mit Sack und Pack, von Eheproblemen und dunklen Vorahnungen bedrückt, doch noch zu einer großen Reise auf. Er sieht Menschen, Landstriche und Monumente, die er einst in Tagträumen fixierte. Er setzt seine schon nicht mehr unerschütterliche Physis schwierigen klimatischen Bedingungen aus, und er nimmt endlich Kulturen in Augenschein, die er ausführlich und en détail beschrieben und gegen die herrschenden Vorurteile verteidigt hat. Der berühmte Reiseschriftsteller, der Beherrscher der Prärien Nordamerikas und der arabischen Wüste tritt in die Fußstapfen seines Helden, seines Alter Ego; der Meister folgt dem Zauberlehrling, er stellt seinen Kopf auf die Füße.

Erst jetzt, am Ende des Jahrhunderts, mit 57 Jahren, nach Jahrzehnten schriftstellerischer Plackerei und rauschhaften Triumphen, riskiert Kara Ben May die Begegnung mit der Realität. Er ist *mal wieder* bei seinen arabischen Freunden, so die offizielle Lesart, die er nach Kräften unterstützt. Eine wahnwitzige Operation: Man stelle sich einen Don Juan der Selbstbefriedigung vor, einen in allen Betten und Boudoirs versierten Liebhaber seiner selbst, der zum ersten Mal eine nackte Frau sieht und blankziehen muss. Eine männliche Jungfrau, die den Geschlechtsakt aus intensivem Aktenstudium kennt; man denke sich einen Kanalschwimmer, der die Gezeiten seiner Badewanne souverän im Griff hat, einen strahlenden Krieger auf dem Schlachtfeld von Zinnsoldaten. Karl May ist der bestechendste Simulant in der Welt der Abenteuerliteratur. Ein Schreibtischhocker und Pazifist, der keiner Stubenfliege je etwas zuleide tat – und eine endlose Zahl bewaffneter Konflikte mit Faust und Gewehr und überwältigendem strategischen Wissen löst. Ein Entdecker und Welteroberer, der mit bald sechzig Jahren zum ersten Mal außereuropäischen Boden betritt, nie in Paris oder London war, nie in Moskau oder Madrid.

Die einschlägige Karl-May-Exegese sieht in der Orientreise des Jahres 1899 den großen Wendepunkt. Danach sei er ein anderer gewesen, ein Geläuterter. Sein erster Kontakt mit anderen Welten, oder der Welt überhaupt, wird als Damaskuserlebnis beschrieben: In der biblischen Geschichte stürzt der ungläubige Christenhasser Saulus vom Pferd und wird zum Paulus, zum Missionar und Apostel. Aber die Mär von der May'schen Umkehr ist Unfug, naive Idealisierung. Der späte Reisende ist auch auf ganz unangenehme Art und Weise ganz bei sich und auf sich allein gestellt. Die existenziellen Krisen, die er unterwegs durchmacht, sind signifikant für einen alternden Künstler auf der Höhe des Ruhms, wenn sich das Gefühl der Abschüssigkeit aller Wege unwiderruflich einstellt. Jeder Künstler – es ist höchste Zeit, Karl May als gefährdetes Genie zu betrachten und nicht als unangefochtenen Schriftsteller für die Jugend oder dergleichen – kennt das Gefühl. Erfolg und Anerkennung sind eine glitschige Materie, eine schiefere Ebene, je mehr ein Künstlermensch davon bekommt.

Er ist alt oder nicht mehr jung, die Kräfte lassen nach, und da macht er die Reise. Als Beweis für das Unbeweisbare.

Er beginnt, seinem Leben hinterherzulaufen, ein Getriebener seiner eigenen Schöpfung. Sie ist noch nicht vollendet, aber sie hat ihre Pracht entfaltet, Menschen und Tiere und Geschichten sind an ihrem Platz im dichten mythologischen Gewebe, die Luft ist dünner geworden im Reich der Fantasie. Aus den Hinterhalten der Ehe kann Winnetou ihn nicht befreien, die Anwürfe in der Presse wehrt kein Henrystutzen ab. Das Image der Unbesiegbarkeit erweist sich als Falle. 50 000 Mark macht er für die Reise locker, eine Riesensumme nicht nur für den »Sohn blutarmer Webersleute«. Auch eine Prestigefrage, mit so viel Geld loszugehen. Hans Wollschläger betrachtet die Tour durch Arabien und nach Fernost als das »letzte Ornament, das letzte Kapital, das May an seiner so künstlich gelungenen Ruhmessäule anzubringen gedenkt«. Keinesfalls will er seine »Reiseerzählungen« überprüfen, wie sollte das auch funktionieren. Dutzende Bücher kann er ja nicht widerrufen, umschreiben oder ergänzen. Die Pferde sind längst durchgegangen; niemand fängt sie wieder ein. »Er machte große Reisen zwar/Nachträglich erst vom Honorar«, spottet Eugen Roth. Richtig ist daran, dass Karl May erst durch seinen schriftstellerischen Erfolg in die Lage versetzt wurde, es seinem großen starken Bruder Kara Ben Nemsi nachzutun und – das Drama wiederholt sich als Farce – auf einem Touristenkamel um die Pyramiden bei Kairo herumzureiten und bedeutend in die Kamera zu blicken. Der Tourist Karl May, der in Hotels schläft und die Bequemlichkeit schätzt, parodiert das Heldenleben seiner Romanfiguren. Er erlebt nichts, was über den gewöhnlichen Erfahrungshorizont eines Europäers in Ägypten hinausginge. Es ist nicht zu unterschätzen, was die endlosen Ausritte der Fantasie bewirkt haben. Seit zwanzig, dreißig Jahren zieht der Mann in seinen Büchern durch die Welt, er kennt ja alles schon, auf seine Weise. Die ihm eigene immense Einbildungskraft hat ihn untauglich gemacht für große Sprünge im Hier und Jetzt. Das Phänomen kennt jeder. Tausendmal schon die Sphinx und die Pyramiden gesehen, im Fernsehen, im Kino, auf den Urlaubsfotos und -filmen anderer, in Büchern, im Internet, auf Bildern im Museum – und nun steht der Mensch da, hat die Reise gemacht und ist gelinde enttäuscht. Alles kleiner, schmutziger, weniger erhaben als gedacht und rings umher Nepp und Nerv. Karl May erlebt früh den Massentourismus, und er hat mit seinen Wüstenerzählungen die ohnehin schon mächtige Orientbegeisterung seiner Zeit auch noch angeheizt.

Mitte April 1899 kommt er in Kairo an und notiert: »Wir befanden uns im Vorsommer, also in der Zeit, in welcher der Khamsin jährlich gegen fünfzig Tage lang der höchst ungern gesehene Gast Ägyptens ist. Dieser heiße, trockene Südwestwind, welcher den feinen Staub der Wüste mit sich führt, kann, wenn er stark auftritt, so erschlaffend wirken, dass sowohl der Einheimische als auch der Fremde alles meidet, was mit einer körperlichen Anstrengung verbunden ist.« So schreibt keiner, der zum ersten Mal Ägypten bereist. So spricht einer, der sich auskennt. Kaum hat er eingecheckt im Hotel Bavaria, (»mein Hotel, wo ich mich unendlich wohlfühle«), kaum etwas von Kairo gesehen, läuft das Renommierprogramm. Anderntags beklagt er sich in einem Gedicht über die Pauschaltouristen (»den roten Führer krampfhaft in der Hand/Sind sie bemüht, zu messen, zu vergleichen/Als habe Baedecker sie hergesandt«) und setzt sich ab (»Ich will die Schöpfung/Kein Verzeichnis schauen«). Er ist etwas Besseres. Er kennt sich aus. Er geht nicht mit der Menge, die Leute könnten ihn ja erkennen, den berühmten Weltreisenden; das ist ihm dann aber niemals richtig unangenehm. In Paris und Rom werden für Fans von Dan Browns spekulativen Thrillern »Da-Vinci-Code«- und »Illuminati«-Touren angeboten. So mag sich Karl May in Kairo und auf den weiteren Stationen seiner Orientreise gefühlt haben. Er bewegt sich auf den Spuren seiner Helden, an den Schauplätzen seiner Bestseller, nur dass er sich als Schöpfer dieser Welten und Orte fühlt.

Er sieht, was er zu kennen glaubt, und er erkennt wieder, was er sieht, wie sollte er das auseinanderhalten! Er ist mittendrin in seinem eigenen Kosmos, ein Schöpfer, der am siebten Tag nicht ruht, sondern seine Werke abschreitet und eigentlich etwas Neues sehen will, etwas, das ein anderer geschaffen hat.

Am 22. April 1899 notiert er: »Jeder gebildete Deutsche, der sich hier in Kairo befindet, kennt leider Karl May.« Am 2. Mai kennt die Koketterie kein Halten mehr: »Jeder Deutsche liest meine Werke. Man schwärmt für mich, wie ja überall, und will den berühmten Karl May sehen. Ich bin, wie stets auf Reisen, ein armer, geplagter Mann und möchte recht bald fort.« Er bleibt aber noch drei Wochen in Kairo und Umgebung, schaut sich die Pyramiden an, trifft den deutschen Archäologen Max von Oppenheim, der in den kommenden Jahren den großen Palast vom Tell Halaf in Nordsyrien ausgraben wird.

Von Oppenheim (1860 – 1946), Spross einer Kölner Bankiersfamilie, fühlte sich vom Orient unwiderstehlich angezogen. Er kann als Karl Mays Antipode gelten, in nahezu allen Belangen. Max von Oppenheim verfügte über ausreichend Geld, um sich ein herrschaftliches Haus in Kairo einzurichten. Er sprach Arabisch, bereiste die gesamte muslimische Hemisphäre, ehe er sich in sein archäologisches Abenteuer stürzte. Als Forscher erwarb er internationalen Ruhm und war im Ersten Weltkrieg Agent im Dienst des deutschen Kaiserreichs. Max von Oppenheim, den man den »deutschen T. E. Lawrence« nannte, war ein enzyklopädisch gebildeter und interessierter Amateur. Er sammelte islamische Kunst, durchstreifte die Basare. In über 13 000 erhaltenen und vom Archäologischen Institut der Universität Köln digitalisierten Fotografien dokumentierte er seine Reisen und den Alltag der Beduinen. Er nahm arabische Musik und Gesänge auf Tonwalzen auf und legte eine naturkundliche Sammlung an; nach ihm ist eine Vogelart benannt (Sturnus vulgaris oppenheimi). In den zwanziger Jahren gelang es ihm, nach Syrien zurückzukehren und einen Teil seiner Ausgrabungen nach Deutschland zu verschiffen. Er gründete in Berlin sein privates »Tell Halaf«-Museum. Es wurde im Zweiten Weltkrieg von Brandbomben zerstört. Ein archäologisches Wunder: Im Januar 2011 wurde im Pergamonmuseum auf der Berliner Museumsinsel die sensationelle Ausstellung der »geretteten Götter« eröffnet. Aus Schutt und Asche sind die dreitausend Jahre alten Statuen der Aramäer wieder auferstanden, in jahrelanger Puzzlearbeit zusammengesetzt aus Zehntausenden von Fragmenten: dunkle Riesen, die den Besucher wissend mustern mit ihrem archaischen Lächeln.

»Ich habe Abenteuer stets geliebt und mir immer Forschungs- und Entdeckungsexpeditionen in die Wüste ausgesucht, bei denen keiner weiß, was der nächste Tag bringen wird – und bei denen Wassermangel und Plünderungen durch Beduinen ständig das eigene Leben in Gefahr bringen –, aber bei denen man andererseits immer wieder neue Entdeckungen als Pionier in Kunst und Wissenschaft macht. Das ist meine große Leidenschaft«, schrieb Max von Oppenheim. Er hat die Wüste erlebt, durchquert, erforscht, die arabische Welt, die Karl May halluzinierte.

»Wie stets auf Reisen«. Es können damit nur Karl Mays Schriftstellerreisen in Deutschland gemeint sein; da ist er wohlbekannt. Nicht zur Veröffentlichung bestimmt war das Reisetagebuch. Gleichwohl hat er nie etwas geschrieben, das nicht dem hohen Anspruch seiner Selbstdarstellung standhält. Das Rollenspiel ist ihm in Fleisch und Blut übergegangen, er spielt sich selbst etwas vor, kontrolliert jeden seiner Schritte, jede Äußerung, auch wenn er mit sich allein ist. Er glaubt, was er sagt, er ist, jedenfalls am Anfang der Reise, noch vollkommen schwindelfrei in der schwindligen Selbstüberhöhung. So trifft die angeberische Wendung doch zu, »wie stets auf Reisen«, denn im Zustand der Ruhe befindet er sich in keinem Augenblick, seit die »Reiseerzählungen« in der Welt sind.

Am 23. Mai schließt der Schriftsteller aus Deutschland in Kairo mit einem Ägypter namens Sejd Hassan einen Dienstvertrag. Wie Kara Ben Nemsi braucht er im Orient einen ständigen Begleiter, nur dass hier an die Stelle einer unverbrüchlichen Freundschaft und Waffenbrüderschaft die Hierarchie von Herr und Domestik tritt. Das Schriftstück ist von einer erschütternden Kleinlichkeit und Detailfuchserei, vom generösen Effendi keine Spur. Andererseits dürfte die Arbeit als Lakai des in der Fremde unsicheren Großschriftstellers dem Ägypter einen willkommenen und sicheren Verdienst gebracht haben. Der ins Lächerliche drehende Wortlaut des Schriftstücks erinnert an so manche weitschweifig-penible Stelle in den May'schen Abenteuererzählungen:

Dienst-Vertrag

Zwischen dem Reisenden Herrn Dr. Karl May aus Dresden und dem anderen Contrahenten Sejd Hassan aus Kairo ist heut folgender Dienstvertrag abgeschlossen worden.

§ 1. Herr Dr. Karl May engagirt Sejd Hassan zu und während der jetzt von ihm anzutretenden Reise als Diener.

§ 2. Sejd Hassan hat Herrn Dr. Karl May zu begleiten, wohin es diesem beliebt, ihm vor allen Dingen Gehorsam, Treue und Ehrlichkeit zu erweisen und sich der Ausführung keines Befehls zu weigern. Er erhält dafür eine Gage von 5 Mark, sage fünf Mark, pro Tag, wovon er alle Ausgaben für sein Leben, also für Wohnung, Ernährung, Kleidung, Wäsche u.s.w., zu bestreiten hat. Alle Beförderungskosten hingegen trägt H. Dr. May.

§ 3. Sejd Hassan erhält von Herrn Dr. Karl May einen Vorschuß von zwei englischen Pfund, deren Empfang er hiermit quittirt. Der Zahlungsmodus des Gehaltes und die Zurückerstattung des Vorschusses geschieht so, wie H. Dr. May es für angemessen findet.

§ 4. Wenn H. Dr. Karl May mit seinem Diener zufrieden ist, kann die Auflösung dieses Contractes nur nach einer Kündigung erfolgen, welche wenigstens eine Woche vorher zu geschehen hat. Entläßt Herr Dr. Karl May Sejd Hassan auf diese Weise an einem anderen Orte, so gewährt er ihm die Reisekosten nach Kairo dritter Schiffs- oder Wagenklasse. Ungehorsam, Untreue, Unehrlichkeit und dergleichen aber berechtigen H. Dr. Karl May, Sejd Hassan sofort und ohne irgend welche Entschädigung und Zahlung, wofür es auch sei, zu entlassen. Alles Übrige resp. Weitere ist in das Belieben des H. Dr. Karl May gestellt.

§ 5. Dieser in zwei Exemplaren ausgestellte Dienst-Vertrag wurde Sejd Hassan vorgelesen, von ihm als richtig befunden und hierauf von den Contrahenten und den beiden als Zeugen unterzeichneten Herren durch ihre eigenhändige Namensunterschrift für bindend erklärt.

Dr. Karl May / Sejd Hassan

F. Marschner / R. Zschunke

Tags darauf erfolgt die Abreise nach Luxor – mit Diener – und weiter nach Assuan. Das Reisetagebuch gibt sich einsilbig oder schweigt gänzlich. Es könnte sein, dass die Eindrücke in Ägypten ihn verstummen lassen, dass dieser Schriftsteller mit dem unfassbaren Output sich nun einmal etwas Input erlaubt. Doch die spärlichen Schilderungen seiner Eindrücke sprechen dagegen. Er wirkt zutiefst enttäuscht. »Grad weil das Leben des Orientes so inhaltslos, so oberflächlich, schmutzig und lärmvoll ist, wirkt es auf die besser veranlagten Menschen vertiefend, bereichernd, reinigend, beruhigend und befestigend. Man wendet sich unbefriedigt und bedauernd ab und geht nach innen. Das ist die Wirkung auf mich, und ich bin Gott dankbar dafür«, schreibt er an Emma. Er kommt von zu Hause nicht los, schreibt stapelweise Ansichtskarten nach Deutschland an Freunde, Verleger, Zeitungen. Das Projekt Orientreise scheint in den ersten Wochen und Monaten allein dem äußeren Anschein zu genügen, seine Gedanken hängen in der Heimat fest, hängen der nächsten Fata Morgana nach. Karl May kommt als Karl May nicht weit, er braucht seinen Künstler- und Kriegernamen, die ausgebaute andere Identität:

»Ich gehe jetzt nach dem Sudan. Die Engländer dulden das nicht, darum reite ich als Kara Ben Nemsi meine alten Karawanenwege. Dann will ich über Mekka nach Arabien zu meinem Hadschi Halef und mit ihm durch Persien nach Indien. Sie sehen, daß meine Bücher nicht in meiner Studierstube entstehen, wie hie und da ein kluger Mann sich ausgesprochen hat. (...) Wenn Sie sehen und hören könnten, wie es hier um mich her im Lager zugeht, so würden Sie es für unmöglich halten, daß man dabei überhaupt schreiben kann. Ich bin nämlich beim Kamelkaufe, und die halbkopf geschorenen Nomaden lassen mir keine Ruhe. Ich habe in den wenigen Monaten meiner Reise schon Stoff für 5 – 6 Bände gesammelt. Täglich kommen neue Anschauungen und neue Gedanken; täglich öffnen sich neue Gesichtspunkte. (...) Man ahnt gar nicht, was man, wenn man guten Willens ist, von diesen ›sogenannten‹ Wilden oder Halbwilden lernen kann! Gibt es vielleicht auch ›sogenannte‹ Civilisierte, nur ›sogenannte‹ Christen? Gestatten Sie mir, daß ich die Beantwortung dieser Frage nicht auf mich nehme, sondern sie Ihnen überlasse! Ich könnte mir sonst zu den alten Feinden noch neue machen und bitte Sie zuzugeben, daß dies nicht ganz klug gehandelt sein würde von Ihrem Ihnen dankbar ergebenen Kara Ben Nemsi Effendi.«

Mitte Juni 1899 erscheint dieser Brief aus dem Morgenland in der »Pfälzer Zeitung«. Von Umkehr keine Spur, im Gegenteil. Immer tiefer reitet er sich in die May'sche Mythologie hinein. Am 19. Juni sind der deutsche Herr und sein Diener wieder in Kairo, eine Woche später Einschiffung in Port Said nach Beirut. An Bord schreibt er den Satz: »Karl May ist nämlich auch hier in Palästina eine so bekannte Größe, dass ich an keinem von Europäern besuchten Ort meinen Namen sagen darf.« Er kommt in Beirut gegen seinen Willen zur Ruhe, wegen der grassierenden Pest sitzt er elf Tage in Quarantäne fest. Anschließend hellt sich die Stimmung ein wenig auf. Der Libanon offenbart sich ihm mit »wunderbarer Schönheit, ja Großartigkeit«. In Haifa berauscht er sich am Berg Karmel, das biblische Land verfehlt auch am See Genezareth, in Tiberias, seinen Zauber nicht. Karl May sitzt unterm Sternenhimmel und drechselt fromme Verse. In Jerusalem verdüstert es sich wieder. Am 2. September geht es per Schiff von Jaffa nach Port Said zurück und weiter nach Suez. Er ist nun bald ein halbes Jahr unterwegs und hat Kara Ben Nemsis Wege bestenfalls gestreift. Am 11. September legt die »Gera« vom Norddeutschen Lloyd in Suez ab. Am 15. September schreibt er seinen Freunden, den Plöhns, jenen Satz, der seitdem für Karl Mays innere Umkehr und Wandlung im Orient steht. Auf dem Roten Meer soll es geschehen sein: »Es haben mich viele auf dem Schiff lieb gewonnen, obgleich ich jetzt das gerade Gegenteil vom früheren Karl bin. Der ist mit großer Ceremonie von mir in das rothe Meer versenkt worden, mit Schiffssteinkohlen, die ihn auf den Grund gezogen haben.«

Der »neue Karl«, heißt es, wolle das Zigarrenrauchen aufgeben und Vegetarier werden, mit den alten Gewohnheiten brechen. Er kann nicht. Soll er seine Natur verleugnen, sein Ego vernichten, das Schreiben aufgeben? Er kommt da nicht mehr heraus, er hat sich selbst in die ewigen Kindheitsgründe verbannt. Je heftiger die Attacken zu Hause werden, je lauter er der Lüge bezichtigt wird, desto kräftiger muss er antworten. Die Antwort kann nur sein, dass er die Rüstung seiner »alten Gewohnheiten« enger schnallt und in den Kampf zieht mit grimmigen Repliken und neuen, unglaublichen Stories.

Die Reise geht weiter über Aden nach Colombo; die Fantasieschübe nehmen mit der Entfernung zur Heimat massiv zu. Es ist wie eine Sucht. Am 12. Oktober schreibt er von der »Entdeckung eines reichen, ausgedehnten Goldfeldes, vielleicht eines orientalischen Klondyke im ceylonesischen Hinterland. Er will den Ort nicht preisgeben und das Geheimnis mit ins Grab nehmen, denn »die geordnete, fleißige Arbeit segnet Gott; das habe ich ja selbst erfahren; aber das Graben und Kämpfen um den goldnen Klumpen tödtet Leib und Seele und hat noch keinem Lande und keinem Volke geistigen und ethischen Nutzen gebracht.« In der Geschichte um das sagenhafte Gold steckt eine Metapher auf seine – wie viele glauben erschwindelten – schriftstellerischen Erfolge. Er hat ja tatsächlich Gold und Geld gemacht, aus Stroh, aus Buchstaben und Worten. Neue Reisen werden angekündigt, neue Romane. Seinem Verleger Fehsenfeld schreibt er: »Muß dann nach Egypten zurück, eines neuen, inhaltsschweren Bandes wegen in die libysche Wüste«, und bittet um Vorschuss.

Die Mitteilungen klingen jetzt panisch. Die feuchte Hitze setzt ihm zu, er ist mit seinen Kräften am Ende. Am 10. November erreicht er Padang auf Sumatra. Warum er diese Orte ansteuerte, ob es einen Plan gegeben hat, was er in Ceylon und Sumatra suchte, darüber ist nichts bekannt. Es sollte keine Erdumrundung à la Jules Verne werden, doch Karl May und sein Diener hetzen durch Asien, und keinesfalls suchen sie die klassischen Karl-May-Schauplätze auf. Er betritt Neuland, wagt sich an Orte, die er auch in seinen Studien, in seiner Erzählerfantasie noch nicht erkundet hat, und das bekommt ihm nicht. In Padang bricht der Schriftsteller zusammen. Tagelang soll er nichts zu sich genommen, sich wie ein Irrsinniger benommen haben. Das berichtet der Diener. Von May selbst kein Wort darüber – falls es sich so zugetragen hat. Offensichtlich war Heimweh der Auslöser der Krise, und die Einsamkeit. Seiner Frau und seinen Freunden, den Plöhns, depeschiert er, er wolle sie nach Indonesien holen, ihnen »dieses Paradies« zeigen.

Die Sehnsucht nach den Menschen, die ihm am nächsten stehen, verzehrt ihn, und er kann nicht zugeben, dass die nun schon acht Monate dauernde Reise ein Fehlschlag ist. Am 11. Dezember 1899 ist er wieder in Port Said, zurückgeeilt aus Südostasien, um Emma und die Plöhns in Empfang zu nehmen.

Wenn Reisen eine Kunst ist oder ein zu erlernendes Handwerk, dann hat Karl May dafür kein Talent. Nichts interessiert ihn ernstlich, er ist nicht offen für Erlebnisse, sucht nicht die Nähe der Menschen, lieber schwärmt er so allgemein drauflos: »Dem mit dem Dampfer nach dem Osten kommenden Reisenden treten hier in Penang zum ersten Male chinesische Gestalten, Formen und Gebräuche in der Weise entgegen, daß sein Auge von ihnen gefesselt wird. Er findet das, was er sieht, so überaus fremdartig, seinem gewohnten Fühlen und Denken so fernliegend, daß er sich unwillkürlich fragt, ob es ihm möglich sein werde, unter diesen neuen Eindrücken der Alte zu bleiben.« So stellen sich die Reisebeobachtungen nachher dar im Roman »Und Friede auf Erden«. Da sitzt er dann wieder an seinem Schreibtisch und genießt das geborgene Alleinsein, stilisiert sich zum schlagkräftigen, redegewandten, polyglotten Helden, der auf der richtigen Seite steht und die Richtigen rettet.

Auf Reisen zeigt sich der Charakter eines Menschen. Karl May fühlt sich frei nur in der Enge, wenn er sich aus der häuslichen Schreibzelle hinausträumen kann in eine Welt, die ihm gehorcht, die er nach seinen Ideen baut, die sich nur seinem Zauberschlüssel öffnet. So war es in all den Jahren, und jetzt hat er sich einen Traum erfüllt und erlebt einen Alptraum. Auf der Orienttour muss er gelitten haben wie ein Hund. Mit dem Diener verständigt er sich bestenfalls auf Babyenglisch, die Briefe aus Deutschland bringen keine guten Nachrichten, und die Leser, die ihm angeblich scharenweise nachgestellt haben und auf die Nerven gingen, sind in Wahrheit willkommene Gesprächspartner gewesen, deren Gesellschaft ihm guttat in der glühenden Einsamkeit und Hitze jenes Abenteuers, für das er nicht geboren war. Er sprach keine fremden

Sprachen, liebte das Gemütliche, Ordentliche, Saubere. In Palästina quälten ihn Dreck und Lärm und unbekannte Speisen. Für Kara Ben Nemsi in Zivil ist der Orient die Hölle. Aus ihr entspringen die schrecklich braven, bigotten und auch anrührenden Gedichte der »Himmelsgedanken«:

Hast du gelebt? O, wolle Antwort geben:
Hältst du dein Leben wirklich für ein Leben,
Das dich zu sich zurück, zum Leben, führt?
Wie weit bist du zum Urquell vorgedrungen,
Dem deine Seele, dem dein Sein entsprungen,
Dem deine ganze Strebenskraft gebührt?

Hast du geglaubt? O, wolle mir doch sagen,
Wie viele wohl von deinen Erdentagen
Den wahren, ächten Sonnenschein gekannt.
Der Glaube giebt Unendlichkeit des Schauens
Im klaren, warmen Lichte des Vertrauens
Und zeigt dir jenes, nicht nur dieses Land.

Hast du gewirkt? O, wolle mich verstehen:
Ich sehe fleißig dich zur Arbeit gehen;
Du sorgst und kämpfest in und mit der Zeit.
Doch, öffnet sich dir einst die dunkle Pforte,
So knarren in den Angeln dir die Worte:
Hast du gewirkt auch für die Ewigkeit?

Karl May war anno 1899 im Orient, und er war es auch nicht. Aber die Reise ist noch nicht zu Ende. Es folgen der zweite und der dritte Teil.

»In jedem Leben kommt der Augenblick, in dem die Zeit einen anderen Weg geht als man selbst. Es ist der Moment, in dem man aufhört, Zeitgenosse zu sein. Man lässt die Mitwelt ziehen. Als Langstreckenläufer würde man sagen: Man lässt abreißen, denn man kann die Lücke nicht schließen«, schreibt Roger Willemsen in seinem Buch »Der Knacks«, einer Studie vom Fallen, vom Straucheln und Altern. Bei anderer Gelegenheit hat Willemsen 23 May'sche Romane in liebevoll-ironisch gereimten Balladen

Realitätsschock: Die May'sche
Reisegesellschaft 1899 bei den Pyramiden.
Rechts der Dichter

reflektiert (»Ein Schuss, ein Schrei. Das Meiste von Karl May«)
und ist mit diesem Programm auch aufgetreten. Die Lücke, der
Knacks, das reimt sich dann nicht mehr locker zusammen. »Brü-
che definieren die Biographie. Ihr Leitprinzip geht nicht in den
Ausnahme-Ereignissen auf, sondern im schleichenden Prozess
ihrer Veränderungen, im Angriff durch die Zeit«, glaubt Willemsen. Für Karl May, der Ende 1899 in Port Said auf seine Leute wartet, die nicht kommen, schleicht die Zeit bedrohlich dahin. Richard Plöhn ist erkrankt, er steckt mit Klara und Emma in Italien
fest, wohin May mit seinem Diener Omar sogleich aufbricht, des
Alleinseins müde und müde auch der sächsischen Romanmühle in
Radebeul. Selbst ein Karl May braucht eine Pause, die muss er
allerdings mit Gewalt erzwingen, so wie seine schriftstellerische
Zwangsjacke gestrickt ist. Große Verwandlung? Eher nicht. Es folgen noch große, schwere Romane. Und das Schwindeln bekommt
immer stärker religiösen Charakter.

Den Winter über bleiben sie in Italien, in der Nähe von Ge-
nua, besuchen Pisa und Rom und Neapel – am 9. April 1900 ist

Karl May mit seiner kleinen Reisegesellschaft zurück in Kairo. Wieder geht es zu den Pyramiden, diesmal logieren sie im berühmten Mena House, einem Hotel, von dessen Terrasse aus sich die Wunderwerke von Gizeh im Mondschein und bei Sonnenaufgang still und erhaben präsentieren. Und noch einmal bricht man auf nach Palästina: Jaffa, Jerusalem, Hebron, Jericho, Tiberias, Haifa. In den wenigen Tagebucheintragungen gibt sich Karl May ruhiger. Seine »Lieben« sind bei ihm, mit der Kameraausrüstung. »Klara veranlasste mich, den Apparat mitzunehmen. Sie wollte am Siloahteiche und in Bethanien einige Aufnahmen machen. Als wir hinkamen, war kein Mensch außer uns zu sehen. Ich freute mich darüber (…). Von hier aus gingen wir nach dem Kidrontal und bis zur sogenannten oberen Brücke, um Gethsemane zu sehen. Dann über den jüdischen Begräbnisplatz nach Bethanien hinauf. (…) Am Grab des Lazarus nahmen wir auf dem Gemäuer Platz und teilten uns unsere Gedanken mit – leise wie in einer Kirche. Wir waren ganz allein. Der Hüter hatte sich entfernt. Das Grab stand offen. Welche Gedanken schauten aus dieser geöffneten Tür zu uns herüber!« So schreibt er – allerdings erst Jahre später – über seinen zweiten Anlauf im Heiligen Land. Ein gepflegtes touristisches Programm. »Gestern waren wir in Hebron, und morgen geht es nach dem todten Meere. Ich habe außer dem Äußerlichen auch so viel, so sehr viel Innerliches erlebt, und Palästina ist in geistiger Beziehung noch heut das Land, darinnen Milch und Honig fließt. Ich bringe davon mit!«, schwärmt er in einem Brief. Baalbek und Damaskus sind auch für Karl May neu. Er zeigt sich von der Architektur und Aura der antiken Stätten beeindruckt, eine Ausnahme.

»In den Ruinen von Baalbek« ist ein Kapitel des Bandes »Von Bagdad nach Stambul« überschrieben: 45 Seiten Action, Palaver, Kulturgeschichte, die mit den Worten enden: »Lebwohl, du stolzer Libanon! Dieses Mal bin ich achtlos an dir vorübergegangen. Doch auf Wiedersehn ein andermal!« Als er nun reichlich zehn Jahre nach der Niederschrift leibhaftig den Libanon heimsucht, ist keine Rede von dem Buch. Wenn es stimmt, dass ein Verbrecher stets an den Tatort zurückkehrt, dann ist Karl May hier fein heraus. Er hat nichts Unrechtes getan, Fantasie ist nicht verbrecherisch. Doch er muss Kara Ben Nemsi und sich selbst schützen: Ihre fiktiven Abenteuer im Orient liegen lange zurück, die Welt hat sich verändert.

Im Juni des Jahres 1900 kreuzen die beiden deutschen Paare in der Ägäis. Das Tagebuch vermerkt banal: »Heute früh gingen wir vor Mitali (Mytilene, Lesbos) vor Anker. – Wir gingen an Land. Malerisch lieblich. Ja, hier mußten die schönen Frauen geboren werden, welche zur byzantinischen Zeit nach der Hauptstadt gesucht wurden. Hier lebte einst der Venuskult. Hier machen sich heute die reichen Griechen seßhaft, die irgendwo ein Vermögen erwarben. – Viel Ölbäume. – Mytilini liegt an der Innenseite eines bergigen Halbmondes, dessen Spitze sich allmählich in das Meer wieder senkt. Es ist sehr heiß hier.«

In Bagdad war er nicht, trotz diverser Ankündigungen, und nun aber doch: Stambul. In Istanbul absolvieren die Mays und Plöhns eine umfangreiche Besichtigungstour. Karl geht der touristische Vergangenheitskult auf die Nerven, er entwickelt sogleich eine Theorie, um sich von den Gräbern, Ruinen und Palästen zu distanzieren. In ihrem bloßen Dasein und Übriggebliebensein seien sie nutzlos, denn: »Trümmer haben nur dann ein Recht zu bleiben, wenn sie der Menschheit als Gegenstände des Anschauungsunterrichtes, also zu Bildungszwecken, dienen, als Fingerzeige, wo geistige Schätze zu heben sind. Dann sind sie nicht mehr Trümmer, sondern Gottesmahnungen, die wir nicht beseitigen, sondern erhalten müssen, um mit großem Fleiße auf sie zu achten und während unseres Lebens so zu handeln und zu arbeiten, daß wir nicht einst auch nur Trümmer hinterlassen, sondern für die Ewigkeit schaffen. Der Bau eines Triumph- oder Siegesbogens wird einst zerfallen; die Etagen eines Kranken-, Witwen- oder Waisenhauses aber ragen in den Himmel hinein!« Ein hartes sozialistisches Programm. Er hat für die Schönheit künstlerischer Arbeiten kein Gespür, bringt für »all diese Sammlungen« in den Museen »wenig Verständnis« auf. Ja, Goethe sei zu ästhetischen Aufwallungen fähig gewesen, mault er an anderer Stelle; da spricht aus Karl May, dem Autodidakten, ein Minderwertigkeitskomplex, den er nie ablegen kann. Humanistische Bildung ist ihm fremd, umso wichtiger ist ihm Herzensbildung, dafür ist ihm kein Pathos zu groß und schwer genug.

Die Hagia Sophia nimmt er aus, er empfindet eine »eigenartige Liebe für dieses Gotteshaus«. Zwei Wochen bleiben sie in Istanbul. Und wieder versagt das Reisetagebuch, bleibt oberflächlich wie die Ansichtspostkarten, die er en masse verschickt hat in den zurückliegenden Monaten. Ein Sperrfeuer vorgetäuschten Reiseglücks und fröhlichen Fortkommens. Klara Plöhn aber berichtet später Schreckliches. Karl May erleidet einen Nervenzusammenbruch, sie fürchtet um seine psychische Gesundheit. Er führt sich auf, als helfe nur noch die Einweisung in eine Anstalt. Es ist wie ein gutes halbes Jahr zuvor in Indonesien. Genaueres teilt sie nicht mit. Der Anfall muss also sehr schlimm gewesen sein. Schreibangst? Furcht vor der Rückkehr nach Radebeul? Ehekrise? Bezeichnend, dass Klara, die Gattin des schwer kranken Richard Plöhn, sich um Karl sorgt. Emma ist mit sich selbst beschäftigt, antriebslos, depressiv. Sie kann Karl nicht helfen. Schließt sie von sich selbst auf den Gatten? Der verschweigt seine Krisen eisern, ein Leben lang, zeigt der Welt keine Schwäche. Wie sähe das auch aus – Kara Ben Nemsi ein Nervenbündel, Old Shatterhand am Boden, ein psychisches Wrack! Frei wie der Wind sind seine Helden, und der Mann dahinter steckt in einer selbstgeschneiderten Zwangsjacke. Ein Karl May kennt keinen Schmerz. »Ich bin nämlich der Werkmeister des Vereins zur Fürsorge für Blinde, denen Ihre Schriften vorgelesen werden und die für Ihre Person sowie für Ihr ganzes Wirken sehr eingenommen sind. Nehmen Sie die Versicherung entgegen, dass wir Sie samt Ihrer werten Gemahlin in unser tägliches Gebet einschließen«, so schreibt ihm einmal ein Leser. Ein anderer schwärmt: »Seit Jahren lese ich Ihre Werke. Sie enthalten etwas Hohes und wirken wie die Bibel auf mich. Ich muss mein Herz voller Dankbarkeit gegen Sie ausschütten.« Es gibt hunderte, tausende solcher Zuschriften. »So lange ein Deutscher lebt, wird Ihr Name und werden Ihre Werke nicht in Vergessenheit geraten.« Dieses Publikum enttäuscht man nicht. Vor solchen Lesern leistet man sich keine Blöße.

Klaras Mann hat nicht mehr lange zu leben. Für Karl und Klara zeichnet sich eine gemeinsame Zukunft ab, eine infernalische Konstellation. In Griechenland, wo es Karl anscheinend wieder besser geht, überrascht Klara die Reisegefährten mit der Idee, daheim ein gemeinsames Grabmal für die zwei Ehepaare errichten zu lassen, im Stil des Niketempels auf der Akropolis. Die Stimmung muss doch sehr morbid gewesen sein.

Es geht jetzt schnell. Ab nach Korinth, Korfu und nach Italien. Letzter Halt: Venedig. Karl meckert, die »Markuskirche hat mir zu viel Gold und Mosaiken, sie machen auf mich den Eindruck von Geduldsspielen«. Richard Wagners Sterbezimmer im Palazzo Vendramin hinterlässt einen gewissen Eindruck, es wird mit »Pietät betreten und betrachtet«. Und das war's dann. Der Epilog der Grand Tour fällt trocken aus. »Venedig, die einstige Königin der Meere, ist zum alten Weib geworden, welches sich von den Überresten ihrer einstigen Schönheit nährt«, urteilt Karl May und kommt damit unbewusst seinem eigenen Zustand gefährlich nahe. Kein Wort von Krisen und Katastrophen. Seine Selbstzucht hat etwas Krankhaftes. Er will nicht wahrhaben, will vor der Welt verbergen, dass die sechzehnmonatige Reise ein harter Fehlschlag war. Ein Kara Ben Nemsi kennt keinen Knacks! In Wahrheit ist er wie all die anderen unberührbaren Helden ein Krisengeschöpf: Die Zusammenbrüche, die von der Umgebung des Schriftstellers zugegeben werden, haben Vorgänger, und sie werden Nachfolger haben. Er trieb die Anspannung zum Äußersten, schrieb bis zum Umfallen und trieb es schlimmer noch, wenn es nicht lief. Old Shatterhand hat keine Nerven. Sein Schöpfer suchte die Erschöpfung: Wie anders wäre Karl May aus den 1001 Nächten, die er durchgearbeitet hat, herausgekommen! Biedermann, Supermann.

Am 31. Juli 1900 erreichen sie Radebeul, den Heimathafen. Sejd Hassan, der ägyptische Diener, ist bis zum 17. Juni 1900 dabeigeblieben. Sie trennen sich in Beirut. Nach Karls und Klaras Worten wollte Hassan nicht zurück zu seiner Familie, sondern mit ihnen nach Europa gehen. »Der gute Mensch hing so sehr an uns.«

PRESSEKRIEGE UND
PROZESSLAWINEN

Biografien sind Romane, die einen anderen Namen tragen. Ein biografisches Werk gleicht, von vorn oder von hinten betrachtet, einem mutwillig oder mutmaßlich geschneiderten Anzug. Die fremde Bekleidung kneift, weil zu klein, sie flattert, weil zu groß bemessen. Sie schmeichelt, betont, sie entblößt. Biografie, das ist schon im eigenen Leben ein Auslassen und Hinzutun, Überhöhen und Herunterziehen, ein mehr oder weniger sachlich-fachlich gestütztes Produkt der Imagination. Wie ein Roman von Karl May im Grunde. Das Ich geht auf Reisen, schwillt an, der Körper befolgt das Trägheitsprinzip, über das es bei Newton heißt: »Ein Körper verharrt im Zustand der Ruhe oder der gleichförmigen Bewegung, sofern er nicht durch einwirkende Kräfte zur Änderung seines Zustands gezwungen wird.« Der Biograf entfaltet diese Kräfte nachträglich, entwirft das Leben eines anderen, das er selbst nicht gelebt hat, ganz gleich, ob dieser Mensch schon lange tot ist oder noch in dieser Welt herumspaziert und Auskunft geben kann. Ganz gleich auch, ob das Objekt der Betrachtung die Annäherung erwidert. Wie die Liebe ist das biografische Schreiben ein Spiel von Nähe und Distanz, Einfühlung und Fantasie. Es führt auf beiden Seiten zu einer Überwältigung.

In der Literatur über den Mann, der Old Shatterhand war, liegt das Hauptproblem in einer allzu starken Annäherung. Es wirkt wie aufdringliche Kameraderie und plumpe Vereinnahmung. Der Blick auf den Mann, der Kara Ben Nemsi war, scheint perspektivisch verengt. Die meisten dieser Texte atmen die stickige Kleinstadtluft von Hohenstein-Ernstthal, die Dunkelheit sächsischer Gefängnisse, den Muff des Radebeuler Arbeitszimmers. So viele Missverständnisse, Verdrängungen, bis heute. Auch posthum kommt er nicht heraus aus der kleinen Welt, in die er hineingeboren wurde. Er bleibt in der Literaturgeschichte auf einen Nebenschauplatz verbannt. »May erzählt aber, um sich seines Ichs und auch dieser Welt zu vergewissern; und umgekehrt füllt er die Welt mit seinem Ich, bis sie seine Welt ist. Nicht Mittel irgendeines Abbildens der Realität, sondern Mittel der Entgrenzung, des Hemmungslosen prägen diese Gebilde einer einzigartigen Phantasie«, schreibt Harald Eggebrecht in dem Studienband »Karl May, der sächsische Phantast«. Viele dieser Studien haben aber die unangenehme Tendenz, ihr Objekt an die Leine zu legen, zurückzuschrumpfen, die »Entgrenzung« rückgängig zu machen. In der Betrachtung des Phänomens Karl May wiederholen sich die Torturen seiner Existenz. Juristische Kriegshandlungen grenzen sein Leben ein wie Buchstützen. Die Devise kann nur lauten: Befreit Karl May!

Prozesse stehen am Anfang und am Ende. Als junger Mensch kämpft er um seine Freiheit und verliert. Als alter Herr verteidigt er seine gesellschaftliche Stellung, sein Vermögen und obsiegt, um einen hohen Preis. Unendlich viel Kraft und Zeit gehen dahin in langwierigen und schmerzensreichen Auseinandersetzungen um Ansehen und Ehre. Er kann auch nicht ausweichen, wird starrsinnig, sieht sein Lebenswerk bedroht. Strafgericht und Gefängnis umklammern seine zwanziger und auch noch seine dreißiger Jahre, seine sechziger sind überwölbt von zivilrechtlichen Panikattacken, Anschlägen, Possen, einschließlich des bitteren Scheidungskriegs. Die späten Strafverfahren, die er selbst anstrengt, drehen sich um Beleidigung, Verleumdung, Falschaussage. Es gelingt ihm schließlich nur mühsam und verlustreich, die Feinde, die Neider, die wahnsinnigen Verfolger abzuschütteln, jene hasserfüllten, gierigen Stalker, die eine Ausnahmeerscheinung wie Karl May natürlich anzieht. Aus früher, bitterer Erfahrung hätte er wissen müssen, dass das Recht sich nicht ungestraft erzwingen lässt. Karl May muss auch von Karl May befreit werden.

In einem kurzen Text über *sein* Lebensthema (»Die nomadische Alternative«) schreibt Bruce Chatwin: »Diogenes, der Kyniker, sagte, dass Menschen zuerst in die Städte strömten, um der Wut der Draußengebliebenen zu entgehen. Von ihren Mauern umschlossen, fügten sie einander jede nur erdenkliche Schandtat zu, als ob dies der einzige Grund ihres Zusammenkommens gewesen wäre.«

Tiefgreifender Pessimismus hinsichtlich der Zivilisation findet sich ebenso deutlich bei Karl May. Er hat (nomadische) Alternativen entwickelt, die Fluchtidee prägt seine Bücher, er predigt die Segnungen der Wildnis, verherrlicht das »Draußen« und bezähmt die »Wut der Draußengebliebenen«, der Indianer und Beduinen. Doch er lebt nicht danach, er sitzt in der beheizten Villa mit dem ausgestopften Löwen, pflegt in der Teppichhöhle seine Wagenburgmentalität, macht sich angreifbar. Seine autobiografischen Schriften gleichen Panzerungen, verfasst von einem Mann, der offenbar immerzu damit rechnet, dass sein Wort gegen ihn verwendet werden könnte. Ein pseudojuristischer Grundton zieht sich durch diese Selbstbetrachtungen, eine wahnhafte Defensivhaltung. Das Elend des Biografischen beginnt schon bei ihm und mit ihm selbst.

Bald hundert Jahre über seinen Tod hinaus hat der Schutzschild gehalten, bleibt sein Bild zweidimensional. Erst 2004 erscheint im Karl-May-Verlag der Band »Von Ehefrauen und Ehrenmännern«, eine Dokumentation seiner apokryphen Polemiken. Die exzessiven Hasstiraden gegen Emma Pollmer insbesondere zeigen einen weithin unbekannten Karl May. 2009 gibt der Hausverlag das Buch »Old Shatterhand vor Gericht – die 100 Prozesse des Schriftstellers Karl May« von Jürgen Seul heraus. Auch das ist eine unerquickliche Lektüre, ein Riesenhaufen Schmutzwäsche – und eine in mancherlei Hinsicht beispielhafte Edition: Diese Bände mit ihrem Image sprengenden Inhalt gleichen in Aufmachung und Umfang (grüner Umschlag, Goldprägung, farbige Titelzeichnung) so sehr den einschlägigen Karl-May-Romanen, dass Forschung und Fiktion wenigstens äußerlich ununterscheidbar bleiben. Verehrung und Traditionspflege gehen leicht mit Verrat einher – Verrat an einem Künstler, der immer noch nicht in die Freiheit entlassen worden ist.

Die 1969 gegründete Karl-May-Gesellschaft beschäftigt sich in ihren Jahrbüchern – vierzig sind inzwischen erschienen – scheinbar mit allen erdenklichen Aspekten des Werks und seiner Entstehung. In der Ausgabe 2010 geht es etwa um den »Keilschriftent-zifferer Kara Ben Nemsi« (Karl Mays Quellen zur babylonischen Kultur), um »Intertextualität im Zeichen der Germanisierung« (die Winnetou-Figur und der Rassismus) oder die Karl-May-Verfilmungen der sechziger Jahre, die Wolfgang Jacobsen mit dem neuen deutschen Film (Rainer Werner Fassbinder, Alexander Kluge) und der Studentenrevolte kontrastiert. Da kommt endlich etwas in Bewegung – weg von der skurrilen Detailpusseligkeit un-endlich vieler Publikationen, in denen Karl May das Objekt von kleingärtnerischen, kaninchenzüchtenden Hobby-Exegeten war und ist, und hin zu einem umfassenderen Gesamtbild. Das Para-dox aber bleibt. Wir wissen offenbar alles über Karl May, und wir wissen nicht, wer er war. Über die zersplitterten Einsichten geht die Vision verloren. »Einst, wenn man den Verfasser begriffen hat, werden seine Bücher zehnfach so viel erzählen, wie man heute aus ihnen liest«, schrieb Max Dittrich, ein Freund Karl Mays, vor über hundert Jahren.

Auf unterschiedliche Weise haben ihn die Biografen hinter Schloss und Riegel gepackt. Arno Schmidts »Sitara und der Weg dorthin«, von dem schon die Rede war, quält sich damit ab, Karl May als einen süffisant-ungeschickten Erotomanen bloßzustellen. In der prüden Adenauerzeit mag das als Befreiungsschlag gedacht gewesen sein, ging aber furchtbar nach hinten los. Schmidt suchte den Massenerfolg mit Mays notdürftig verkappten sexuellen Bot-schaften zu erklären, mit schwülem Kitsch. Das war zwar einmal etwas anderes als das ewige Bild vom Märchenerzähler, aber im Nachhinein besorgte Schmidt das Geschäft jener, die May zu Leb-zeiten als Verderber der Jugend beschimpften. Einer ihrer Anfüh-rer war der Benediktinerpater Ansgar Pöllmann. Der feuerte seit 1901 serienweise Breitseiten gegen Karl May ab, nannte ihn einen »Schmutzliteraten und Schwindler«, einen »Dieb«, der »Blöd-sinn« verzapfe, und verteilte einen mit Schmähungen durchsetz-ten Fragebogen an katholische Erzieher, schließlich habe sich May stets als Katholik ausgegeben und für katholische Zeitschriften gearbeitet, obwohl er Protestant sei. Mit einem »Strick« hat Pöll-mann das Objekt seines Hasses »aus dem Tempel der deutschen

Kunst hinauspeitschen« wollen. Mays Klage gegen den Benedikti-
ner scheiterte aus formalen Gründen.

Hans Wollschläger – er hat in den sechziger Jahren mit Arno
Schmidt zusammen das Gesamtwerk Edgar Allan Poes ins Deutsche übersetzt – steht bei seiner Annäherung an Karl May die
eigene Sprachverliebtheit im Weg und auch die Schrulligkeit des
Privatgelehrten. »Grundriß eines gebrochenen Lebens«: Ein solches Buch über Karl May war 1965 ein Novum. Wollschläger ver-
knüpft Werk und Leben, schlägt Schneisen, schafft einen roman-
tisch-ironischen Durchbruch, wenn er sich nicht spleenig verläuft
und verzettelt. Zur gleichen Zeit erschien »Karl May. Traum eines
Lebens, Leben eines Träumers« von Otto Forst-Battaglia. Es war
eine Neuauflage. Forst-Battaglia, bemüht um Distanz und Nähe
gleichermaßen, hatte seinen biografischen Essay bereits 1931 geschrieben – eine Pioniertat, wenn auch in der Melange von Künst-
lerpathos und Wiener Psychologieschule heute nicht einfach zu
genießen. Im Übrigen zeigt sich bei Schmidt, Wollschläger und
Forst-Battaglia, wie ansteckend Karl Mays Sprachduktus ist; dieses
Einlullen, um die Sache Herumerzählen, das feierliche Eingenom-
mensein von der eigenen Person überträgt sich leicht. Karl-May-
Exegeten eifern allzu gern dem Abenteuerkünstler nach, gehen
ihm auf den Leim. Vieles ist hier schlicht und in schlechtem Sinn
dilettantisch, literarischer Versuch gealterter Karl-May-Fans, die
ihrer Jugend nachhängen.

Ganze drei ernsthafte biografische Versuche, drei literarische
Festnahmen, Fixierungen einer Jahrhundertfigur in den ersten
fünfzig Jahren – ein Armutszeugnis. Es herrschte eine seltsame
Scheu vor dem Phänomen Karl May, bei dem sich Trivialität und
Größe, Gemeinsinn und Genie verbinden wie nirgendwo sonst.
Auch erst im Jahr 2002 publizierte der Karl-May-Verlag (wieder
im grünen Bibel-Format) die faktenintensive, aber brave Biografie
»Winnetous Blutsbruder« von Christian Heermann, die Arbeit
eines lebenslangen Fans. 1994 legte Hermann Wohlgschaft seine
»Große Karl May Biographie« vor, 850 Seiten, aufgebaut wie eine
wissenschaftliche Monsterarbeit. Wieder ein Gefängnis, eine Spe-
zialistenschrift. Wer einmal aus dem Blechnapf frisst …

Debatten hatten damals eine andere Halbwertszeit. Karl May stand jahrelang im Kreuzfeuer. Und heute? Um Helene Hegemanns Plagiatsleistung oder Kompilationstalente in ihrem Roman »Axolotl Roadkill« wurde zu Anfang des Jahres 2010 vier bis sechs Wochen heftig gestritten, danach ging das Feuilleton wieder zur Tagesordnung über, zur nächsten Debatte. Thilo Sarrazins Panikpamphlet »Deutschland schafft sich ab« verdrängte die so genannte Missbrauchsdebatte und heizte den Herbst und Winter 2010 auf; eine außergewöhnlich lange Erregung, die auch 2011 noch nicht ganz abgeklungen war. Günter Grass und seine gezwiebelten Erinnerungen an die letzten Monate des Zweiten Weltkriegs und seine Mitgliedschaft in der SS sind längst aus dem Gedächtnis entschwunden. Ein solch kurzer Wirbelsturm hätte Karl May nichts anhaben können. Ihn hielten schwere Wetter hartnäckig gefangen. Er kam vom Regen in die Traufe und von der Traufe in den Sturm.

In Europa ist der Ausgang des 19. Jahrhunderts eine Zeit der Jagd auf Schriftsteller. 1895 wird in London Oscar Wilde der Prozess wegen seiner Homosexualität gemacht. Er geht ins Gefängnis. 1898 wird Émile Zola in Paris wegen »Beleidigung des Militärs« in der Affäre Dreyfus zu einem Jahr Haft verurteilt. Er flieht nach England. In Russland steht Graf Leo Tolstoi seit 1882 unter polizeilicher Bewachung, 1901 trifft ihn die Exkommunizierung wegen seiner religiösen und sozialen Ideen. Eine Revolution kündigt sich an. In der Literatur herrscht Freiheit, wirbeln Visionen herum, die gesellschaftlich noch nicht akzeptiert werden. Bei aller Unterschiedlichkeit der Fälle: Schriftsteller greifen nach einer anderen Welt, greifen die Hierarchien an, und sie werden dafür bestraft.

Auch Karl May radikalisiert sich. Er träumt von einer Friedensreligion. Er überspannt den Bogen, verlässt das Terrain, das einem Bestsellerautor bestimmt ist. Der Kampf wird eröffnet durch einen Artikel in der »Frankfurter Zeitung« im Juni 1899. Feuilletonleiter Fedor Mamroth befindet aus heiterem Himmel, dass Mays Romane von einer »ungesunden Roheit strotzen« und ein »bigottes Christentum« verherrlichen. Insgesamt, ätzt Mam-

roth, eine »unerfreuliche Kulturerscheinung«. Das ist das Start-
signal. Karl May wehrt sich, Mamroth lanciert eine Reihe von
Beiträgen in verschärftem Ton. Den Frankfurter Attacken schließt
sich die »Kölnische Volkszeitung« an. Deren Chefredakteur Hermann Cardauns stürzt sich auf die frühen Kolportageromane, auf
»abgrundtief Unsittliches«, er will gar »pornographische Leistun-
gen schlimmster Art« entdeckt haben. Die Welle rollt. Von »Volks-
gehirnerweichung« ist in einer Publikation die Rede, in einer anderen heißt es: »Die Schriften Karl Mays sind Gift für die Jugend,
Gift für das Volk«. Karl-May-Hasser melden sich vor allem aus
dem katholischen Umfeld. Ein Pädagoge wünscht, dass der Schriftsteller keine zehn Jahre mehr lebt, da »er dann noch 25 – 30 Romane schreiben würde«. Der »Dresdner Anzeiger« rührt die
völkisch-germanische Trommel. Das »Deutschtum« und die »all-
gemeine Kultur« würden zu einem »gemeinsamen Vorgehen gegen
einen gemeinsamen Gegner zusammengeführt. Eine solche gemeinsame Sache ist die Verwerfung Karl Mays und seiner Schriften.« Und »darum fort mit ihnen aus jedem deutschen Hause!«
Ferdinand Avenarius hetzt in seiner Zeitschrift »Dürerbund« gegen Juden, gegen das »sinnlose Ausländern, das Hineinessen, was
man nicht verdauen kann«, Karl May sei eine »Art von Volksge-
hirnerweichung«.

Das sind Totschlagstexte. Um das Jahr 1900 hämmert schon
der Vernichtungston, formuliert sich die Aussonderungssystema-
tik, mit der wenige Jahrzehnte später die Verfolgung und Ermordung der Juden begründet und betrieben wird. Cardauns, ein
führender katholischer Kopf im Deutschen Reich, stört sich nicht
an der präfaschistischen Gesellschaft, mit der er diese »gemeinsame Sache« macht. Er führt gegen Karl May einen regelrechten
Kulturkampf, greift den Schriftsteller auf Vortragsreisen an,
schimpft ihn einen Schwindler und Betrüger. May habe seine
Abenteuergeschichten erdichtet, nichts sei authentisch, der Protestant – das ist für Cardauns das schwerste Verbrechen – habe
»katholisierende Romane« verfasst. Vor allem die frühen Kol-
portagebände seien schmutzigster Schund, enthielten »furchtbare
Roheiten, Verführung, Sittlichkeitsverbrechen (…) gemeine Wüst-

HOCHVEREHRTER HERR DOKTOR MAY !

Se.k.u.k.Hoheit Erzherzog FRANZ FER
gnädigster Herr,haben die,von Euer Hochwohlgeboren,
sehr interessant verfassten Gedichte in dem Journal
" Die christliche Familie "
mit großem Wohlwollen gelesen und sprechen hiefür
Euer Hochwohlgeboren Höchstseinen Dank und Anerkennung aus.
        Indem ich hievon im Allerhöchsten Auftrag Euer
Hochwohlgeboren Se.k.u.k.Hoheit selbsteigene Chiffre

· / ·

Anerkennung und Unterstützung von höchster Stelle:
Der österreichische Thronfolger Franz Ferdinand lässt
Karl May 1909 eine diamantenbesetzte Nadel überreichen.

lings- und Dirnenerlebnisse, eine unendliche Bordellgeschichte«.
Dann ist es wieder die »Frankfurter Zeitung«, die neue Breitseiten abfeuert und die »Wahrheit über Karl May« ans Licht bringen
will. Angesehene Blätter erklären ihn für vogelfrei, provozieren
anonyme Pamphlete in verstreuten Publikationen. In einer öster-
reichischen katholischen Jugendzeitschrift heißt es Ende 1903,
man habe Karl May nun seine kriminellen und verderblichen

Handlungen nachgewiesen und ihn in eine Irrenanstalt gesteckt. Der Karl-May-Forscher Jürgen Seul spricht von einem »Kesseltreiben«, veranstaltet von einer bizarren Koalition aus seriösen Journalisten und eifernden publizistischen Dilettanten. Eine gefährliche Mischung – zumal Karl May in einem langwierigen juristischen Kampf mit der Witwe seines früheren Kolportageverlegers Münchmeyer um Copyright und Honorare steckt. Zu jener Zeit kommen auch wieder seine Gefängnisstrafen zur Sprache. Sie liegen Jahrzehnte zurück, liefern aber seinen Gegnern scharfe Munition.

Er ist getroffen, gerät in die Defensive, klagt gegen seine Peiniger, und aus jedem Etappensieg erwächst neues Unheil. Er verfasst tapfere Verteidigungsreden, die auch gern gedruckt werden. Es ist ein Spektakel, das sich über ein Jahrzehnt hinzieht, der Versuch einer öffentlichen Hinrichtung in der Presse. Seine gesamte Existenz wird ans Licht gezerrt und seziert, was den Schriftsteller zu einer Sisyphusarbeit zwingt, die eine gruselige Werkgruppe ergibt. Karl Mays Verteidigungsschriften summieren sich am Ende auf mehrere tausend Seiten. Hier arbeitet seine sagenhafte Produktivität gleichzeitig für und gegen ihn. Zwar hält er sich die schlimmsten Injurien vom Leibe, doch es ist auch nicht zu übersehen, wie dem Herrscher eines fantastischen Imperiums die Souveränität abhanden kommt. Die Kampfmittel eines Shatterhand helfen wenig. Er hat sich in seinen Romanen als unbesiegbarer, weltgewandter, unerschrockener Weltreisender dargestellt. Die Verwandlung vom kleinen sächsischen Schreiberling zum glamourösen Abenteurer und Auflagenkönig ist geglückt. Nun aber testet die Welt, der er entrückt zu sein schien, seine Belastbarkeit. Überall ploppen Anklagen auf, setzen sich Moralwächter in Szene und sezieren seine Biografie: Karl May, ein unglücklicher Vorreiter der Mediengesellschaft, erst gekrönt, dann gekreuzigt. Ein hässliches Schauspiel – als gelte es den Sturz eines Tyrannen! Die Attacken erfolgen in Serie, eine bittere Ironie. So wie einst der deutsche Wüstensohn, der Freund der Indianer von Prüfung zu Prüfung ritt – nicht einmal der Tod Winnetous warf ihn aus der Bahn –, zieht der alte Mann von einem Richter zum nächsten. Auf seine Anwälte ist längst nicht so viel Verlass wie auf Hadschi Halef Omar und Sam Hawkens.

Wie kleinlaut und in der Hauptsache geständig gibt er sich 1910 in einem Interview: »Ich sende meinen Kara Ben Nemsi, meinen Old Shatterhand in fremde Länder, um zu zeigen, wie wir als Edelmenschen dort zu handeln haben. Mir stünde es völlig frei, in der Heimat zu bleiben, und wenn ich dann trotzdem behaupten würde, in der Fremde das Erzählte miterlebt zu haben, so ist das keine Lüge. Denn die Ereignisse spielen sich zu Hause ab, die Fremde ist Imagination. Hat nicht auch Dante das ›Inferno‹, das ›Purgatorio‹ in Ich-Form beschrieben, ohne dort gewesen zu sein?« Ein müdes Ausweichmanöver, und noch einmal ein Aufschwingen, eine überraschend selbstbewusste Schlussvolte, ein für ihn typisches Größenwähnen, wie er sich da neben Dante Alighieri stellt. Das Beispiel ist gut gewählt. Karl May geht durch eine Hölle von Pressekampagnen und Prozessen.

Er steht aber nicht allein. Dichter und Publizisten aus dem Kreis um Karl Kraus springen ihm bei. Georg Heym und Erich Mühsam äußern ihre Unterstützung. Heinrich Mann schreibt: »Ich höre, daß Karl May der Öffentlichkeit so lange als guter Jugendschriftsteller galt, bis irgendwelche Missetaten aus seiner Jugend bekannt wurden. Angenommen aber, er hat sie begangen, so beweist mir das nichts gegen ihn – vielleicht sogar manches für ihn. Jetzt vermute ich in ihm erst recht einen Dichter!« Maximilian Harden ist angewidert: »Ein Wind niedriger Gesinnung weht durch Deutschland«. Peter Rosseger wirft sich in die Bresche: »Jahrelang tobte der Streit für und wider (Karl May) in der Presse. Eine ekelhafte Parteihetze. Wie die keineswegs durchsichtige menschliche Persönlichkeit Mays auch sein mochte – mir war sie jedenfalls sympathischer als das gemeine Pharisäertum seiner Feinde –, die Bücher, die er verfaßte, sind eine ausgezeichnete Jugendlektüre, an der nur trockene, weltfremde Pädagogen und solche, die Knabenseelen nicht kennen, herummäkeln können. Jugend will und braucht Abenteuergeschichten, Kraft, Romantik, und das gab Karl May in reichstem Maße und dazu einen tieferen ethischen, humanen Gehalt, der vielleicht nicht jedermann paßt, aber gewiß niemandem schadet und vielen genützt hat.«

Die publizistische Hilfe hat lange auf sich warten lassen. Es ist eine neue Generation, die sich auf die Seite Karl Mays stellt, linke Publizisten, Expressionisten, auch der Lyriker Georg Trakl darf als begeisterter Karl-May-Leser gelten. Einige der besten Köpfe der Vorkriegszeit – und kommender Umbrüche – ergreifen Partei für Winnetous Blutsbruder. Doch sie kommen spät, zu spät, und die Elogen lesen sich schon wie Nachrufe; einige waren es tatsächlich auch. Heinrich Manns warme Worte haben Karl May nicht mehr erreicht.

Die prozessualen Martern seiner »letzten zehn Lebensjahre haben seine Produktivität beeinträchtigt und schließlich gelähmt«, konstatiert Jürgen Seul. »Sie haben auch seine Gesundheit untergraben und seinen körperlichen Verfall und Tod herbeigeführt.« Es ist ein Mann, der ihn hartnäckiger als all die anderen verfolgt, die Mamroths, Pöllmanns, Cardauns, der wie ein Geier um ihn kreist: Rudolf Lebius. Ein rücksichtsloser Stalker. In dreißig Gerichtsverfahren stehen sich die beiden gegenüber, der berühmte Schriftsteller und der verkrachte Journalist. Lebius will Karl May in den Orkus hinunterschreiben, vernichten.

Aus dem Nichts taucht Lebius am 2. Mai 1904 in der Villa Shatterhand auf. Der Karl-May-Forscher Rudi Schweikert hat jüngst erst herausgefunden, dass der Name Winnetou tatsächlich in der Sprache der Algonkin-Indianer existiert und so viel wie »guter Mann« bedeutet. Karl May macht an jenem Tag die Bekanntschaft eines schlechten Mannes. Lebius (1868 – 1946) entstammt einer gutbürgerlichen Familie aus Tilsit, studiert Jura und Philologie und angeblich auch Zahnmedizin, schließt sich der Sozialdemokratischen Partei an, hat Kontakt zur Familie von Karl Liebknecht und schreibt für die Parteizeitung »Vorwärts«. Kurz vor der ersten Visite bei Karl May tritt er aus der SPD aus und übernimmt in Dresden ein Blatt von zweifelhaftem Ruf, die »Sachsenstimme«. Karl May soll ihn publizistisch unterstützen, doch der lehnt ab. Lebius lässt sich nicht abwimmeln. Er bittet den Schriftsteller um ein Darlehen – es sollen 10 000 Mark gewesen sein –, dafür will er in seiner »Sachsenstimme« für Karl May werben, der bereits von wichtigen Presseorganen beschossen wird. May findet Lebius unangenehm, er will mit ihm nichts zu tun haben – und liest am 11. September 1904 einen hinterhältigen Lebius-Artikel, der vor allem auf den Wohlstand seines Opfers und dessen Eitelkeit abhebt. Weitere Attacken folgen in kurzen Abständen. May zeigt den Verfasser wegen Erpressung an. Lebius veröffentlicht daraufhin »Die Vorstrafen Karl Mays«. Der »Sachsenstimme« hilft die Schmutzkampagne nicht. Lebius gibt das Blatt auf und macht in Berlin einen Neuanfang als Propagandist der von der Industrie finanzierten »gelben Gewerkschaften«. Der ehemalige Sozialdemokrat gründet rechtsradikale Zeitschriften und nach dem Ersten Weltkrieg eine nationaldemokratische Partei mit offen antisemitischem Programm. Dann wieder ein radikaler Schwenk: Die Nationalsozialisten belegen ihn mit Publikationsverbot. Lebius wird 1937 als »Staatsfeind« verhaftet und ins Gefängnis geworfen.

Lebius ist der Mensch gewordene Alptraum. Er schreibt unter Pseudonym das Pamphlet »Karl May – ein Verderber der deutschen Jugend«, führt seltsame Indianer gegen seinen Feind ins Feld, macht sich an Karl Mays erste Frau Emma heran und entlockt ihr brisante Details aus der Vergangenheit. Sie hat es nachher bereut, paktiert zu haben mit einem »Schuft, der über Leichen geht«. Der große Prozess dreht sich um die Bezeichnung »geborener Verbrecher«. Das hat nicht etwa Karl May – und er hätte allen Grund gehabt – über Rudolf Lebius gesagt, sondern Lebius über das Objekt seines unbegreiflichen Hasses. Das alles, klagt Karl May, »ist so unmenschlich niederträchtig, so höllisch und so teuflisch, dass ich keine Worte mehr finde«.

May ist geschwächt, leidend. Der Arzt rät zu einer Kur. Am 18. Dezember 1911 – der Lebius-Krieg zieht sich nun schon seit sieben Jahren hin – kommt es vor dem Berliner Landgericht in Moabit zum Finale. Lebius und seine Anwälte packen all die alten Schauermärchen, Vorstrafen, Kolportagestücke aus. Der Schriftsteller hat diesmal kompetenten Rechtsbeistand. Landgerichtsdirektor Theodor Ehrecke weist Lebius ab, verurteilt ihn für den »geborenen Verbrecher« nur zu einer geringen Geldstrafe. Doch sein offizielles Diktum »Ich halte Karl May für einen Dichter« zieht einen Schlussstrich unter ein bitteres Jahrzehnt von Pressekriegen, Verleumdungen und Prozesslawinen. In Syberbergs Karl-May-Film ist dies der kathartische Moment: Ein Dichter! Und er ist rehabilitiert im Namen des Volkes. Die Kriecher und Neider sind geschlagen. Wenige Tage später, kurz vor Weihnachten 1911, spricht das Landgericht Dresden Karl May eine Entschädigung von 60 000 Mark zu, die Verlegerswitwe Pauline Münchmeyer muss zahlen. Sieg auf der ganzen Linie. Karl May verlässt das Schlachtfeld als alter, kranker Mann.

Lebius lebt fort in Karl Mays Büchern. Lange bevor er seinem Martergeist begegnet ist, hat er solche Schurken erschaffen, brutale Ungeheuer wie den Schut im Orient, wie Santer im Wilden Westen. Ohne dass er dort gewesen wäre, ohne dass er mit diesen geborenen Banditen und Mördern gekämpft hätte, es sei denn in nächtlichen Schreiborgien, haben sie ihn eingeholt, daheim in Radebeul. Am Ende behält Karl May Recht. Die schärfste Waffe ist das Wort, ein zweischneidiges Schwert – und ein Gefängnis.

Seiner Popularität haben die Pressekampagnen, die juristischen Exzesse auf Dauer nicht geschadet. Das bittere letzte Jahrzehnt brachte ihm auch Mitleid ein und Lesertrotz. Man ließ sich seinen Karl May durchaus nicht nehmen. Im Übrigen bewies er ja Stehvermögen und publizistische Kampfkraft. Sein posthumer Siegeszug im 20. Jahrhundert stand da erst noch bevor. Das große Wort des Berliner Richters, der dem Dichter ein individuelles, freieres Wahrheitsempfinden einräumte, der in Karl May den Künstler erkannte und würdigte, löst sich freilich erst nach und nach ein. Den Kleinkriminellen und den großen Visionär, den Einzelgänger und das Massenphänomen, den seltsamen Menschen und das strahlende Werk zusammenzudenken ist schließlich keine leichte Aufgabe.

AMERIKA, FRANZ KAFKA UND DIE LANDVERMESSER

Ein Held fällt nicht vom Himmel. Erst einmal muss er im bürgerlichen Leben zappeln, die Enge fühlen, ehe sich Körper und Geist ins Weite dehnen und der Raum da ist und die Zeit für ein Heldenleben. »Unerquickliche Verhältnisse in der Heimat« und ein »angeborener Tatendrang« bringen einen jungen Deutschen nach Amerika: Das ist die ganze Vorgeschichte, ein zumal im 19. Jahrhundert typisches deutsches und europäisches Migrantenlos. Mehr wird über den Protagonisten im ersten Band »Winnetou« nicht verraten; nur noch, dass er sich eine Weile an der Ostküste herumtreibt und nach St. Louis weiterzieht, wo er als Hauslehrer bei einer deutschen Familie »einstweiligen Unterschlupf« findet. Er kommt dem Ziel näher. Ein Büchsenmacher namens Henry macht ihn mit dem »Westmann« Sam Hawkens bekannt, und das Greenhorn aus Deutschland, das über ordentliche mathematisch-physikalische Grundkenntnisse verfügt, ist als Geodät, als Feldmesser für die Eisenbahn engagiert. Ein paar Seiten und handfeste Prüfungen später – das gehört zum heldischen Repertoire, ob Siegfried oder der Cid – hat er seinen Kriegs- und Künstlernamen weg: Old Shatterhand. Jetzt hält ihn weder Tod noch Teufel auf. Der Tatmensch ist geboren. Er schießt, er reitet, er kämpft mit der Faust, er denkt taktisch, er kennt Listen und Schliche wie kein Zweiter. Merkwürdig nur, dass sich in all den Jahrzehnten, in denen Shatterhand (inzwischen ist er tatsächlich etwas *old* geworden) durch den deutschen Mythenschatz geistert, nie eine Verbindung zu einem anderen, nicht weniger berühmten Landvermesser hergestellt hat. Sein Name ist K., sein Schöpfer Franz Kafka, seine Geschichte ist »Das Schloss«.

Shatterhand und K. haben den gleichen Beruf. Und beide haben eine Mission. Ein Held und ein Anti-Held. In dem, was sie voneinander trennt, liegt auch viel Verbindendes. Der eine agiert mit einem Künstlernamen, der andere unter einer Chiffre. Hinter beiden, dem Buchstaben K. wie der Schmetterhand, verbirgt sich mehr oder weniger erkennbar ihr Erfinder; der Autor, der sie im Roman auf die Reise schickt.

Auch Kafkas Landvermesser gerät in fremde Landschaft, trifft sonderbare Menschen mit exotischen Bräuchen, doch diese Welt ist feindselig, abweisend. Da gibt es kein Fortkommen, nur Warten und Quälerei, Schikane, Bürokratie. Dieser Weg führt in eine Innenwelt. Kafkas Wanderer sagt, »dass ich der Landvermesser bin, den der Graf hat kommen lassen«, und versinkt in einem Sumpf, der unsichtbare, unerklärliche Kräfte birgt. Ihn spannt eine lebenslange Prüfung ein. Vom ersten Moment an wird ein Kampf ausgerufen, den die andere Seite »lächelnd aufnahm«. Vermutlich handelt es sich bei K.'s Gegner nicht um einen oder mehrere Menschen, vielmehr um einen dämonischen Organismus oder um Gott. Alle Sehnsucht, alles Elend des Landvermessers K. ist das »Schloss«.

Franz Kafka (1883 – 1924) schrieb, es ist aus den Tagebüchern bekannt, unter Qualen. Wie seine beiden anderen Romane, erschien auch »Das Schloss« posthum. Die Deutung seiner Werke gestaltet sich schwer bis unmöglich oder vielleicht allzu leicht: K. kämpft Meter für Meter um sein Leben, indem er um einen Platz im Leben kämpft. Vielleicht ist er auch der größere Held – dem die Hindernisse nicht locker weggeräumt und weggeballert werden, der sich nicht immer im allerletzten Augenblick befreien kann, weil der Marterpfahl, an den er gebunden ist, er selbst ist. Er bleibt allein, ohne Indianerfreund, ohne Blutsbruder.

Old Shatterhand und K.: zwei Männer, die unterschiedlicher nicht sein könnten. Und doch drängen sie insgeheim zueinander, lässt sich zusammendenken, was in der Literaturgeschichte nicht zusammengehören soll. Zu populär, also trivial, das ist Karl May. Intellektuell und sensibel und daher kulturell höherstehend, das ist Franz Kafka. So sieht es an der Oberfläche aus. Aber wie Kafka schafft auch Karl May späte, moderne Archetypen. So wie es die Religionswissenschaftlerin Karen Armstrong in »Eine kurze Geschichte des Mythos« erklärt: »Und wie die Mythologie bewirkt auch ein guter Roman einen Wandel. Wenn wir es zulassen, kann er uns für immer verändern.«

Wenn man zulässt, dass K. und Shatterhand einander zuwinken, zwei Punkte in der Landschaft. Wenn sie sich einmal, wie Winnetou und Old Shatterhand, auf dem Rücken der Pferde mit gebührendem Abstand grüßen. Beide sollen als Landvermesser arbeiten und kommen nicht dazu. Sie sind ihrem Schicksal ausgeliefert. Shatterhand findet seine Berufung, er will die Indianer retten und sich für das Gute einsetzen, K. bewegt sich überhaupt nicht von der Stelle, er darf nichts tun. Was er versucht, wirft ihn nur zurück. Hier Shatterhand, der omnipotente Kraftkerl, der Action-Held, dort K., zur absoluten Passivität verurteilt. Karl May ist der Vermesser von Wunschträumen, Franz Kafka der Vermesser von Alpträumen. Doch Kafkas weißglühende Fantasie kann sich auch anders äußern, manisch-jubelnd, wie in der berühmten Prosaskizze »Wunsch, Indianer zu werden«: »Wenn man doch ein Indianer wäre, gleich bereit, und auf dem rennenden Pferde, schief in der Luft, immer wieder kurz erzitterte über dem zitternden Boden, bis man die Sporen ließ, denn es gab keine Sporen, bis man die Zügel wegwarf, denn es gab keine Zügel, und kaum das Land vor sich als glatt gemähte Heide sah, schon ohne Pferdehals und Pferdekopf.«

1913 erscheint diese winzige und doch mächtig ausgreifende Ode an ein grenzenloses Freisein in dem Bändchen mit dem bescheidenen Titel »Betrachtung«. Es ist Kafkas erste geschlossene Publikation. Im Jahr davor schreibt er seinen ersten Roman, »Der Verschollene«. Sein Freund und Nachlassverwalter Max Brod veröffentlicht das Fragment 1927 unter einem anderen Titel: »Amerika«. Kafka hat die Neue Welt nicht mit eigenen Augen gesehen, er war nie da, er macht es wie Karl May und lässt sich von einschlägiger Reiseliteratur inspirieren; vor allem Arthur Holitschers »Amerika heute und morgen« hat es Kafka angetan. Holitschers Reisebericht erscheint 1912 bei S. Fischer. Dies ist sein erster Eindruck: »Wie eine Hand, wahrhaftig, kommt Manhattan aus dem Meer in die Höhe gestiegen, jeder Finger ist dreißig Stockwerk hoch und höher. (…) Die Pyramiden Ägyptens versetzen einem einen ähnlichen Schlag ins Genick, wie die Wolkenkratzerstadt Manhattan von der Bai aus zum erstenmal gesehen.« Dieses Land, das mehr in der Vorstellung existiert als in der Realität, seltsam farblos, wie durch eine Milchglasscheibe betrachtet, empfängt in Kafkas »Amerika«-Roman einen minderjährigen Flüchtling aus Prag. Ein ungastlicher Kontinent, überall lauert Unbill, Bestrafung, wenn auch nicht gar so düster wie »Das Schloss« und die Welt im »Prozess«. Der Protagonist ist schließlich erst sechzehn Jahre alt, als er in New York ankommt und die »Statue der Freiheitsgöttin« erblickt. Bei Kafka streckt sie keine Fackel, sondern ein Schwert in die »freien Lüfte«. Eine wehrhafte, aggressive Demokratie, gar kein schlechter Irrtum.

Der Gedanke, dass Kafka von Karl May inspiriert war, drängt sich mit der Indianerwunschfantasie ohne Weiteres auf. In seiner zauberhaften Erzählung »Vom Wunsch, Indianer zu werden. Wie Franz Kafka Karl May traf und trotzdem nicht in Amerika landete« (1996) malt sich der österreichische Schriftsteller Peter Henisch aus, wie der schon gebrechliche May und der poetisierende Jungspund Kafka anno 1908 auf einem Überseedampfer ins Gespräch kommen. Die fiktive Begegnung bringt für den Alten eine böse Überraschung nach der anderen. Erst verführt Mays Ehefrau Klara den kleinen Kafka in der noblen Kabine des Großschriftstellers und in dessen Gegenwart. Schlimmer aber trifft May danach – er reist unter falschem Namen – die Erklärung des Jungen, was Karl-May-Bände und was wirkliche Bücher seien. *Wirkliche* Literatur, sagt Kafka dem mysteriösen Opa ins Gesicht, erkenne man vielleicht daran, dass sie nicht nur wohl-, sondern auch wehtue: »In so einem Buch sollte nicht der Faustschlag stecken, der andere betäubt, sondern jener, der uns weckt. Ein Buch muss die Axt sein für das gefrorene Meer in uns.« Dieses berühmte Kafkawort versetzt Karl May hier avant la lettre einen bitteren Schlag, bringt sein gesamtes Werk ins Wanken. Der junge Mann weiß ja nicht, wen er vor sich hat, er spricht ganz unbekümmert. Wirkliche Literatur oder Karl May – die ganze elend ungerechte Karl-May-Rezeptionsgeschichte in wenigen Worten! Und aus dem Mund einer künftigen Ikone der Moderne.

Henisch legt Karl und Klara Mays späte Amerikareise – er macht sich 1908 tatsächlich auf den Weg ins Land der Indianer – zusammen mit einer erdachten Atlantiküberquerung Kafkas, woraus eines Tages der »Amerika«-Roman entstehen soll. *Beweisen* lässt sich ein direkter Einfluss Karl Mays auf Kafka nicht; der hat sich eingestandenermaßen bei Charles Dickens umgeschaut. Es wird also ein Indizienprozess. Egon Erwin Kisch, wie Kafka in Prag geboren und aus einer jüdischen Familie stammend, liest in der Schulzeit, das ist verbürgt, leidenschaftlich gern Karl May. Er ist nur zwei Jahre jünger als Kafka, der ebenfalls mit den populären Karl-May-Bänden in Berührung gekommen sein muss. Kafka liebt das Kino, er hat nichts gegen populäre Kultur. Am 30. März 1912 stirbt Karl May, die Zeitungen sind voll mit Nachrufen und Erinnerungen. Zu der Zeit brütet Kafka über seinem »Verschollenen«. Er gibt seinem fiktiven Amerikareisenden einen Allerweltsnamen: Karl Roßmann. Karl wie May, Roßmann wie – Pferd und Reiter. Deutlicher geht es nicht, es wäre des Zufalls ein wenig zu viel. Old Shatter-Fire-Sure-Hand reiten durchs Bild, entbieten ihren Gruß, das Wiehern ist nicht zu überhören. Karl May abzuschütteln fällt schwer, hat man ihn erst einmal erblickt. Die Kafka-Forscher mögen daraus machen, was sie wollen. Mit Karl May im Tornister zogen deutsche Soldaten in die Schützengräben des Ersten Weltkriegs, mit Karl May führt Kafka seinen einsamen Kampf mit den Dämonen.

Die May'schen Westernhelden haben nicht viel übrig für die großen Städte und die Errungenschaften der Zivilisation, die den Indianer zugrunde richten. An der Ostküste hält sich ein Old Shatterhand nur kurz auf, die Weite des Landes lockt. Karl May fällt es so viel leichter, die Alte Welt abzuschütteln. Kafkas Roßmann muss dagegen durch die Instanzen, Hotels, Fabriken, Hochhäuser. Er kann dort in der Neuen Welt nicht heimisch werden. Erst im letzten Kapitel weitet sich der Blick. Karl Roßmann steht vor einem Plakat: Das »Naturtheater von Oklahoma« sucht Mitarbeiter. Dieser Aufruf ist eine der seltsamsten Passagen der deutschsprachigen Literatur, Kafkas früher Geniestreich: »Auf dem Rennplatz in Clayton wird heute von sechs Uhr früh bis Mit-

Wunsch,
nach Amerika
zu reisen:
Franz Kafka

ternacht Personal für das Theater in Oklahoma aufgenommen!
Das große Theater von Oklahoma ruft euch! Es ruft nur heute, nur
einmal! Wer jetzt die Gelegenheit versäumt, versäumt sie für im-
mer! Wer an seine Zukunft denkt, gehört zu uns! Jeder ist will-
kommen! Wer Künstler werden will, melde sich! Wir sind das
Theater, das jeden brauchen kann, jeden an seinem Ort! Wer sich
für uns entschieden hat, den beglückwünschen wir gleich hier!
Aber beeilt euch, damit ihr bis Mitternacht vorgelassen werdet!
Um zwölf Uhr wird alles geschlossen und nicht mehr geöffnet!
Verflucht sei, wer uns nicht glaubt! Auf nach Clayton!«

Wer spricht hier? Welche höheren Mächte befehlen? Was ist
das für ein Theater, »das jeden brauchen kann«? Nach umständ-
lichen Formalitäten und unerwarteten Schwierigkeiten, die bei
Kafka das Erwartbare sind, findet Roßmann Aufnahme in der

Später Besuch:
Karl May auf seiner
ersten Amerikareise,
1908

Truppe, auf ihn warten »irgendwelche niedrigere technische Arbeiten«. Ein bizarres Ritual durchlaufen diejenigen, die nach Oklahoma wollen. Sie werden nicht sehr freundlich behandelt, man scheint sich bei den Werbern des Theaters überhaupt nicht für die Menschen zu interessieren, die in Clayton vorsprechen; und es soll überall im Land solche Anwerbecamps geben. Ist es der weite, Wilde Westen, der ruft? Geht es jetzt endlich los mit dem amerikanischen Traum, von dem Karl Roßmann nach seinen Erfahrungen schon lange kuriert sein sollte? Kafkas unvollendeter Ausritt auf dem amerikanischen Kontinent endet beinahe versöhnlich, als schließlich der Zug nach Westen abfährt. »Sie fuhren zwei Tage und zwei Nächte. Jetzt erst begriff Karl die Größe Amerikas.«

Die letzten Sätze des »Amerika«-Romans bringen Franz Kafka stilistisch dann doch sehr nah an Karl May heran. Ein Gleiten durch imaginierte Landschaft: »Am ersten Tag fuhren sie durch ein hohes Gebirge. Bläulich-schwarze Steinmassen gingen in spitzen Keilen bis an den Zug heran, man beugte sich aus dem Fenster und suchte vergebens ihre Gipfel, dunkle, schmale, zerrissene Täler öffneten sich, man beschrieb mit dem Finger die Richtung, in der sie sich verloren, breite Bergströme kamen, als große Wellen auf dem hügeligen Untergrund eilend und in sich tausend kleine Schaumwellen treibend, sie stürzten sich unter die Brücken, über die der Zug fuhr, und sie waren so nah, daß der Hauch ihrer Kühle das Gesicht erschauern machte.«

Nicht über die »Winnetou«-Bände, sondern über den Orientzyklus macht Hermann Wiegmann im »Karl-May-Handbuch« eine Bemerkung, die größte Beachtung verdient. Wenn es auch »blasphemisch« klingt, heißt es dort, aber »die traumhafte Deutlichkeit und das nüchterne, präzise Papierdeutsch« erinnern den Karl-May-Exegeten an keinen anderen modernen Schriftsteller so sehr wie an Franz Kafka. Karl Mays Duktus sei von »fast kafkaesker Reduktion und Präzision« des Sprachlichen. Das entscheidende Wort ist »Papierdeutsch«. Oder Landvermesser-Deutsch. Dessen bedient sich der Prager Versicherungsjurist ebenso wie der Autodidakt aus den sächsischen Gefängnissen, der auf eigentümliche Weise Amts- und Umgangssprache mischt, der sich mit einer angenommenen Hochsprache hochschreibt aus jenen »unerquicklichen Verhältnissen«. Karl May schreibt die Sprache seiner Peiniger, der Bürokraten und Justizangestellten – und die Sprache, die er in gelehrten Büchern findet. Das Unwahrscheinliche ausdrücken mit Juristendeutsch, das ist der Kern der Kafka-May-Connection. Um Blasphemie handelt es sich bei diesem Vergleich nur dann, wenn die literarische Welt streng geteilt bleibt in Namen aus dem *Kindler* und in Schwindler, in Literaten, die in der ersten Klasse eingeschrieben sind, und minderwertige Buchautoren, die im Maschinenraum schuften und schwitzen – dort, wo Karl Roßmann in Kafkas Roman den Heizer trifft; das geschieht im ersten Kapitel. Im dritten Kapitel besucht Karl Roßmann ein Landhaus bei New York. Die Tochter des Hauses heißt Klara, wie Klara May, die Gattin von Old Shatterhand daheim. Man muss gar kein so ausgefuchster Fährtenleser sein wie Shatterhand, um Kafkas Indianerspielereien zu identifizieren. Es nimmt seiner Literatur nichts von ihrer metaphysischen Bitterkeit, aber es bringt einen Moment Erleichterung – man kann nicht immerzu ein Käfer sein und Angst haben, zerquetscht zu werden. Die Verbindung zu Karl May befreit Kafka vom Klischee des Unberührbaren. Es war Kafkas Freund und Nachlassverwalter Max Brod, der an die »kindliche Unschuld und rührend naive Reinheit« Karl Roßmanns erinnert hat. Karl May ist der Schlüssel zur Kindheit, auch hier.

Franz Kafka und Karl May waren nicht die ersten und schon überhaupt nicht die Einzigen, die in einem angelesenen Amerika auf Abenteuer ausgingen. 1855 publiziert Ferdinand Kürnberger ein Buch von bald 600 Seiten: »Der Amerikamüde«, ein »Amerikanisches Kulturbild«, so der Untertitel. Kürnberger gelingt ein Bestseller. Die Amerikabegeisterung im Deutschland des 19. Jahrhunderts war groß. 5,5 Millionen Deutsche verlassen zwischen 1821 und 1912 ihre Heimat und gehen in die Neue Welt. Kürnberger begleitet einen neugierigen Europäer durch New York. Man geht ins Theater, spricht über Ästhetik und Kunst – aber alles Talmi. Der Idealist, der in Amerika eine Heimstatt idealer Menschlichkeit zu finden hofft, erlebt eine große Enttäuschung nach der anderen. Ein schreckliches Land: »Auf der Eisenbahn geplündert, im Stagewagen zerquetscht und bespien, wollt' ich es mit dem Dampfschiff versuchen. (…) Es umgab mich ein Genre von Menschen, das gar nicht zu charakterisieren ist, denn alles fehlte ihnen, um Mensch zu sein, und alles besaßen sie, was zur Bestialität gehört.« Ein brutaler Moloch, wie in Martin Scorseses Film »Gangs of New York«. Nur dass Kürnberger nie amerikanischen Boden betreten hat. Ein lehrreiches Buch: Anti-Amerikanismus gab es also schon Generationen vor dem Ersten und Zweiten Weltkrieg und lange vor Napalm und Vietnam, den Achtundsechzigern und Reagan, Bush und dem Irakwahnsinn. Kürnbergers Proband scheitert an seinen fantastischen Vorstellungen, er vergöttert das amerikanische Gemeinwesen, berauscht sich an der Idee, in Amerika entscheide sich das Schicksal der Menschheit – und nichts davon realisiert sich in seinen Augen. »Der Poet wird künftig Tourist sein. Er sucht das Ideal auf Erden.« Ein von Theologie getriebener Tourist wie Karl May.

Am 15. September 1908 ist es dann so weit. Der »Große Kurfürst«, ein Dampfschiff des Norddeutschen Lloyd, fährt in den Hudson ein, mit Karl und Klara May an Bord. Ein paar Tage Sightseeing in New York, die nächsten Stationen sind die Berkshires und Buffalo. Bei den Niagarafällen bleibt das Paar knapp zwei Wochen. Winnetous geistiger Vater und Blutsbruder im Geiste – Karl Mays indianische Familienverhältnisse sind ja sehr speziell – besucht ein Reservat der Tuscarora. Die Armut der Indianer erschüttert ihn. Er kauft Souvenirs, Erinnerungen an ein Land, an einen Kontinent, den er in etlichen Bänden von Norden nach Süden, von Osten nach Westen durchmessen, der ihn berühmt gemacht hat. Zu New York fällt den Reisenden nicht viel ein. »Alles ganz, ganz anders als bei uns, viel großzügiger«, schreibt Klara ihrer Mutter. »Amerika macht einen sehr gewaltigen Eindruck auf uns.«

Einzig die hohen, donnernden Wasser des Niagara lösen etwas in ihm aus. Karl May zeigt sich zutiefst beeindruckt. Aber »die große Natur« stimmt ihn auch »ernst und traurig«. Dieses Land »muss ein Tempel Gottes gewesen sein, als es noch nicht von der Kultur berührt war, die wir ihm brachten«. Er halluziniert: »Kinderseelen beteten im Geist eines Winnetou.« Das klingt nach Abgesang. Die Reise nach Amerika, endlich gewagt, ist geprägt von Resignation und Tristesse. Was für eine schizophrene Situation: Über Jahrzehnte hat er seinen Lesern weisgemacht, er, Old Shatterhand, sei hier zu Hause, kenne jeden Winkel, und nun tappt der 66-jährige Amerika-Neuling mit dem Baedeker in der Hand durch Neuengland und schreibt fleißig Postkarten nach Deutschland, besucht Boston und die Stadt Lawrence in Massachusetts, wo er vor dem »Deutsch-Amerikanischen National-Bund« einen Vortrag über Menschheitsfragen hält. Er spricht über die abstruse Idee, die Deutschen in Amerika sollten eine Bewegung anführen, die aus einem »Staat der Gewalt einen Staat der Menschlichkeit« macht: »Der Deutsche hat die Aufgabe, ein Missionar des Friedens, der Völkerliebe, der echten, wahren Humanität zu sein.« Der Auftritt wird umrahmt von Darbietungen mehrerer Gesangvereine. Sie feiern ihn, aber was ist das für ein Triumph. Ein Heimatabend, Deutschtümelei statt der Begegnung mit stolzen und edlen Indianern. Es ist Karl Mays größte Schwäche, das nie ganz zu überwindende Dilemma seines global angelegten Werks: Es lässt sich allzu leicht in einer Gemütlichkeit und Butzenscheibenromantik fangen, weshalb auch eine engstirnige Leserschaft sich bei ihm wohlfühlt, an Lagerfeuern, die beschaulich in der guten Stube brennen und die Seele wärmen.

Noch kleiner als auf der Orientreise ist der Radius des USA-Abstechers. Über einen Streifen an der Ostküste kommt er nicht hinaus, seine herrlichen Apatschen wären anderswo zu suchen, aber wohl auch damals nicht mehr zu finden. Klara deutet später an, ihr Karl habe sich heimlich aufgemacht zu einer großen und geheimen Reise in Winnetous Jagdgründe und sie bei den Niagarafällen zurückgelassen, aber das hätte vermutlich, wenn es denn dazu gekommen wäre, alles nur noch schlimmer gemacht.

Eine Fotografie mit Karl May im Reservat ist überliefert. Der Alte lugt hinter einem Tipi hervor, neben ihm ein vermutlich gleichaltriger Indianer mit Hut und Hosenträgern und zwei schmuddelige Kinder. Eine andere Aufnahme zeigt die Mays mit dem Ehepaar Pfefferkorn – einem Jugendfreund aus Hohenstein-Ernstthal, der nach Amerika ausgewandert ist. Die vier sitzen in einem Ruderboot am Atlantik, auf dem Trockenen. Die Bilder sprechen Bände. Alles nur Kulisse, keine Spur von Winnetou. *Et ego in America*, das kann er nun sagen. Aber er darf es ja nicht. Offiziell ist es nicht seine erste, sondern seine letzte Reise in die USA, nach so vielen vorangegangenen Old-Shatterhand-Touren bis nach Kalifornien. Das Schiff, das sie am 27. Oktober, nach anderthalb Monaten, in New York nehmen, trägt den Namen »Kronprinzessin Cecilie«. Der Schnellpostdampfer legt in Plymouth an und erreicht am 3. November Bremerhaven. Beide Reisen, das Herumirren im Orient und die Amerika-Episode, haben etwas Tragikomisches. So global Karl May sein Werk angelegt hat, so einsam und verloren, ungeschickt und hilflos bewegt er sich da draußen in der Realität, die er kaum als solche wahrnimmt. Er atmet Literatur, in der freien Wildbahn aber droht er zu ersticken.

DER ELEKTRISCHE WINNETOU

Nun aber nun soll das Abenteuer Amerika noch einmal beginnen, ein allerletztes Mal. Karl May schreibt »Winnetou IV«, später auch als »Winnetous Erben« verlegt. Es wird ein über lange Durststrecken trauriges, verworrenes und am Ende zutiefst berührendes Buch, reichlich 550 Seiten stark. Acht Monate arbeitet er an dem Band. »Weitere 6 bis 10 Bände, von Winnetou hinterlassen und von ihm selbst erzählt«, kündigt er an, Winnetous »eigentliches Testament«. Aber das sind Hirngespinste, wilde Übertreibungen, mit denen er sich selbst unter Druck setzt und seine Berufung als rechtmäßiger Nachlassverwalter des Apatschenhäuptlings bekräftigen will.

Die *Reiseerzählung* »Winnetou IV« – er verwendet die altbewährte Genrebezeichnung ein letztes Mal – erscheint 1910 und hat wenig zu tun mit der gescheiterten Amerikareise von 1908. Zu Beginn allerdings erinnert er sich an seinen Aufenthalt bei den Niagarafällen, das große Wasser hat es ihm angetan:

»Wir wohnten im Clifton-House, unweit der kanadischen Mündung der Hängebrücke. Man hat von diesem Hotel aus einen geradezu unvergleichlichen Blick auf das grandiose Schauspiel der stürzenden Wassermassen. Die besten Zimmer liegen in der ersten Etage und sind den Fällen zugewendet. Sie münden alle auf eine lange, vielleicht acht Schritte breite Plattform, die ein gemeinschaftliches Säulendach überragt. Wer vom Korridor aus seinen Raum betritt, ihn quer durchschreitet und sich durch die gegenüberliegende Tür hinaus auf die Plattform begibt, der hat beide Fälle, den geraden und den hufeisenförmigen, genau in eindrucksfähigster Perspektive vor seinen Augen.«

Die »stürzenden Wassermassen« liefern das Gleichnis für das Schicksal des »zersprengten, zerrissenen« Indianervolks, für den »erschütternden Fall der roten Rasse«. Niagara, ein Menetekel:

»Sein Brausen ist die Summe der Todesschreie aller derer, die da untergegangen sind und noch untergehen werden. Wo haben wir das große, das mächtige, das herrliche Volk zu suchen, dessen Kinder diese Zerschmetterten und noch zu Zerschmetternden sind? In welchem Land gab es dieses Volk? Und in welcher Zeit? (...) Wir sehen nur, wie der eine, stürzende Strom da unten in der Tiefe in hundert und aberhundert Völker, Stämme, Herden, Rotten und Banden zerfällt, deren einer oder eine oft kaum mehr als hundert Personen zählt. So wirbelt und treibt der Fall sie weiter und weiter, bis sie verschwunden sind! Und wir hören nur die unzähligen kleiner und immer kleiner werdenden Zungen, Sprachen, Idiome, Mundarten und Dialekte, in welche der stürzende Strom in dem Wirbel des Abgrundes zermalmt, zersplittert, zermahlen, zerknirscht, zerpulvert und zerrieben wird, so dass der Sprachforscher, der sich kühn in diesen Strudel wirft, in die Gefahr kommt, ganz ebenso zugrunde zu gehen wie die, nach denen er sucht! (...) In welchem Land wird es dieses Volk geben? Und in welcher Zeit? Wir wissen es nicht, und wir sehen es nicht. Wir können von dem hier niederstürzenden Fluß, der uns als Gleichnis dient, nur sagen, daß er aus dem Eriesee in den Ontariosee sich ergießt. Genau ebenso wissen wir von der hier zerstäubenden roten Rasse nur, daß sie aus der Zeit und aus dem Land des Gewaltmenschen stammt und der Zeit und dem Land des Edelmenschen entgegenfliegt, um dort in neuen Ufern neue Vereinigung zu finden.«

Doch seltsam blass bleibt die Beschreibung des Naturschauspiels. Die Sätze hätte er auch ohne eigene Anschauung so schreiben können – als ob das tatsächliche Erleben die künstlerische Kraft des großen Landschaftsmalers lähmt. Viel später erst im Verlauf des Romans wird Karl May den Alpdruck der gescheiterten Amerikareise abschütteln und eine neue Topografie entwerfen. Im Reservat seiner grenzenlosen Fantasie mögen die Indianer Gerechtigkeit erfahren. Wie so häufig bei Karl May vollzieht sich der Aufbruch aus der Zivilisation in geordneten Bahnen. Also auf nach Westen, im »telegraphisch vorausbestellten Abteil des Pullmancar«! Diesmal geht es an den richtigen Ort, der sich auf keiner Karte findet, zum Mount Winnetou. Dort soll im Beisein Old

Shatterhands ein gewaltiges Winnetoudenkmal enthüllt werden, eine Art Mount Rushmore der amerikanischen Ureinwohner, und alle Häuptlinge sind aufgefordert zu kommen und ewigen Frieden zu schließen. Auch Old Surehand, Titelheld der gleichnamigen Romantrilogie, der Sohn eines Deutschen und einer Indianerin, lässt sich den großen Moment nicht nehmen. Winnetous Testament ist aufgetaucht. Zum Finale stellen sich etliche Karl-May-Figuren in neuen Inkarnationen ein, darunter auch alte Bekannte aus dem Orient. Und aus Radebeul: Gattin Klara hat die fiktive Reise zum Mount Winnetou mitgemacht. Es handelt sich um einen frommen Gang. Winnetous Geist ruft Freund und Feind zu einer Friedensmission herbei. Indianer und Weiße, Europäer und Amerikaner legen die Waffen beiseite, sie sollen für immer schweigen. Denn, so lautet die Parole, »Mann werden, heißt nicht Krieger werden, sondern Person werden«.

Mühsam gestaltet sich der Aufstieg, die Landschaft gleicht einem Naturdom. Viele Menschen haben sich am künftigen Wallfahrtsort bereits angesiedelt, in einer Berggipfelwelt, den Wolken nah. Die Erzählung schleppt sich, droht alsbald zusammenzubrechen unter der Friedensbotschaftslast: Indianer aller Länder, vereinigt euch! Kaum dass Karl May den Überblick über die Völkerscharen behält, die das Licht gesehen und sich auf den Weg gemacht haben. Anstrengend, zermürbend, so ein Familientreffen. Es kommt zu Zerwürfnissen über die Gestaltung des Denkmals, die Darstellung von Winnetous Antlitz. Kann man Gott zeigen, darf man? Weltreligionen und ihre Symbole schwirren herum wie in einem Bienenstock, man wähnt sich bei einer UNO-Vollversammlung auf Wandertag in den Bergen. Überkompliziert die Agenda, klebrig-süß die Reden des schon bald greisen Old Shatterhand, der auf die Wiederkehr des roten Heilands einstimmt.

Und er kommt. Er zeigt sich. Es gibt eine Erscheinung. Seine Erben haben am Mount Winnetou Stromleitungen gelegt, elektrisches Licht! Die Szene atmet sanften Wahnsinn, sie belohnt den Leser, der bis hierhin ausgeharrt und die umständlichsten Vorbereitungen zu dem futuristischen Gottesdienst durchgehalten hat. Dem technischen Revolutionär und Lichtbringer Thomas Alva

Edison wird der Satz zugeschrieben: »Erfinden: Ein Prozent Inspiration. 99 Prozent Transpiration.« Trifft das nicht auf Karl Mays gesamtes Schaffen zu? Es ist am Ende von »Winnetou IV« ein Moment, der Ostern und Pfingsten, Auferstehung und Geburt vereint. Vergleichbares findet sich in all seinen Bänden nicht. Fiat Lux!

»Es hatten bis jetzt nur einige wenige elektrische Glühlichter gebrannt, so daß von einer Beleuchtung des ganzen, großen, von Menschen wimmelnden Platzes keine Rede gewesen war. Jetzt (…) öffnete der Ingenieur seinen Apparat, und sofort erschien auf der grandiosen, herabstürzenden Wasserfläche unser zum Himmel emporstrebender Winnetou, mit wehendem Haar und zur Erde zurückkehrender Häuptlingsfeder. Infolge der abwärts gehenden Bewegung des Wassers hatte es den Anschein, als ob die Gestalt sich in Wirklichkeit nach oben bewege, was einen Eindruck hervorbrachte, der gar nicht zu beschreiben ist.«

Und es ward Licht! Winnetou als elektrischer Reiter, als Laserprojektion auf rauschendem Wasserfall. Eine Las-Vegas-Show mit untotem Indianer, was für ein Coup! Und wie visionär: Downtown Las Vegas, am Glitter Gulch, stehen sie, die Neon-Leuchtskulpturen mit den Insignien der unterdrückten, ausgerotteten Urbevölkerung Nordamerikas, die riesengroßen Cocktailgläser, das sich aufbäumende Pferd, der grüßende Cowboy, die Hotelreklame mit Häuptlingskopf und Federschmuck. An die Casinos in der Wüste von Nevada ist noch gar nicht zu denken, als Karl May den Hebel umlegt zur knalligen Apotheose. Die kleine Minenstadt Madrid, New Mexico, heute ein Wüstennest für Aussteiger, erlangte in den späten zwanziger und dreißiger Jahren durch ihre Lichtspektakel zu Weihnachten in den USA nationale Berühmtheit. Als Walt Disney eines Tages den illuminierten Ort überflog, soll ihm die Idee für sein Disneyland, sein künstliches Paradies, gekommen sein. Seltsam sind die starken Parallelen Karl Mays zur populären amerikanischen Kultur des 20. Jahrhunderts. So sehr er selbst auch als Pop-Star avant la lettre betrachtet werden kann, als Schriftsteller mit aktiver Fangemeinde und Subjekt eines bizarren Ich-Kults – größer ist sein vorprägender Einfluss auf jene Strukturen, aus denen einmal das Popkulturelle entstehen soll.

Für den Karl-May-Kosmos hat Winnetous ephemere Erscheinung auf dem Wasserfall fundamentale Bedeutung. Das feste Standbild des Häuptlings wird aufgegeben, Stein und Bronze eignen sich schlecht für die große Schau, den beglückenden, befreienden Showdown, in dem der große Kreis sich schließt. Karl May offenbart hier sein Innerstes. Winnetou lebt allein als Vision. Er ist nicht zu greifen, aber unsterblich. Eine Projektion seines Erfinders, grandios und überirdisch. Ein Triumph des Immateriellen, des künstlichen Lichts – und einer Kunst, die aus den neuen, bahnbrechenden Technologien schöpft. Sound and Vision: »Ein Zauber sondergleichen, so lag der Schleierfall vor uns. (…) Aller Augen und aller Sinne und Gedanken waren nur von dem wie lebend erscheinenden Bilde gefesselt, von dem kein Blick sich wenden zu können schien.« Karl-May-Leser reiben sich hier ebenso die Augen wie die versammelten Indianerstämme. Neben dem »emporstrebenden Winnetou« erscheint auf den Kaskaden des Wasserfalls das Antlitz Marah Durimehs, der weisen Alten aus dem Morgenland, der Weltversöhnerin, »der Königin der Sage, der Freundin all unserer Ahnen«, jener gütigen Hexe, in der Karl May die Erinnerung an seine Großmutter birgt und wachhält, die ihn einst, als er blind war als Kind, in die Welt der Märchen eingeführt hat. Auf dem Wasserfall am Mount Winnetou bildet sich der May'sche Hausaltar ab, generiert von elektrischem Strom.

Und die Show ist noch nicht zu Ende. Junger Adler, ein Nachwuchshäuptling der Apatschen, »griff in die Drähte seines Apparats, ließ die Flügel schlagen« und steigt auf in die Lüfte. Mit seinem Flugzeug umkreist er drei Mal den Winnetouberg, landet unterhalb des Gipfels und kehrt mit einer Karte zurück, die den Schlüssel zum »großen Aufstieg nach den Höhen der Menschheit enthält«. Laserkanone, Flugapparat: In tiefster Wildnis begeistert sich Karl May für die Poesie moderner (und zukünftiger) Technik. Er steht am Ende seiner schriftstellerischen Laufbahn. Über dreißig Jahre zuvor, als er am Anfang stand und für die Zeitschrift »Schacht und Hütte« populärwissenschaftliche Beiträge schrieb, hatte er in »Geographischen Predigten« von den »Helden des Dampfes« geschwärmt und vom »Dampfross«. Das Dampfross hat die Jagdgründe zerschnitten, Tod und Verderben gebracht. Hier nun legt er den Indianern moderne Technik in die Hand, damit sie sich befreien können. Der Junge Adler soll sein Volk das Fliegen lehren!

Thomas Alva Edison wird der »Zauberer von Menlo Park« (The Wizard of Menlo Park«) genannt. Karl May ist der Zauberer von Radebeul. Der Amerikaner L. Frank Baum schrieb im Jahr 1900 seine (Kinder-)Geschichte vom »Wizard of Oz«, die durch den Film und das Musical in aller Welt berühmt wurde. Als sympathischer Schwindler erweist sich der Zauberer von Oz mit seiner Humbugmaschinerie hinter dem Vorhang. Er kann gar nicht zaubern, aber er weiß mit Worten zu verzaubern, und er gibt den Menschen, wonach sie sich sehnen: Herz und Verstand und Mut. Ein gar nicht so entfernter Verwandter Karls Mays. Der Titelsong »Somewhere over the rainbow« wäre perfekt für Winnetous Ritt über den Wasserfall. Noch einmal zeigt sich, dass populäre Kultur in Büchern und Filmen für Kinder ihren Ausgang nimmt, dass es um die Rettung der Kinderseele geht. Da muss Fantasie sich nicht legitimieren. Und nirgendwo steht geschrieben, wie klein oder groß, wie jung oder alt die Kinder sein sollen, für die der Zauberer seinen Hut aufsetzt und an der Kurbel dreht.

NACH MEKKA

So gewaltig sich das Œuvre Karl Mays präsentiert, eine grüne Wand, die wie ein Urwald im Bücherregal wuchert, mit den Schlingpflanzen und goldenen Blättern der Buchrücken – manches bleibt doch unvollendet. Im Westen hat er seine Verhältnisse geregelt, über den Tod Winnetous hinaus. Die Welt der Indianer findet ihren himmlischen Frieden, die verfeindeten Stämme reichen sich die Hand, und der große weiße Bruder aus dem fernen Sachsenland gibt seinen gütigen Segen dazu. Old Shatterhand kann sich zufrieden aufs Altenteil zurückziehen, allein Kara Ben Nemsis Rolle ist nicht zu Ende gespielt. In der arabischen Hemisphäre liegen die Dinge ungleich schwieriger. Am Mount Winnetou baut Karl May den Ureinwohnern Amerikas ein Zentralheiligtum, einen neuen Pilgerort, der auf uralten Legenden gründet. Die Wüste Arabiens besitzt aber längst einen solchen spirituellen Mittelpunkt – Mekka. Oft fällt es leichter, sich etwas Neues auszudenken, als sich mit bereits Vorhandenem, mit Tradition und gewachsener Substanz auseinanderzusetzen. Das zeigt nicht zuletzt die Geschichte der USA.

Der im Frühjahr 1899 abgeschlossene Roman »Am Jenseits« folgt Kara Ben Nemsis rätselhaften Wegen durch die Wüste. Er scheint sich im Kreis zu bewegen, wird dabei geleitet von den Erzählungen eines Untoten. Dieser blinde Seher namens El Münedschi führt ihn zu einem Berg, wo Kara Ben Nemsi in einer nächtlichen Vision den Vorbereitungen zum Jüngsten Gericht zuschaut. Mächtige Bilder, starker Stoff, aber sein eigentliches Ziel ist Mekka, und wie und wohin er sich auch dreht und wendet, er kommt dort nicht an. Karl May hat mehrfach davon gesprochen, die Pilgerfahrt Kara Ben Nemsis zu einem guten Abschluss zu bringen. Doch die geplante Fortsetzung mit dem Titel »Im Jenseits« will nicht mehr gelingen. Dass sich in Karl Mays »Gesammelten Werken« des Karl-May-Verlags dennoch als Nr. 50 der Band »In Mekka« findet, gehört zu den abseitigsten Episoden einer Editionsgeschichte, die bekanntlich nicht arm ist an Dramen und Farcen. »In Mekka« stammt nicht aus der Feder Karl Mays, sondern ist ein von Franz Kandolf im Geiste des Meisters verfasstes Geisterbuch, posthum versteht sich. Kandolf gehört zu jener Spezies von Kennern und Forschern, die sich nach dem Tod ihres Idols und Sinnspenders als geistige Witwe aufführen, mit entsprechendem Publikationsdruck.

Kandolf ist ein Vorläufer jener unglaublich produktiven Bewegung, die im Internet so genannte Fan Fiction verbreitet. Nachdem Joanne K. Rowling die Abenteuer ihres Harry Potter für beendet erklärt hat und auch schon früher, brach ein Sturm von Ergänzungen, Fortschreibungen, Variationen und Vor-Geschichten um den berühmten Zauberlehrling los. Die Zeitschrift »Time« berichtete im Juli 2011 von über einer halben Million Einträge auf Fan.Fiction.net allein in der Harry-Potter-Rubrik, darunter unzählige Texte in veritabler Romanlänge. Vor allem Fantasy-Literatur ist von diesem Phänomen betroffen, und viele Autoren wehren sich juristisch dagegen. Ursula K. Le Guin, eine renommierte Größe auf dem Fantasy-Markt, spricht von einer »Invasion«, von »Fremden, die in meine Welt eindringen und sie übernehmen«. Jenseits der Frage nach der Qualität und Originalität taucht im Netz, dem ultimativen Forum der Popkultur, eine uralte kreative Praxis wieder auf. Haben nicht auch Homer, Vergil und Shakespeare bereits kursierende Mythen aufgenommen und bearbeitet? Ist die Vorstellung von Autor und Copyright nicht eine relativ junge Errungenschaft des Industriezeitalters? Erfolg provoziert Nachahmung, und leidenschaftliche Fans wollen Harry Potter nicht aufgeben, sie wollen verhindern, dass er ihrer Welt entwächst, dass er erwachsen wird, was zwangsläufig bedeutet, dass keine neuen Abenteuer mehr nachgeliefert werden – und das Spiel aus ist, ein für allemal. Für Aficionados, die viele Jahre – vielleicht ihre besten, schönsten – mit ihren Helden verbracht haben, ist das ein unerträglicher Zustand. So stellen sie ihre Droge selbst her, die Ingredienzien sind ja bekannt.

Wilde Sumpfblüten treibt die Karl-May-Verehrung. Der Kult schreckt weder vor Parodie noch vor Fälschung zurück. Karl May ist aber zu Beginn des neuen Jahrhunderts selbst damit beschäftigt, seinen Ruf aufs Spiel zu setzen. Ausgiebig recherchiert er für ein Drama, ein Bühnenwerk, in dem er die letzten Fragen der Religionsphilosophie debattieren will. »Babel und Bibel – Arabische Fantasia in zwei Akten« erscheint 1906. Es lehnt sich an mittelalterliche Mysterienspiele an und ist im Grunde nichts anderes als ein mit Bildungsballast überladenes Palaver zwischen Gewaltmenschen und Edelmenschen. Das Stück hat bis heute keine Bühne gefunden; es wurde von der literarischen Kritik vernichtet und Karl Mays opulentester Misserfolg. Als Schauplatz seines Erlösungskomplotts wählt er den Turm von Babylon, ein Schachspiel auf offenem Feld mit lebendigen Menschen und Pferden dient dem Schurken Abu Kital als Kriegslist. Die gute alte Marah Durimeh und der Hakawati, der Geschichtenerzähler, halten dagegen. Bald würde Hugo von Hofmannsthal sein großes »Welttheater«, seinen »Jedermann« auf dem Domplatz in Salzburg ins ewige Rennen schicken. Aber Karl May hat kein Gespür dafür, kein Gespür für das neue Theater, das sich in seinen letzten Lebensjahren Bahn bricht. Die orientalische Wunde will sich nicht schließen.

In »Babel und Bibel« klingt auch wieder an, dass ihm das Christentum nicht genug ist – jener institutionalisierte, ausgetrocknete christliche Glaube, dessen offizielle Vertreter sich nicht zu schade sind für missionarische Gräueltaten, Rassenhass und die Verachtung anderer Religionen, vor allem des Islam. Nach Mekka drängt es den deutschen Christen Kara Ben Nemsi. Er will die Kaaba sehen, er will verstehen und lernen, wo die Kraft des muslimischen Glaubens ihren Ursprung hat. Ein halbes Leben lang ist er durch die Wüsten Arabiens geritten, wenn er nicht gerade in Amerika beschäftigt war. Hadschi Halef Omar ist zwar nicht sein Blutsbruder, denn es gibt nur einen Winnetou, doch Hadschi mit den vielen Namen steht dem Indianerhäuptling an Treue in nichts nach, und wenn man nur die Abenteuer und die Bücher zählen wollte, dann haben Kara Ben Nemsi und Hadschi Halef Omar mehr Zeit miteinander verbracht als Old Shatterhand und Winnetou. Der

Reise durch den Himmel: Mohammed und
seine Stute Buraq auf dem Weg ins Paradies,
Miniatur, Herat, 15. Jahrhundert

Deutsche und sein Apatschenfreund trennen sich auch immerzu,
reiten allein, während Kara Ben Nemsi und Hadschi so viele Stunden nebeneinander im Sattel verbringen, wie die Wüste Sandkör-
ner hat. Und noch ein Unterschied: Shatterhand und Winnetou
treten uns als schweigsame Erzengel entgegen, die Wüstensöhne
plaudern sich schier um den Verstand.

Soweit man das in religiösen Angelegenheiten sagen kann,
wirkt Kara Ben Nemsi, also Karl May in seiner orientalischen In-

karnation, moderner als der sture Shatterhand-Charakter – eher ein Mensch des 20. und 21. Jahrhunderts, der sich seine Religion zusammensucht. Kara Ben Nemsi *weiß* mehr über den Islam als sein vorlauter arabischer Freund. Darin steckt westliche Arroganz, aber auch das Verlangen nach Glaubenserfahrung. Kara Ben Nemsi betrachtet das Christentum aus islamischer Perspektive, er kennt den Koran. Es gibt nur einen Propheten, sein Name ist Mohammed. Gelegentlich jedoch hat es den Anschein, als wollte Karl-Kara-Ben-Nemsi-May in dessen Fußstapfen treten – wenn er Streit schlichtet, Recht spricht, für das Gute kämpft mit Faust und Flinte. Am Ende wirken all seine morgenländischen Abenteuer mit Hadschi Halef Omar wie eine heimliche Hadsch, eine immer wieder abgelenkte, unterbrochene, nie ganz vollzogene, für einen Christen im Übrigen verbotene Pilgerreise nach Mekka.

In der islamischen Miniaturmalerei gibt es Darstellungen des Propheten, wie er unverschleiert, mit offenem Antlitz, auf seinem Fabeltier Buraq von Mekka nach Jerusalem und durch den Himmel reitet. Dort trifft er – auf einer Handschrift aus Herat im heutigen Afghanistan aus dem 15. Jahrhundert – David und Salomon, edle Herren mit Turban und flammender Aureole. Der Himmel ist tiefblau und durchwirkt mit Gold. Das Blatt, das sich in der Bibliotheque Nationale in Paris befindet, zeigt chinesische und westliche Einflüsse, die Schrift ist arabisch, türkisch und persisch. Ein herrliches Exemplar zentralasiatisch-arabischer Kultur, dazu angetan, das finstere Bild des Islam und seiner Tradition auf elegante Weise zu korrigieren. Man wüsste gern, was Mohammed mit den Abgesandten aus dem Alten Testament zu besprechen hatte. Karl May und seinem Wüstensohn hätte es gewiss gefallen.

Stern

Vom Fischen
kehren die Schiffe zum Hafen zurück,
vom Donner
kehrt der Regen zum Flußbett zurück,
von den Ebenen
kehren die Flügel zu ihren Nestern zurück,
vom Reisen
kehren die Lippen zu den Lippen zurück.
Und du?
Zum Stern dort,
zu ihm allein – deine Augen,
und kein Weg!

FUAD RIFKA,
Gedichte eines Indianers

EWIGE JAGDGRÜNDE

Das Haar noch voll, in einer Welle zurückgekämmt über die hohe Stirn, der Schnurrbart struppig und fidel – die Züge des 65-Jährigen wirken glatt, der Blick gefestigt, die Augen klar. Die Porträtserie des Dresdner Hoffotografen Erwin Raupp zeigt eine Persönlichkeit, die im Umgang mit dem eigenen Bild in der Öffentlichkeit geübt erscheint, sich selbst gewiss. Raupps Charakterstudie von Karl May, entstanden 1906, hat eine ähnliche ikonografische Bedeutung wie das staatsmännisch idealisierte Goetheporträt des Malers Joseph Karl Stieler.

Karl May zeigt sich ohne Heldenmaskerade, ohne Hut und Gewehr. Es ist das Bildnis des älteren Mannes als Künstler, nicht umgekehrt. Er hat sich die philosophische Aura erarbeitet. Er schaut durchdringend, aber freundlich. Was einen da anschaut, ist der Stolz eines Ingenieurs, der eine Brücke über den Abgrund gebaut hat, die auspendelnde Kraft des Erfinders einer zischenden, dampfenden, wundertätigen Maschine, eines Wohltäters und frommen Orgelspielers, wie Albert Schweitzer es eines Tages sein würde. Ein Großvater, wie man ihn sich wünscht. Sind die Großväter nicht die besseren Väter, in der größeren Distanz und der größeren Nähe?

Doch bald darauf verstummt der Blick. Sinken die Augen ein, verschwindet die Helligkeit eines erfüllten Alters. Spätere Aufnahmen von Karl May haben nicht mehr diese suggestive Kraft, der körperliche Verfall ist nicht zu übersehen. Er ist ein gezeichneter Mann in seinen letzten Lebensjahren. Ende 1910 wirft ihn eine Lungenentzündung nieder, er leidet unter Schlaflosigkeit, Depressionen und fürchterlichen Schmerzen im Brustkorb. Seine Hand versagt. Erschütternd die Schilderung der anhaltenden Qualen in »Mein Leben und mein Streben«. Er empfindet sich als Wrack und muss doch die Segel setzen:

»Meinen Körper, den früher so unverwüstlich scheinenden, hat es endlich doch gepackt. Er will zusammenbrechen. Seit einem Jahre ist mir der natürliche Schlaf versagt. Will ich einmal einige Stunden ruhen, so muß ich zu künstlichen Mitteln greifen, die nur betäuben, nicht aber unschädlich wirken. Auch essen kann ich nicht. Täglich nur einige Bissen, zu denen meine arme, gute Frau mich zwingt. Dafür aber Schmerzen, unaufhörliche, fürchterliche Nervenschmerzen, die des Nachts mich emporzerren und am Tage mir die Feder hundertmal aus der Hand reißen! Mir ist, als müsse ich ohne Unterlaß brüllen, um Hilfe schreien. Ich kann nicht liegen, nicht sitzen, nicht gehen und nicht stehen, und doch muß ich das alles. Ich möchte am liebsten sterben, sterben, sterben, und doch will ich das nicht und darf ich das nicht, weil meine Zeit noch nicht zu Ende ist. Ich muß meine Aufgabe lösen.«

Im Sommer 1911 geht er nach Joachimsthal im böhmischen Erzgebirge zur Kur, der Ort ist berühmt für seine radioaktiven Bäder. Die Medizin erweist sich als Rosskur, die den Organismus »sehr angreift«, wie der behandelnde Arzt und Kurpfuscher notiert. Er verordnet »vollständige Ruhe und Schonung«, eine Nachkur von mindestens acht Wochen, doch daran ist nicht zu denken. Der Schriftsteller kehrt an den Schreibtisch zurück – und in den Gerichtssaal. Die Prozesse lassen ihn nicht los. Der Patient schlägt alle ärztlichen Warnungen in den Wind, dass er sein »aufreibendes Leben« aufgeben müsse, »wenn er nicht rapid verfallen soll«. Am 20. März 1912 trifft Karl May in Wien ein. Er hält dort einen Vortrag. Es wird noch einmal ein großes Aufbäumen, ein letzter Gewaltritt im Dienste des Friedens. Sein ganzes Leben und Vorwärtsstreben spiegelt sich hier wider, zwischen Absturz und Apotheose.

Wien, 22. März 1912. Zweitausend Zuhörer drängen sich in den Sophiensaal, in manchen Quellen ist von dreitausend Menschen die Rede, die Karl Mays Vortrag »Empor ins Reich des Edelmenschen« hören wollen. So viele Legenden ranken sich um die »Wiener Friedensrede«. Eingeladen hatte der »Akademische Verband für Literatur und Musik«. Es ist Goethes Todestag, er starb am 22. März 1832 in Weimar, und am 22. März 1969 hat sich in Bamberg die Karl-May-Gesellschaft gegründet. Dort treffen sich laut ihrer Selbstbeschreibung »Germanisten, Juristen, Hausfrauen, Kaufleute, Schriftsteller, Schüler, immer aber Menschen, die Freude an seinem Werk haben und diese Freude und Neugier mit anderen teilen wollen. Karl May ist kein Schriftsteller, der gleichgültig läßt. Die Karl-May-Gesellschaft wendet sich nicht an die Gleichgültigen. Aber sie will auch keine kultische Verehrung betreiben. (…) Der Karl-May-Gesellschaft geht es mehr um vorurteilsfreie, nüchterne und wissenschaftlich solide, aber auch im besten Wortsinne amateurhafte, also liebhaberische Beschäftigung mit May, bei der wacher kritischer Verstand Hand in Hand geht mit Engagement für den Webersohn, der sich und uns eine eigene Welt schuf.«

Von Gleichgültigkeit kann keine Rede sein, wohl aber von Kult. An jenem Abend in Wien regiert die Sensationslust. Wie würde sich der berühmte Schriftsteller darstellen und behaupten nach den juristischen Zermürbungsschlachten und den publizistischen Dauergefechten um Moral und Wahrheit in seinen Büchern? Wie positioniert er sich jetzt? Der vollständige Text der Rede ist nicht überliefert. Der Karl-May-Verlag besitzt detaillierte Aufzeichnungen und Skizzen, die Karl May für sein Finale ausgearbeitet hat. Sie liegen in einer umfangreichen Dokumentation von Ekkehard Bartsch vor, der auch die zeitgenössischen Pressestimmen zusammengetragen hat.

Selbst für einen Mann auf der Höhe seiner Kräfte stellt ein solcher Auftritt vor einem aufgeheizten Publikum eine gewaltige Herausforderung dar. Zweieinhalb Stunden soll die Rede gedauert haben. Bei Mays Notizen, konstatiert Bartsch, handelt es sich wohl lediglich um das »Gerippe« des Vortrags. Der Redner selbst, von der Krankheit gezeichnet, ist nur noch Haut und Knochen. Und Feuer und Flamme.

> Kennst du den ergründlich tiefen See,
> Auf dessen Flut ich meine Ruder schlage?
> Er heißt seit Anbeginn das Menschheit-Weh,
> Und ich, mein Freund, ich bin die Menschheits-Frage.

Er hebt an mit einem Gedicht und begrüßt die »Osterzeit, Frühlingszeit«, den »Frühling des Jahrhunderts«. Spätromantische Lyrik ist die Musik seines Alters, seit der Orientreise reimt er sich gern Glaubensbekenntnisse zusammen. Er ist milde gestimmt, will offensichtlich aber auch aufräumen mit den publizistischen Kriegsschäden und Prozesslawinen. Es ist die Gelegenheit, die »innere Persönlichkeit« zum Sprechen zu bringen, er will »meine Seele, mein Gemüt, mein Herz offen und ehrlich zeigen, damit Sie mich kennen lernen, nicht wie ich von falsch unterrichteter Seite beschrieben werde, sondern wie ich wirklich bin«. Was es mit seiner Anschauung von Himmel und Erde auf sich hat. Dazu entwickelt er die Drei-Wege-Theorie:

»Es führen drei Wege hinauf: Wissenschaft, Kunst, Religion. Wissenschaft bringt Erkenntnis; Kunst bringt Offenbarung; Religion bringt Erlösung. Die Kunst dringt in das Innere der irdischen Materie ein, um das Innere herauszuholen und das Äußere damit zu verklären. Sie söhnt Wissenschaft und Religion miteinander aus. Sie weist nach, daß alle Wege endlich doch vereint nach demselben Ziele streben. Ich bin nicht Gelehrter und bin auch nicht Theolog. (…) Ich stehe auf dem mittleren Wege, auf dem Wege der Kunst, und spreche zu Ihnen nur als Schriftsteller, als unfanatischer Laie, der nichts und nichts erstrebt als nur das eine, große, irdische Ziel: ›Und Friede auf Erden!‹«

Was nun folgt, erinnert an einen Karl-May-Roman im Schnelldurchlauf. Mit der »Menschheitsfrage« (»Werde Edelmensch!«) mischt sich das Märchen vom Stern Sitara, Biografisches aus dem Erzgebirge mit Ausflügen in die Mythologie der Inkas und der Babylonier. Er sagt, er habe »Fehler gemacht«, doch »ich habe keine Kritik zu scheuen«. Er sei, trotz seiner siebzig Jahre, »noch kein Gewordener, sondern noch immer ein erst Werdender«. Er trumpfe daher nicht »gebieterisch« auf, sondern klopfe in »bittender Weise an« und hoffe, »freundlich eingelassen zu werden«. Immer wieder die »Menschheitsfrage«, Erinnerungen an die Großmutter, die Märchenerzählerin. Er habe sich den Kindheitstraum erfüllt, zu werden wie sie, wie der Hakawati, der sagenhafte Geschichtenschatz der frühen Jahre am heimischen Herd – und so

»muss man meine Bücher lesen«. Die Wiener Rede streift, im kontrollierten Galopp, den *ganzen* Karl May, eine tour d'horizon, ein Panoramabild wohl schon im Angesicht des nahen Endes, schwankend zwischen Bescheidenheit und Glaubensstolz, Verletzung und Selbstbehauptung, missionarischem Eifer und persönlicher Lebensbilanz. Karl Mays ewiges Thema, mit einem Wort: Ich.

Ein »Ruck der Enttäuschung« sei durch den Saal gegangen, als der Schriftsteller seine Rede schloss, notiert ein Beobachter. Bald aber sei die Stimmung umgeschlagen in »stürmische Begeisterung«, in einen »Jubel der Massen«. Enttäuschung, das Wort taucht in einigen Berichten über die Veranstaltung auf. Die Erwartungen waren aufs Populäre gerichtet, wo war Winnetou, das Abenteuer? Einen »Phantasten und schwer verständlichen Philosophen« hat die »Kleine Österreichische Volkszeitung« erlebt, das »Neue Wiener Journal« berichtet von »weitläufigen Darlegungen, deren Zickzackgängen man nur schwer folgen kann«. Die »Wiener Arbeiter-Zeitung« urteilt ähnlich, beschreibt Karl May als »pensionierten Oberst in Zivil« und spricht von der Jugend im Publikum, das »anscheinend glücklich war, Old Shatterhand leibhaftig vor sich zu sehen, wenn auch anders, als sie ihn erträumt hatte«. Die jungen Fans »harrten tapfer bis zum Schlusse aus und überschütteten dann den Redner mit Beifall und Bitten um Autogramme«. Im »Deutschen Volksblatt« war zu lesen von »guter und bester Gesellschaft«, die dem Schriftsteller lauschte, wie er »in runden Zügen ein Bild seines schriftstellerischen Schaffens in etwas zu sächsischer Mundart geneigter Sprache« gab. An den Reaktionen der Presse gemessen, ist Karl May in Wien mit seiner Friedensbotschaft nicht überzeugend durchgedrungen, zu schwer beladen war sie mit Biografischem, mit den Ausprägungen und Ausläufern des ewigen Ich.

Karl May sollte nicht im Sattel sterben, kein Treibsand würde ihn verschlucken, kein Kopfgeldjäger töten. Er stirbt daheim im Bett, nach dem Auftritt im Sophiensaal bleibt ihm kaum noch Zeit. Die Ärzte hatten ihm wegen seiner angegriffenen Gesundheit dringend von jeder Arbeit abgeraten, von Reisen zumal. So ist er doch, mit einer Toleranz von wenigen Tagen, als Schriftsteller in Ausübung seines Berufs gestorben, als Mann des Wortes. Das hat zur Mythisierung der Wiener Rede beigetragen. Das Wiener Abenteuer beschleunigte sein Sterben. Und es war, aus historischer Perspektive, in der Tat ein abenteuerlicher Moment. Unter den Zuhörern befand sich Bertha von Suttner, die große Pazifistin, Schriftstellerin (»Die Waffen nieder!«) und Friedensnobelpreisträgerin des Jahres 1905. Karl Mays Rede lag auf ihrer Linie, sie war dem Schriftsteller sehr verbunden. Bertha von Suttner gehörte zu den wenigen Zeitgenossen, die begriffen, dass Old Shatterhand die Waffen niedergelegt hatte und was die Stunde schlug. Sie starb im Sommer 1914, wenige Wochen vor dem Ausbruch des Ersten Weltkriegs.

Es soll auch ein junger Arbeitsloser von 22 Jahren unter den Zuhörern gewesen sein: Hitler. Faktum oder Fiktion, die Geschichte zieht sich durch die Karl-May-Literatur wie ein giftiges Aperçu. Sicher ist: Adolf Hitler hat Karl May gelesen, hat aus den Abenteuerbüchern ein Übermenschentum für sich herausgelesen. Ob er tatsächlich mit einem Paar geliehener Schuhe zu dem Vortrag ging, wie »Jugendfreunde« oder Wichtigtuer später berichteten, lässt sich nicht beweisen und nicht widerlegen. Die Rezeption des May'schen Œuvres hat sich dann aber so aufgespalten und widersprüchlich entwickelt, als sei der arbeitslose Anstreicher an jenem Abend dabeigewesen, so verführerisch stark ist die Symbolik. Zwischen Bertha von Suttner und Adolf Hitler: Die kommenden Jahrzehnte sollten den Namen Karl May schwer belasten. Sie werden auch zeigen, dass er unzerstörbar ist, dass auf Dauer wenig haften bleibt von dem, was falsche Freunde ihm anhängen, und dass seine Kraft immer wieder nachwächst.

Karl May und das »Dritte Reich«, der »Edelmensch« in der nationalsozialistischen Diktatur, das ist die Geschichte einer versuchten Vereinnahmung. Das Unheil setzt im April 1933 ein mit der Homestory einer Sonntagszeitung vom Obersalzberg. Auf Hitlers Bücherbord entdeckt der Hofberichterstatter neben Büchern über die Schäferhundzucht »Winnetou, Old Surehand, den Schut, alles liebe alte Bekannte«. Fortan gilt Karl May als Leib- und Magenlektüre des »Führers«. Während der Nazizeit, berichtet

Christian Adam in seinem 2010 erschienenen Buch »Lesen unter Hitler«, werden allein vom »Schatz im Silbersee« 300 000 Exemplare verkauft, vom »Silbersee« erscheint 1943 eine Wehrmacht-Sonderausgabe »nur für den Gebrauch innerhalb der Streitkräfte«. Karl-May-Romane, stellt Jan-Pieter Barbian (»Literaturpolitik im NS-Staat«) fest, erfreuten sich bei den Soldaten großer Nachfrage, ebenso Abenteur- und Liebesromane und Krimis. Karl May, so Barbian, blieb »im NS-Staat der beliebteste Jugendautor« – allerdings wurden 1941 die Karl-May-Titel als »trivial und belanglos eingestuft« und »aus den Städtischen Büchereien Wien verbannt«. Es wiederholt sich um Karl May der sogenannte Kulturkampf der 1890er Jahre. Nazipädagogen geißeln seinen »defätistischen Pazifismus«, seinen »Marxismus«, seinen »Völkerversöhnungs- und Völkerbundgedanken«, er verhöhne die »Rassenidee« und sei feindlich eingestellt gegen »völkische Ausdehnungsbestrebungen«. Auf der anderen Seite schwärmte, wie Frederik Hetmann anführt, der bayerische Kultusminister und Leiter des NS-Lehrerbundes, Hans Schemm: »Zum deutschen Buben und Mädel gehört mehr als die sogenannte Schulbravheit, nämlich Mut, Entschlußkraft, Abenteuerlust und Karl-May-Gesinnung.«

Ein deutsches Gemenge, ein widerlicher Eintopf mit braunen Brocken wird da mit Karl Mays Ingredienzien angerührt. Old Shatterhand als germanische Kraftnahrung, das Spätwerk (»Und Friede auf Erden«) als Gift, das die Kampfmoral zersetzt. Die Literaturpolitik der DDR macht reinen Tisch: Karl May gehört dort zu den verfemten Autoren. Der Osten entwickelt seine eigene Indianerliteratur. Die Historikerin und Schriftstellerin Liselotte Welskopf-Henrich (1901 – 1979) macht Karl May mit ihren Romanzyklen »Die Söhne der großen Bärin« (von der Defa verfilmt) und »Das Blut des Adlers« Konkurrenz. Welskopf war im Widerstand gegen die Nationalsozialisten. Sie wurde Mitglied der SED und Trägerin des Nationalpreises der DDR. Auch ihre Bücher erfuhren viele Übersetzungen und Millionenauflagen. Anders als Karl May unternahm sie ausgedehnte Forschungsreisen zu den Indianern Nordamerikas. In ihren Erinnerungen an die Kinderzeit und Karl-May-Lektüre schreibt sie: »Ich liebte Winnetou (…). Old

Shatterhand war mir zu eitel und zu selbstgefällig, ich konnte ihn nicht ausstehen. Auch glaubte ich, dass der Schriftsteller gelogen haben müsse, wenn er behauptete, dass ein Apatschenhäuptling Madonnenaugen gehabt und nur um seines Freundes Scharlieh willen eine Bahn für den Feind mitten durch das Stammesgebiet fertig gebaut habe.« Früh schon habe sie beschlossen, die Geschichte und den Freiheitskampf der Indianer zu studieren, auf eigene Faust. »Um Dichter zu sein«, schreibt sie, »braucht man nicht nur Fantasie (…) und Liebe zu den Menschen, man muss das Leben kennenlernen.« Ein sauberer, selbstbewusster Hieb gegen Karl May.

Erst 1981 können im Verlag Neues Leben einige Titel des Radebeulers erscheinen – in sozialistischer Bearbeitung. Die Zensur streicht in »Winnetou I« aus einer Rede Old Shatterhands Sätze von ungeahnter Brisanz: »Wir Deutschen sind eigentümliche Menschen. Unsere Herzen erkennen einander als verwandt, noch ehe wir es uns sagen, dass wir Angehörige eines Volkes sind – wenn es doch nur endlich einmal ein einiges Volk werden wollte!« Deutschland, einig Shatter-Land! Klaus Hoffmann hat 2001 in seinem Buch »Karl Mays Werke« das Drama redaktioneller Eingriffe und »Fälschungen« – nicht nur in der DDR – dargestellt. Karl May, von Anfang an ein Opfer maliziöser Lektoren und beflissener Ideologen. Der Karl-May-Verlag ging gegen das Buch aus dem Verlag Neues Leben vor, es wurde daraufhin eingestampft. Unter Karl-May-Freunden gilt Hoffmanns Studie als fehlerhaft und polemisch, es ist schwer, in diesen Jagdgründen Freund und Feind zu unterscheiden. Karl May ist eine Glaubensfrage. Da trifft man, wie bei den Wagnerianern, orthodoxe, fundamentalistische, aufgeklärte Kirchgänger ebenso wie Ketzer und Renegaten, Greenhorns und Gelehrte. Reit- und Schießstunden empfehlen sich. Man kommt auch nicht gern im *friendly fire* um.

Beim Vortrag in Wien erleidet Karl May einen Schwächeanfall. Er kehrt mit einer Erkältung nach Radebeul in die Villa Shatterhand zurück. Klara May ist bei ihm. Sie hat seine letzten Stunden beschrieben:

»Am Samstag, dem 30. März, fühlte er sich wieder etwas kräftiger und beauftragte mich, für die kommende Woche Zimmer im

schlesischen Bad Salzbrunn zu bestellen. Aus Besorgnis hielt ich
mich aber während des ganzen Tages in seiner Nähe auf, wenn-
gleich ich nicht etwa einen tödlichen Ausgang der Erkrankung
vermutete. Ich war die einzige, die zur Todesstunde an seiner Seite
weilte. Da dieser Tag unser Hochzeitstag war, sprach er mancherlei mit mir über die Vergangenheit und auch über die Zukunft. Er
war heiter und trug sich mit neuen Plänen: ein Drama wollte er
schreiben, das sein eignes Leben schildern und erst lange nach seinem Ableben an die Öffentlichkeit kommen solle. Dann werde
man sein Wollen und Wirken begreifen. Nachmittags verfiel er in
ein eigenartiges waches Träumen und unterhielt sich, wie er das
häufig zu tun pflegte, viel mit den Gestalten seiner Phantasie. Um
sieben Uhr abends legte er sich schlafen, setzte aber seine Selbst-
gespräche in einem undeutlichen Murmeln fort. Gegen acht Uhr
richtete er sich plötzlich im Bett auf, sah mit leuchtenden Augen,
die nichts von seiner Umgebung zu fassen schienen, in die Ferne
und sagte mit klarer Stimme: *Sieg, großer Sieg! Ich sehe alles rosenrot!*
Dann sank er mit unendlich freudigem, verklärtem Ausdruck zu-

219

rück; sein Atem wurde schwächer, bis er nach wenigen Minuten erlosch.«

Herzschlag, so lautet die offizielle Todesursache. Eine posthum nach den Symptomen erstellte Diagnose weist auf Lungenkrebs hin. Metastasen hatten seinen Organismus befallen, zehrten ihn aus, verursachten die »brutalen Körperschmerzen«, über die er klagte. Er war starker Zigarrenraucher, seit den Gefängnistagen. Der Schornstein der Schreibfabrik muss qualmen. Es gibt für das Ende keinen anderen Zeugen als Klara May. Das macht den »großen Sieg« zum kleinen Liebesdienst und das »rosenrot« verdächtig. Sie neigte dazu, die Erinnerungen an ihren Mann fürsorglich zu schönen und zu fälschen, eben *rosenrot*. Nachträglich dehnte sie seine Reisen aus, deutete geheimnisvolle Missionen in den USA an, und ihre Aktivitäten in der Nazizeit lassen sie als ebenso suspekte wie machtbewusste Witwe erscheinen.

Das Grabmal auf dem Friedhof Radebeul-Ost fällt sogleich auf. Der strahlend weiße Stein, vier ionische Säulen, dem Niketempel der Akropolis nachempfunden, wie Klara es sich auf der Mittelmeerreise erträumt hatte. Im Innern wartet eine Engelsskulptur, sie schließt den Verstorbenen in die Arme. So beschreibt es Karl May in seinem Roman »Am Jenseits«. Hier soll sich die Vision erfüllen, mit den eingemeißelten Versen des Himmelsstürmers:

SEI UNS GEGRÜSST! WIR, DEINE ERDENTATEN,
ERWARTETEN DICH HIER AM HIMMELSTOR
DU BIST DIE ERNTE DEINER EIGNEN SAATEN
UND STEIGST MIT UNS NUN ZU DIR SELBST EMPOR

Der Weg ins Reich des Edelmenschen liegt zwischen der Elbe und der Eisenbahnstrecke nach Dresden, unterhalb der Radebeuler Weinberge. Von der Villa Shatterhand zum Friedhof sind es nur wenige Schritte. Auch Klara May, geb. Plöhn, ist in dem Tempelchen beigesetzt; sie starb am 31. Dezember 1944. Zum hundertsten Geburtstag Karl Mays hatte sie darauf gedrängt, den Leichnam des »Halbjuden« Richard Plöhn, ihres ersten Mannes und besten

Freundes des Schriftstellers, aus dem gemeinsamen Grabmahl zu entfernen. »Durch Kriegsverordnungen sind Exhumierungen 1942 schon nicht mehr erlaubt. Aber gute Beziehungen zu Dresdner Nazigrößen ermöglichen Klara May den makabren Akt. Die Feierstunde kommt trotzdem nicht zustande«, schreibt der Biograf Hermann Wohlgschaft.

Wann immer man die letzte Ruhestätte Karl Mays besucht, liegen dort frische Blumen.

ARDISTAN – AVATAR

Immer unzugänglicher sind die Landschaften geworden, in die Karl May uns führt. Immer höher hinaus ist es gegangen, bis er schließlich ins »Land der Sternenblumen« gelangt. Das ist keine Gegend von dieser Erde mehr, sondern ein anderer Stern: Sitara. Die »kalte, zersetzende Wissenschaft« versagt dort ihren Dienst, allein die »Poesie des Gottesglaubens« gibt Orientierung, weist jenen Weg »hinauf ins Reich des Edelmenschen«. Mag auch die Wüste Karl Mays schon mystischer Beritt gewesen sein, mögen die »dark and bloody grounds« seines amerikanischen Kontinents surreal-symbolische Grundierung aufweisen – die Welt von Sitara zeigt sich als rein virtuelle Natur. Drei Monate dauert der Flug dorthin – mit Lichtgeschwindigkeit? Technische Hilfestellung gibt er nicht, Karl May ist kein literarischer Ingenieur wie Jules Verne. Aufbruch ins Unbekannte, und dann die Ernüchterung: Der Kampf von Gut und Böse ist ein kosmisches Prinzip, es gibt kein Entkommen. Der ferne Stern teilt sich streng in zwei Hälften. In Ardistan wohnen Gewalt und Hass, in Dschinnistan sind die Nächstenliebe zu Hause und der Frieden. Ein schmaler Streifen, Märdistan, bildet das Niemandsland, die Demarkationslinie zwischen den Antipoden des finstern Unten und des strahlenden Oben. »Dieser Stern«, erklärt der Radebeuler Raumfahrer lapidar, »hat mit unserer Erde viel gemeinsam.«

Kara Ben Nemsi und Hadschi Halef Omar treten dort in Erscheinung, als der Tyrann von Ardistan seine Truppen in das Nachbarland schickt. Es droht Krieg, der Endkampf. Über die Anreise in ferne Gegenden hat sich Karl May meist ausgeschwiegen, aber so viel verrät er doch: Die beiden Freunde sind mit einem Boot unterwegs, »Wilahde« genannt, was so viel wie *Geburt* bedeuten soll oder, besser: Wiedergeburt. In der griechischen Mythologie fahren die Toten in Charons Nachen in den Hades, hier geht es übers Wasser in ein neues Leben. Sie reisen im Auftrag von Marah Durimeh, der legendären weisen Frau und Weltversöhnerin. Die kurdische Königin, die zum Katholizismus konvertiert, geistert durch das Spätwerk, ein irrlichterndes Orakel, eine Frau von hundert Jahren, die sich im Lauf der Zeiten und Zeitreisen zu verjüngen scheint.

Dies gibt er dem Leser mit auf den Weg: »Es handelt sich hier nicht um Bilder, sondern um Wirklichkeiten.« Dass Kara Ben Nemsi und Halef sich diesmal vielleicht etwas zu weit vorgewagt haben, dass die größten Abgründe nicht unter dem Meeresspiegel liegen oder um den Mittelpunkt der Erde, sondern in der Psyche des um seinen Glauben ringenden Menschen, zeigt schon die erste Begegnung mit einem Bewohner von Ardistan:

»Das war ein Mensch, ja, aber was für einer? Wer ihn sah und die Bibel kannte, der mußte an Goliath, den Philister, denken, von dem die Heilige Schrift erzählt, daß er sechs Ellen und eine Hand breit hoch gewesen sei. ›Und er hatte einen ehernen Helm auf seinem Haupte und war mit einem schuppichten Panzer angetan, und das Gewicht des Panzers war fünftausend Seckel Erz. Und er hatte eherne Schienen an seinen Beinen, und ein eherner Schild bedeckte seine Schultern. Und der Schaft seines Spießes war wie ein Weberbaum, und selbst das Eisen seines Spießes hielt sechshundert Seckel Eisen.‹ Dieser Goliath war höchst wahrscheinlich nicht größer und auch nicht stärker gewesen als der Reiter, den ich jetzt vor mir sah und der um anderthalben Kopf länger war als ich, mit dementsprechender Schulterbreite und Muskulatur. Er trug zwar keinen ehernen Helm auf seinem Haupte und keinen erzenen Panzer um den Riesenleib, aber die Lanze in seiner rechten Faust glich auch einem Weberbaum, und das Messer, welches in seinem Gürtel steckte, hatte eine derartige Form und Schwere, daß es zugleich als Beil, wenn nicht gar als Axt gebraucht werden konnte.«

Ein Riese, primitiv und plump, ein Urmensch, der ein zyklopisches Monstrum reitet:

»Das Tier, auf dem er saß, war das ein ausgeartetes Nilpferd, ein entarteter Tapir, ein vorweltlicher Riesenhirsch ohne Geweih oder ein überfüttertes Kamel mit Elefantenbeinen und weggefallenem Höcker? Es hatte von alledem etwas; aber bei näherer Betrachtung konnte ich die Idee nicht von mir weisen, daß diese zoologische Merkwürdigkeit den entfernten Zweck verfolgte, ein Pferd zu sein. Hufe hatte es, und zwar ganz richtige, wirkliche Pferdehufe, aber von einer Größe, die mir noch nie vor die Augen gekommen war. Der Kopf glich dem eines Riesenelkes, besonders in Beziehung auf das Maul oder, richtiger ausgedrückt, auf die Schnauze. (…) Die Farbe des ganzen Tieres war schwer zu bestimmen, denn sie war unter einem dicken, panzerartigen Schmutzüberzug vollständig verschwunden. Solche Schlammfutterale hatte ich an den nordamerikanischen Büffeln gesehen, die sich in Schmutz zu wälzen pflegten, um den Insektenstichen zu entgehen. Ganz besonders erwähnenswert an dieser auffälligen Kreatur waren die Augen und der Schwanz. (…) Er hing nie still, sondern regte und rührte sich immerfort, und zwar meist im Kreise. (…) Von ganz derselben Rastlosigkeit waren auch die beiden Augen. Augen ist eigentlich Übertreibung, es muß Äuglein heißen. Sie waren viel, viel zu klein für den Koloß, dessen Körper das Fleisch von zwei ausgewachsenen Ochsen in sich vereinigte. (…) Gleich beim ersten Blick, den man auf diese überall allgegenwärtigen Äuglein warf, mußte man sich sagen: Mit dieser Bestie darf man nur in Liebe verkehren, über das Ohr hauen läßt sie sich nicht.«

In der Ausgabe des Karl-May-Verlags sind »Ardistan« und der »Mir von Dschinnistan« zwei Bände. Vorsichtig gesagt, gehören sie nicht zu seinen populärsten, aber nichts, was er geschrieben hat, reicht weiter. Ursprünglich erschien der Doppelroman von 1907 bis 1909 in Fortsetzungen im »Deutschen Hausschatz« und 1909, zweieinhalb Jahre vor Karl Mays Tod, bei Fehsenfeld auch in Buchform. Die Beschreibung des Pferde-Urviechs trifft das Wesen des gesamten Werks. Es scheint überall Augen zu haben, es handelt sich um ein Fantasy-Produkt von gewaltigen Ausmaßen – unvollendet. Das Ende bleibt offen. Ein dritter Band war offensichtlich geplant, dazu kam es nicht mehr. Vieles erinnert an frühere Abenteuer, doch eine Entfremdung ist zu spüren, ein atmosphärischer Umschwung, die Luft wird dünn. Es hilft, wie bei der Bestie von Urpferd, sich dem Buchgetüm mit freundlicher Offenheit zu nähern. Dann gibt es sein Geheimnis preis. Etwas ist geschehen mit Kara Ben Nemsi. Wenn es überhaupt möglich sein kann, hat er noch mehr Würde angenommen, er wirkt vergeistigt, seine Erscheinung rückt in die Nähe der Marah Durimeh. Mit dem Abflug vom Planeten Erde verwandelt sich Kara Ben Nemsi in Karl Mays Avatar, sein Stellvertreter in der Virtualität, seine Spielfigur. Immer schon ist es auf Leben und Tod gegangen, das wäre nichts Neues. Auf dem Spiel steht jetzt die Welt, der Glaube, das Schicksal des gütigen Gottes, das Seelenheil. »Ardistan und Dschinnistan« – und Winnetous Epiphanie – sind seine letzten Werke. Den Titel »Dschinnistan« hat er der gleichnamigen Märchensammlung von Christoph Martin Wieland entnommen, die 1786/89 erschien und Mozarts und Schikaneders freimaurerische »Zauberflöte« stark beeinflusste.

Die Mutation vom vagabundierenden Ich des Schriftstellers zum Avatar geht einher mit dem Abschied von der Welt, die Karl May jahrzehntelang so erfolgreich und genial kopiert hat. Eine Bücherwelt war es stets, doch dieses literarische Reich blieb auffindbar, und es hatte eine reale Entsprechung, weshalb er auch so heftig als Schwindler und Betrüger attackiert wurde seit den 1890er Jahren. Nun aber greift dieser Vorwurf nicht mehr, geht ins Leere. Ardistan und Dschinnistan finden sich auf keiner Weltkarte, kein Globus verzeichnet solche Länder. Karl May hat sich in die Utopie davongemacht. Es ließe sich einwenden, dass Avatare erst ein Jahrhundert später im Internet populär werden, und in Comics. Doch das Neue entspringt, wie so häufig, auch hier einer alten Welt und hat nur eine unwesentliche Bedeutungsverschiebung ins Profane durchgemacht. Im Sanskrit, der klassischen indischen Sprache, steht Avatar für die Inkarnationen des Gottes Vishnu, wenn er zu den Menschen hinabsteigt. 1856 veröffentlicht der Franzose Théophile Gautier, ein Autor des Fantastischen, unter dem Titel »Avatar« die Geschichte eines Mannes, der den Körper eines anderen übernimmt, in ihn hineinschlüpft, um die Liebe einer Frau zu erobern, die ihn abgewiesen hat. Eine fatale Operation …

Wild verworren sind die Handlungslinien des zweibändigen Romans von Ardistan und Dschinnistan, insgesamt über tausend

Seiten. Verschwörung, Volksaufstand, Umkehr, schließlich Bekehrung des Tyrannen und Kriegstreibers: Das buddhistisch geprägte Christentum Karl Mays siegt auch außerhalb unseres Planeten, oder nur dort, fern von uns Menschen, bei den Avataren. Es ist kein Zufall, dass Kara Ben Nemsi immer plastischer den Charakter einer Heilandsgestalt annimmt, eines Auserwählten, der reitet und schießt, aber zuletzt den Kampf stets durch sein Wort entscheidet. Der Jünger um sich sammelt und seine Lehre in entlegenste Gebiete trägt. Der keine Frau anfasst. Der Leiden auf sich nimmt, aber nicht sterben darf: Denn er ist ein Serienheld. Er hat einen Auftrag zu erfüllen, und dabei ist Aktion, *action*, gleichbedeutend mit Mission, mit christlich-humanistischer Mission.

Ardistan und Dschinnistan: Vor dem inneren Auge des Lesers entfaltet sich großes Kino. Bis heute wird über den unfasslichen Erfolg Karl Mays spekuliert. Dabei liegt die Erklärung so nah. Karl May hat Hollywood vorweggenommen. Er hat Muster vorgeprägt, die einen Fantasy-Film zum Blockbuster machen. Die Betulichkeit seines erzählerischen Angangs darf nicht darüber hinwegtäuschen, dass er über ausgefeilteste Technik verfügt. Seine Schwenks in die Landschaft, seine Behauptung von Ort und Zeit suchen ihresgleichen. Die Karl-May-Exegese hebt inzwischen die fotografische Genauigkeit der mystischen Landschaft heraus, aber das geht nicht weit genug. Auch der Hinweis auf postmoderne Erzählstrukturen bringt nicht viel. Mögen »Ardistan« und »Dschinnistan«, an den Verkaufszahlen und den Protesten der Stammleser gemessen, in die Nähe eines Flops gekommen sein, ihre Erfindungskraft überrascht noch heute. Was damals ungeliebte Avantgarde war, stellt sich später als popkulturelle Großtat heraus. Mit der Suggestivkraft des Mythendichters hat Karl May den Zugang zu jener Welt geöffnet, in der das Kino blüht, das »Land der Sternenblumen«.

Per aspera ad astra, zu den Sternen. Die überbordende, die Strukturen eines Romans verschlingende Dschinnistan-Fantasie scheint ihren Erfinder auch gelähmt zu haben. Gewiss hat sich Karl May als Botschaftsüberbringer, als Friedensprediger seiner Zeit voraus gesehen. Formal fühlte er sich ganz sicher nicht als Avantgardist. Neue literarische Formen sind hineingeschossen in sein

Werk, sind aus den späten Romanen herausgeschossen wie Unkraut. Die Ardistan-Story kämpft mit sich selbst, sie tritt auf der Stelle, Leser und Fans zeigten sich seinerzeit irritiert, die Interpretatoren ringen mit Karl Mays Spätwerk, als wäre es vom Himmel gefallen, gefertigt aus einem unbekannten Werkstoff, als wäre es ein Meteorit. Es *war* ein Fremdkörper, ein Drehbuch avant la lettre, zu viel für das landläufige Romanverständnis und gerade genug, um eine revolutionäre Erfindung anzukündigen: das Kino. Als Karl May stirbt, beginnt das Kino die Welt zu erobern, doch die Künstler nahmen das Geflimmer auf der Leinwand noch nicht allzu ernst. Er aber hat eine Saat ausgelegt, die viel später aufgehen sollte.

In der Weltliteratur des 19. Jahrhunderts finden sich berühmte Beispiele cinemascopischen oder cinematografischen Schreibens. »Anna Karenina« und »Krieg und Frieden«, Tolstois große Romane, setzen über Bilder und Schauplätze Emotionen frei, wie es zuvor nicht bekannt war. Man glaubt bei der Lektüre Musik zu hören, Filmmusik. Flauberts Orientorgie »Salammbo« (1862) schwelgt in Massenaufmärschen und Materialschlachten, wie sie der Hollywood-Mogul D. W. Griffiths 1916 in seinem Menschheitsepos »Intolerance« mit einem Heer von Statisten realisierte. Romane vermögen die Sehnsucht nach einem anderen Medium zu wecken, selbst wenn dieses Medium noch gar nicht existiert. Sie bannen die Welt, und sie sprengen die eigene Form. Wie das Universum dehnt sich der Roman unaufhörlich aus. Er wächst mit den Großstädten, in denen er zu Hause ist, und mit den Kolonialreichen und dem Welthandel, den er begleitet. Flaubert kämpft wie ein Bildhauer um die Romanform, Charles Dickens engagiert sich sozial, Zola agiert offen politisch. Da fällt Karl May ein um das andere Mal aus der Literaturgeschichte heraus, kommt gar nicht erst hinein. Er ist Paria, Naturtalent, der Ungehobelte unter den sensiblen und gebildeten Artisten. So mager seine Intellektualität erscheint, so dubios seine öffentlichen Auftritte als Star und Westernmann, seine intuitiven Kräfte grenzen ans Übermenschliche.

»Seit etwa 120 Jahren rattern unaufhaltsam Kino-Projektoren. Das Prinzip Kino selbst ist älter als die Lichtspielhäuser. Es ist so alt wie das Licht der Sonne und die Abbilder von hell und dunkel in unseren Köpfen. Deshalb ist Kino auch nicht beendet, wenn die lautlosen Beamer kommen«, schreibt Alexander Kluge 2007 in seinen »Geschichten vom Kino«. Auch Karl May war ein »lautloser Beamer«, allerdings einer, der am Anfang der nachweisbaren Geschichte vom Kino steht. Etwas entschieden Amerikanisches liegt in seinem Charakter. Er urteilt streng moralisch, sucht seine eigene Religion, scheidet Gut messerscharf von Böse – während seine Kunst, sein Schreiben kein Oben und Unten kennt, keine Hochkultur, die sich über die Kultur des Populären erhöbe.

James Cameron hat vermutlich nie etwas von Karl May gehört. In Kanada geboren, aufgewachsen in den USA, gehört er zu einem Kulturraum, der immer noch, wenn auch mit abnehmender Tendenz, die Mythen der Welt prägt, nicht nur der westlichen. Der Schöpfer von »Terminator«, »Alien« und »Titanic« erzielte 2009/10 mit »Avatar« den größten kommerziellen Erfolg (rund 2,7 Milliarden Dollar Einspielergebnis), den je ein Werk der Filmindustrie erreicht hat. »Avatar« kommt der Erfüllung eines alten Künstlertraums sehr nah. Die sonst so scharf gezogenen Grenzen zwischen Cineasten und dem breiten Publikum verschwinden, die Erzählung hat rituelle Kraft, die atemberaubenden Effekte tragen die Gedanken. Die innovative 3D-Technologie funktioniert wie eine Tiefenbohrung ins Unterbewusste. Es ist ein Märchen, eine Geschichte vom Kampf gegen die Ausbeutung und Ausrottung eines indigenen Volks, der Na'vi. Es sind Riesen, naturverbundene Wesen, sie leben auf Pandora. Der Planet ist reich an Bodenschätzen und ein spiritueller Ort. Die Menschen, Militärs und Wissenschaftler, treten über Avatare mit Ureinwohnern in Kontakt, lassen sich fallen in ein Paradies der Esoterik, eine Welt von überwältigender Schönheit, die süchtig macht. Ein menschlicher Überläufer, der aus der fremden Haut nicht mehr herauswill, führt den Kampf der Na'vi gegen die Imperialisten von der Erde an. Mutter Natur selbst erhebt sich schließlich, um die Invasoren zu vertreiben.

Zivilisation contra Schöpfung. Alte Welt, Neue Welt. Konquistadoren auf Zerstörungs- und Ausrottungskurs: James Cameron variiert ein klassisches Karl-May-Thema. »Der Weiße«, heißt es in

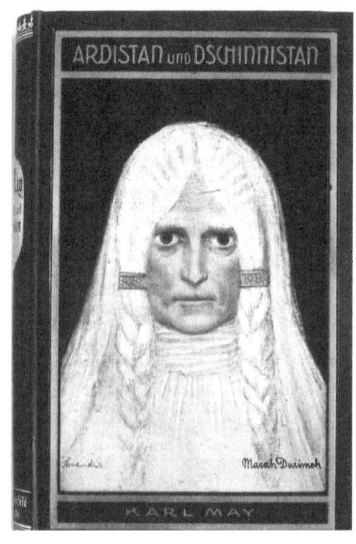

Märchen von einem anderen Planeten: Titelillustration von Sascha Schneider mit Marah Durimeh, der weisen Frau und Herrscherin über die Seelen

der Vorrede zum ersten Buch »Winnetou«, »kam mit süßen Worten auf den Lippen, aber zugleich mit dem geschärften Messer im Gürtel und dem geladenen Gewehr in der Hand. Er versprach Liebe und Frieden und gab Hass und Blut. Der Rote musste weichen, Schritt um Schritt, immer weiter zurück (…). Wollte der Rote sein gutes Recht geltend machen, so antwortete man ihm mit Pulver und Blei.« Die Waffen der Weißen sind in »Avatar« tausendfach schrecklicher und gründlicher, und die Roten sind im Kino des 21. Jahrhunderts blaue Fabelwesen. Doch am Prinzip hat sich nichts geändert. Auch bei Cameron gilt die Sympathie den Angegriffenen, den »Primitiven«. Und diesmal soll die Geschichte anders ausgehen.

Aus solchen Archetypen hat Karl May seine Sternenreise von Ardistan nach Dschinnistan gefertigt. Bei der Lektüre entsteht manchmal der Eindruck, man blicke durch eine 3D-Brille auf die Seiten oder vielmehr: Das Buch schaut den Leser durchdringend an. Die Parallelen zu James Camerons Blockbuster sind verblüffend. Aber eigentlich überraschen sie nur dann, wenn man den Vorrat an Ur-Geschichten für unerschöpflich hält und glaubt, das Mythische sei beliebig konstruierbar. Ein Irrtum, offensichtlich. Alles kehrt wieder. Wie sich die Bilder variieren, und wie sie sich

Wiedersehen in Hollywood:
James Camerons Blockbuster »Avatar –
Aufbruch nach Pandora«

gleichen: Pandora und Sitara erscheinen als halluzinogene Himmelskörper, Traumlandschaften, religiös durchsetzte Szenerien. Karl Mays Riesentrampelpferd spiegelt sich in den Flugechsen der Na'vi-Welt, und die Na'vi selbst erinnern an die zu groß geratenen Menschenwesen von Sitara. Klar abgegrenzt sind hier wie dort die Guten von den Bösen, und es liegt bei einem Eindringling, den Planeten zu retten. Bei Cameron ist es Jake, ein im Krieg verkrüppelter GI, bei Karl May heißt der Söldner Gottes Kara Ben Nemsi, mit einer signifikanten Abweichung: Jake verliebt sich in ein Na'vi-Mädchen, die Tochter des Häuptlings, und »Avatar« entwickelt sich zu einer interstellaren Liebesgeschichte. Hier endet die Gemeinsamkeit, Karl May lässt Paarungsversuche nicht zu. Liebe gibt es nur zum Allerhöchsten oder zu den Ehefrauen, die Kara Ben Nemsi und Hadschi Halef Omar auf der Erde zurückgelassen haben; eine rein platonische Angelegenheit inzwischen. Ein Mädchen namens Merhameh begleitet die antiapokalpytischen Reiter eine Weile durch Ardistan. Aber ist diese Jungfrau vielleicht nur eine Luftspiegelung? »Eine jede ihrer anmutigen Bewegungen nahm das Auge gefangen. Sie kam mir vor wie ein Gedicht, von Gott selbst in Fleisch und Blut geschrieben, um zu der Schönheit ihres Namens die Schönheit ihres Körpers zu gesellen.« Die Nächte verbringt Kara Ben Nemsi, wenn er denn je ein Auge zutut, an der Seite seines Pferds, den Kopf auf den warmen Hals des Tieres gelegt.

Sie reiten weiter. Im dritten Kapitel des »Mir von Dschinnistan« erwartet den Leser die verrückteste Szenerie, die sich Karl May je hat einfallen lassen. Wir sind auf einem anderen Stern, aber Weihnachten wird überall im Universum gefeiert. Kara Ben Nemsi und Gefolge ziehen in die Hauptstadt Ard ein, unterwegs haben sie Tannenbäume geschlagen. In der Kirche entdeckt der »Sohn des Deutschen« eine Orgel, einst gebaut von einem Engländer in Indien. Der Hochaltar, seit Menschengedenken verhüllt, entpuppt sich als Bild des Religionsfriedens: »Die Schnitzereien stellten einen zweigeschossigen Tempel dar, dessen Bau unten altindisch begann und dann, aufwärtssteigend, erst nach buddhistischen und später nach neuorientalischen Formen strebte. Das untere Geschoß stellte das Stübchen Mariens in Nazareth dar, und zwar in dem Augenblicke, als der Engel zu ihr trat, um ihr die Geburt des Heilands zu verkünden (...). Im Obergeschosse war der über Erde, Wolken und Sterne schreitende Christus dargestellt.« Kara Ben Nemsi, der Zeremonienmeister, lässt die Glocken läuten und beginnt zu spielen:

»Ich hatte fast alle Register gezogen und griff schnell mit Händen und Füßen in die Manuale und in das Pedal.« Der Kuppelbau erbebt, Tausende Muslime, Christen, Ungläubige sind starr vor Schreck und Staunen. Die schöne Merhameh singt mit ihrem Sopran, der »vom Himmel zu kommen« scheint. Es ist so voll in diesem ökumenischen Gotteshaus, dass Panik droht – das Volk will verhasste Beamte und Hofschranzen aus der Kirche prügeln, der Oberpriester beruhigt die Menge. »Es war«, sinniert Kara Ben Nemsi, »als befände ich mich an einem überirdischen, mir völlig unbekannten, innerlich mir aber doch vertrauten Orte.«

Der Roman quillt über von Déjà-vus dieser Art. Karl Mays Schreibtisch hat sich in eine kosmische Kanzel verwandelt Von einer Rückkehr zur Erde ist nicht mehr die Rede. Am Ende des zweiten Bandes heißt es: »Wir aber wandten uns nun den Bergen zu, über deren Pässe der Weg nach Dschinnistan führte, unserem hohen, weiteren Ziele entgegen.« Da dreht sich die Erzählung im

Kreis, denn da waren sie doch schon, vorauseilend im Geist. Der Weg gleicht einer Spirale, die »Ziele« werden immer höher und höher gesteckt; wie edel kann der Mensch noch werden!

Und da leuchtet wieder die Offenbarung der Buchstaben auf dem Berg, HOLLYWOOD. Da sind wieder James Cameron und sein Stern: Pandora, so heißt in der antiken Mythologie die schöne, übermütige Frau, die alles Übel, alle Plagen ausschüttet über der Welt. Nur die Hoffnung fällt aus dem himmlischen Gefäß nicht heraus, sie bleibt verschlossen. »Avatar« geht in Serie, zwei weitere Teile sind geplant. Das Serielle muss als das populäre Prinzip schlechthin gelten. Was gut ist und erfolgreich, moralisch gut und wirtschaftlich erfolgreich, das kommt wieder. Sein gesamtes Œuvre hat Karl May seriell aufgebaut. Erst hat es sich durch das Kolportageschreiben so ergeben, nachher war es auch künstlerische Entscheidung. Alle Superhelden funktionieren nach diesem Gesetz. Superman, Spider-Man, Batman. Das Böse wartet um die Ecke, Verbrechen geschieht in Serie. Das Gute verlangt immer die außerordentliche Anstrengung, der Himmel nimmt Pandoras vergiftete Geschenke nicht zurück.

2005 kam »Batman Begins« ins Kino. Der Film beginnt mit einer grellen Rückblende. Er konzentriert sich auf die Kindheit des künftigen Rächers, zeigt die grausame Ermordung der Eltern vor den Augen des kleinen Jungen, die Berufung und Initiation des aus dem Schicksal geborenen Helden. Der Filmtitel ist eine Hommage an die Seriendramaturgie, das ewige Ritual des Erwachens in einer bedrohten Welt. Mythen wollen aus ihrem Ruhezustand herausgeholt, gefüttert und frisch eingekleidet werden, um aufs Neue die Menschen zu prüfen, die sie gebildet haben. So geht es seit Jahrtausenden, seit man sich Geschichten erzählt. Geschichten, die das Ewige berühren. Der Mythos hält den einzig wahren Trost bereit: Der Tod ist nicht das

ENDE.
Winnetou Begins.

PERSONENREGISTER

BILDNACHWEIS

adolph press, Berlin
> 13

Agentur Bridgeman, Berlin
> 94

akg-images, Berlin
> 208 (akg-images/VISIOARS)

Aufbau Taschenbuch Verlag, Berlin
> 192

bpk-images, Berlin
> 80 (bpk/Herbert Hensky), 95 (bpk/Atelier Adolf Nunwarz), 110 (bpk/Reichard Lindner)

DAVIDS, Berlin
> 35 (DAVIDS/Bildarchiv Hallhuber)

Deutsche Post, Bonn
> 77

INTERFOTO, München
> 27 (Karger-Decker), 111 (Sammlung Rauch), 180 (Hermann Historica GmbH), 231 (NG Collection)

Joslyn Art Museum, Omaha N.E.
> 76 (Geschenk der Enron Art Foundation)

Karl-May-Museum, Radebeul
> 12, 81, 129, 130, 131, 137, 146, 147, 150,167, 193, 219,230

Süddeutsche Zeitung, Photo, München
> 26 (Süddeutsche Zeitung Photo/Rue des Archives)

ullstein bild, Berlin
> 49 (ullstein bild – ddp), 151 (ullstein bild – Roger Viollet)

United Archives, Köln
> 48 (KPA)